Lernsituations- und Prüfungstrainer Erzieher/-innen

Schulkindbetreuung

Marcus Mesch

Rahel Emke

Handwerk und Technik • Hamburg

Über den Autor/die Autorin

Marcus Mesch: Erziehungswissenschaftler, Historiker und Studienrat in der Fachrichtung Sozialpädagogik. Arbeitete während des Studiums an einer Grundschule im Hamburger Stadtteil Steilshoop.
Rahel Emke: Gelernte Sozialpädagogische Assistentin und Erzieherin; Studienrätin in der Fachrichtung Sozialpädagogik. Umfassende berufliche Erfahrungen in der stationären Kinder- und Jugendhilfe. Arbeitete während der Ausbildung im Schulkindergarten Erlte. Weiterbildung in Traumapädagogik/Traumazentrierte Fachberatung (DeGPT) am ImFT.

Die Reihe:
Lernsituations- und Prüfungstrainer Erzieher/-innen – Jugendarbeit (Best.-Nr. 47011)
Lernsituations- und Prüfungstrainer Erzieher/-innen – Elementarpädagogik (Best.-Nr. 47012)

Dieses Werk ist auch als E-Book oder E-Book inside erhältlich.

Impressum

ISBN 978-3-582-47013-3 Best.-Nr. 47013

Verlag Handwerk und Technik GmbH,
Lademannbogen 135, 22339 Hamburg; Postfach 63 05 00, 22331 Hamburg – 2024
E-Mail: info@handwerk-technik.de – Internet: www.handwerk-technik.de

Satz und Layout: CMS – Cross Media Solutions GmbH, 97082 Würzburg
Umschlagmotive: iStockphoto.com: (Valeriy_G) (1–7)
Illustrationen: Kira Hanoldt, Hamburg
Druck: mediaprint solutions GmbH, 33100 Paderborn

Inhaltsverzeichnis

1 Einleitung ... 5
2 Kompetenzzuwächse erleben ... 8
3 Lernen entlang des Modells der vollständigen Handlung ... 10
4 Musterablauf für den Umgang mit Lernsituationen ... 19

5 Die Lernsituationen ... 34
5.1 Die Lernsituation „Buchstaben-Girlande in der Vorschularbeit“ ... 35
5.2 Die Lernsituation „Krawall und Remmidemmi“ ... 38
5.3 Die Lernsituation „Das Leben ist bunt und wild“ ... 40
5.4 Die Lernsituation „Bambule an Silvester“ ... 43
5.5 Die Lernsituation „Kuddelmuddel ist auch (k)eine Lösung“ ... 45
5.6 Die Lernsituation „Unberechenbar“ ... 48

6 Die Analysen ... 50
6.1 Einstiegsübung zur Arbeit mit Lernsituationen ... 50
6.2 Multiperspektivische Analysen ... 51
6.3 Satzanfänge als Hilfestellung ... 55
6.4 Lernsituation „Buchstaben-Girlande in der Vorschularbeit“ ... 58
6.4.1 Fachthemen und Fachtheorien ... 58
6.4.2 Klausur-Variante 1 (Analyse) ... 60
6.4.3 Klausur-Variante 2 (Analyse) ... 65
6.4.4 Klausur-Variante 3 (Analyse) ... 69
6.4.5 Handlungsempfehlungen 1 ... 72
6.4.6 Handlungsempfehlungen 2 ... 76
6.4.7 Handlungsempfehlungen 3 ... 79
6.5 Lernsituation „Krawall und Remmidemmi“ ... 83
6.5.1 Fachthemen und Fachtheorien ... 83
6.5.2 Klausur-Variante 1 (Analyse) ... 84
6.5.3 Klausur-Variante 2 (Analyse) ... 87
6.5.4 Handlungsempfehlungen 2 ... 90
6.6 Lernsituation „Das Leben ist bunt und wild“ ... 92
6.6.1 Fachthemen und Fachtheorien ... 92
6.6.2 Mindmaps ... 94
6.6.3 Klausur-Variante 1 (Analyse) ... 95
6.6.4 Klausur-Variante 2 (Analyse) ... 102
6.6.5 Handlungsempfehlungen 1 ... 107
6.6.6 Handlungsempfehlungen 2 ... 111
6.7 Lernsituation „Bambule an Silvester“ ... 115
6.7.1 Klausur-Variante (Analyse) ... 115
6.7.2 Handlungsempfehlungen ... 119
6.8 Lernsituation „Kuddelmuddel ist auch (k)eine Lösung“ ... 123
6.8.1 Klausur-Variante 1 (Analyse) ... 123
6.8.2 Klausur-Variante 2 (Analyse) ... 127
6.8.3 Klausur-Variante 3 (Analyse) ... 131
6.8.4 Handlungsempfehlungen 1 ... 133
6.8.5 Handlungsempfehlungen 2 ... 136
6.8.6 Handlungsempfehlungen 3 ... 139
6.9 Lernsituation „Unberechenbar“ ... 143
6.9.1 Fachthemen und Fachtheorien ... 143

7 Lehren entlang der vollständigen Handlung (für Lehrkräfte) ... 144
7.1 Lernen in Schule und Praxis ... 144
7.2 Leistungsnachweise und Leistungsbewertung 146
7.3 Didaktische Annahmen ... 147

Anhang
Wie die Lehrkraft bewertet (Erwartungshorizonte). U2
Literaturverzeichnis ... U3
Bildquellen ... U3
Danksagung ... U3

VORWORT

„Ohne spezifische Fachkenntnisse kann man in der Regel keine Probleme lösen." (Gerhard Roth 2021, S. 180)

In Ihren Händen liegt der dritte Band aus der Reihe der „Lernsituations- und Prüfungstrainer" für (angehende) Erzieher/-innen, diesmal zum wichtiger werdenden Arbeitsfeld Schule. Zu diesem gehören die Arbeitsfelder „Horte und betreute Grundschulen" und „Schulsozialarbeit", oder wie es im Kompetenzorientierten Qualifikationsprofil für die Ausbildung von Erzieher/-innen an Fachschulen/Fachakademien heißt, „sozialpädagogische Tätigkeiten in der Schule".
Zielgruppen des Buches sind angehende sozialpädagogische Fachkräfte, insbesondere Erzieherinnen und Erzieher, aber auch Lehrkräfte und Praxisanleiterinnen und -anleiter.
Mit den Lernsituations- und Prüfungstrainern stellen wir Ihnen ein anerkanntes Verfahren vor, welches es ermöglicht, mit beruflichen Herausforderungen konstruktiv umzugehen.

- Sie finden hier ein Verfahren, wie Sie sowohl fachpraktischen Herausforderungen als auch schulischen Herausforderungen (Lernsituationen, Leistungsnachweisen wie Klausuren und Prüfungen) im sozialpädagogischen Kontext professionell, gelassen und lösungsorientiert begegnen können.
- Lehrkräfte erfahren beispielhaft, wie handlungsorientierter Unterricht und Leistungsnachweise vor dem Hintergrund der vollständigen Handlung realisiert werden können.

Gemäß dem für die Sozialpädagogik konkretisierten, *erweiterten Modell der vollständigen Handlung* nach Mesch/Meisel[1] arbeiten wir mit **Lernsituationen**, die vielfaltige fachtheoretische und fachthematische Zugänge ermöglichen, die Emotionen provozieren, somit in positiver Absicht teils irritierend oder berührend ausgerichtet sind, oder die Dilemmata beschreiben.
Die Lernsituationen gestalten sich wie die sozialpädagogische Praxis: vielfaltig und herausfordernd, wobei wir uns ebenso der lernförderlichen Bedeutung von Humor bewusst sind.

Sozialpädagogisches Handeln ist kommunikatives Handeln. Hierzu gehört auch das Anfertigen von schriftlichen Berichten, Fallbeschreibungen, Planungen, Hilfeplänen etc., was der wiederholten und intensiven Übung bedarf.
Nachfolgend konzentrieren wir uns auf die Anfertigung von **Analysen** und **Handlungsempfehlungen**, da diese als Dreh- und Angelpunkt einer sozialpädagogischen Praxis bewertet werden können. Sozialpädagogische Fachkräfte sollten ihre sozialpädagogische Praxis mündlich und schriftlich vor dem Hintergrund von fachthematischem und fachtheoretischem Wissen, der Lebenswelt, dem Entwicklungsstand und den Entwicklungspotenzialen der Klientinnen und Klienten planen, gestalten und begründen können. Dies zeichnet die Professionalität, die Handlungskompetenz aus und unterscheidet sie von anderen Professionen.

Wir laden Sie nun ein, entlang von konkreten **Lernsituationen aus dem Arbeitsfeld Schule** das Verfassen von schriftlichen Analysen und Handlungsempfehlungen zu trainieren.
(Wenn Sie andere Modelle der vollständigen Handlung kennen, bspw. nach dem *Hamburger Handlungszyklus* in Anlehnung an Fröhlich-Gildhoff arbeiten, keine Sorge, die Unterschiede der einzelnen Modelle sind marginal, die Gemeinsamkeiten umso größer.) Steigen Sie ein in die wunderbare Welt der sozialpädagogischen Fallanalysen.
Holen Sie sich jetzt Stift und Zettel, wahlweise Tablet und Stift, blättern Sie um und folgen Sie uns auf dem Weg in ein überaus wichtiges, aber auch sehr herausforderndes Arbeitsfeld. Möge der Lernerfolg mit Ihnen sein!

Autorenteam
und Verlag

[1] Mesch/Meisel 2020

1 Einleitung

„Wenn es etwas gibt, was Menschen vor allen anderen Lebewesen auszeichnet, dann ist es die Tatsache, dass wir lernen können und dies auch zeitlebens tun. [...] Wir lernen, indem wir einfach so herumprobieren [...], indem wir zusehen, zuhören und die anderen nachmachen [...] oder auch, indem wir Vokabeln pauken."
(Spitzer 2012, S. XIII)

Als (angehende) sozialpädagogische Fachkraft kennen wir die von Spitzer aufgeführten Lernformen. Wir probieren in den sozialpädagogischen Arbeitsfeldern Methoden aus, lernen an unterschiedlichen Modellen oder „pauken" über Lehrbüchern, um plan- und zielorientiert – nach bestem Wissen und Gewissen – auf die Persönlichkeitsentwicklung von Menschen positiv einzuwirken (Erziehung). Wir wollen uns und andere inspirieren, über sich und ihre Umwelt nachzudenken (Bildung), um Verhaltensweisen, Emotionen, Gedanken und die Wahrnehmung zu verändern (Lernen).
An fachpraktischen Herausforderungen zu lernen, entlang von Lernsituationen, fällt dem menschlichen Gehirn leichter, sofern wir neugierig, emotional berührt und kognitiv herausgefordert sind. Diese Art des Lernens erscheint in jedem Fall effektiver als das beziehungslose Bulimie-Lernen am Schreib- oder Schultisch.

„Lernen erfolgt nicht passiv, sondern ist ein aktiver Vorgang, in dessen Verlauf sich Veränderungen im Gehirn des Lernenden abspielen."
(Spitzer 2012, S. 4)

Eine zentrale Kompetenz sozialpädagogischer Fachkräfte ist es, sich die Neugier für besondere Herausforderungen, für spezialgelagerte Sonderfälle zu bewahren und abweichendes Verhalten nicht als zu beseitigende „Störung" zu verstehen. Dies gilt insbesondere für die sozialpädagogische Tätigkeit an Schulen.
Sozialpädagogische Fachkräfte legitimieren sich dadurch, dass sie dann gebraucht werden, wenn pädagogische Laien überfordert sind. Das soziale „Problem" legitimiert als Herausforderung die sozialpädagogische Profession und damit unser Gehalt.

Wie die Feuerwehr zeigen sozialpädagogische Fachkräfte, was sie können – oder auch nicht –, wenn ‚die Hütte brennt'.
Fachkräfte wissen und können nicht alles, sie wissen sich aber zu helfen. Sie verfügen über jene Handlungskompetenz, die erforderlich ist, um professionell, ziel- und lösungsorientiert auch in (für Laien) herausfordernden Situationen handlungsfähig zu bleiben. Fachkräfte denken nach und handeln, wo andere schreiend weglaufen. Sie widmen sich mit detektivischer Neugier „dem Fall", um diesen soweit als möglich zu lösen, die Situation und Personen empathisch zu verstehen, um hiernach Situationen und Lebensläufe positiv zu beeinflussen. Handlungskompetenz beweist sich dadurch, dass sozialpädagogische Fach- und Assistenzkräfte nicht in die klassischen Stressreaktionen verfallen, weder handlungsunfähig erstarren („Freeze"), nicht panisch flüchten oder der Herausforderung ausweichen („Flight") und nicht fremd- oder autoaggressiv („Fight") auf Herausforderungen reagieren.

Das Verfassen von Hilfeplänen, Entwicklungsberichten, Gutachten, Stellungnahmen usw. gehört in Abhängigkeit zum Arbeitsfeld mehr oder weniger zu den professionellen Herausforderungen. Der Verschriftlichung sozialpädagogischer Analysen und Handlungsempfehlungen kommt im Rahmen der schulischen Ausbildung, insbesondere im Sinne der doppelten Vermittlungspraxis, besondere Bedeutung zu, allerdings nicht in erster Linie, um Noten zu legitimieren, sondern um zu befähigen.
Die fachlichen Standards zur Erstellung schriftlicher Berichte sind äußerst unterschiedlich, von Träger zu Träger, von Kommune zu Kommune.
Am Lernort Schule unterrichten Lehrkräfte in den einzelnen Bundesländern nach unterschiedlichen didaktischen Modellen, Prinzipien und Lehrplänen. Es gibt aber auch sehr viele Gemeinsamkeiten. Als sozialpädagogische Fachkräfte, und an diesem Punkt dürften sich alle Einrichtungen und Schulen einig sein, gilt es begründet und reflektiert zu handeln, ziel- und lösungsorientiert, konstruktiv und transparent, wertschätzend und empathisch verstehend.

Das Vorgehen entlang des erweiterten Modells der vollständigen Handlung hat die Besonderheit, in Abgrenzung zu anderen Modellen, dass normative Aspekte stärker in den Fokus gerückt werden, insbesondere das empathische Verstehen und die sozialpädagogische Haltung in Anlehnung an Carl Rogers.

Bei der Verschriftlichung stehen formale Aspekte stärker im Fokus, insbesondere der Aufbau („roter Faden"), die fachthematische, fachtheoretische und fachpraktische Nachvollziehbarkeit (Theorie-Praxis-Transfer). Unterstützend tragen Lehrkräfte dazu bei, dass angehende sozialpädagogische Fachkräfte ihren eigenen Schreibstil vor dem Hintergrund fachlicher Standards entwickeln können.

Die nachfolgenden Fallbeispiele und Lernsituationen sind geeignet, um das Verschriftlichen zu üben und den eigenen professionellen Schreibstil weiterzuentwickeln. Die in diesem Prüfungstrainer abgedruckten Analysen und Handlungsempfehlungen (als exemplarische Beispiellösungen aus Klausuren/Prüfungen, ab Seite 58, Kapitel 6) sollen entsprechend inspirieren und Reflexion anregen im Hinblick auf den eigenen Schreibstil.

Fühlen Sie sich im Zuge Ihres individuellen Bildungs- und Lernprozesses inspiriert, die Beispiele aus diesem Trainer zu ergänzen, zu ersetzen, zu kritisieren, zu vergleichen und zu verändern.

HINWEIS FÜR SIE ALS LERNENDE

Die Lernsituationen sind so verfasst, dass sie im Idealfall provozierend und herausfordernd wirken, dass erste emotionale Reaktionen abgewehrt werden müssen, dass Selbstkompetenz und Emotionsregulation aufgebracht werden müssen. Die Lernsituationen sollten im lernförderlichen Sinne niemanden „kalt lassen".

Denn so ist unsere sozialpädagogische Praxis – vielfach herausfordernd und oft berührend.

Zum Aufbau dieses Leitfadens

Kapitel 2

Kompetenzorientierung und Kompetenzzuwächse sichtbar machen

Kapitel 3

Hinweise zu den didaktischen und methodischen Grundlagen dieses Lernsituations- und Prüfungstrainers finden Sie als Schüler/-innen und Studierende im → Kapitel 3 „Lernen entlang der vollständigen Handlung". Es geht darin u. a. um die Relevanz von herausfordernden Situationen, Impulskontrolle, Emotionen, Irritation ... und um detektivische Arbeit der Sozialpädagogik.

Kapitel 4

Ein Musterablauf (→ Kapitel 4) visualisiert Ihnen die Phasen des Modells der vollständigen Handlung im Hinblick auf den Umgang mit Lernsituationen und fachpraktischen Herausforderungen. Die Begründung der Phasen finden Sie in Kapitel 3.

Die sieben Phasen des Modells ermöglichen es Ihnen, ...

1. in schriftlichen Leistungsnachweisen eine Lernsituation Schritt für Schritt analysieren und bearbeiten zu können,
2. angesichts beruflicher Herausforderungen gleichermaßen Handlungssicherheit zu bekommen,
3. im Unterricht und in der Praxis professionell vorzugehen.

Nach dieser Einleitung sind Sie bei → Kapitel 5 und → Kapitel 6 angekommen – der Arbeit mit den Lernsituationen. In Kapitel 6 dürfen Sie angehenden sozialpädagogischen Fachkräften und ihren Lehrkräften „über die Schulter sehen", wie sie die Lernsituationen schriftlich bearbeitet bzw. wie sie die Ergebnisse kommentiert haben.

Kapitel 5

In → **Kapitel 5 „Die Lernsituationen"** werden sechs komplexe Lernsituationen aus dem Arbeitsfeld der Schulkindbetreuung vorgestellt, die Bildungs-(Auseinandersetzungen) und Lernprozesse (Verhaltens- und Wahrnehmungsänderungen) provozieren sollen. Diese sind gemeinsam von Lernenden und Lehrenden an der Fachschule Sozialpädagogik am BBZ Mölln entwickelt und bearbeitet worden. Dieses Vorgehen folgt dem didaktischen Grundsatz, dass sich Lernen und Lehren wechselseitig beeinflussen, dass Lehrende immer auch Lernende sind, wie auch Lernende als Lehrende agieren sollten. Durch dieses Vorgehen wird gleichermaßen der Theorie-Praxis-Transfer sichergestellt und die Bedeutung der Zusammenarbeit der beiden Lernorte (Schule/Praxis) hervorgehoben.

Die **Lernsituationen** und die dazugehörigen **Aufgabenstellungen** können eigenständig in Einzelarbeit oder in Lerngruppen entlang des didaktischen Modells der vollständigen Handlung bearbeitet werden. Dies ist der Trainingsteil im „Lernsituations- und Prüfungstrainer".

Kapitel 6

Es folgen in → Kapitel 6 die **Beispiellösungen** zu sechs Lernsituationen. Die schülerverfassten Analysen und Handlungsempfehlungen sind **mit authentischen Lehrkraft-Kommentaren versehen**.

Die diversen Analysen und Handlungsempfehlungen sollten als inspirierende Beispiele genutzt werden, nicht als perfekte Musterlösungen. Die Texte und Kommentare sind nicht perfekt, und es wird nicht der Anspruch erhoben, dass die Analysen bzw. Handlungsempfehlungen vollständig sind, sondern dass sie die Vielfalt fachthematischer und fachtheoretischer Zugänge aufzeigen und zum Weiterdenken, Weiterschreiben und zur Reflexion anregen. Die Beispiellösungen sind keine Musterlösungen, die Sie zu Musterschülern/-schülerinnen machen.

Das Beispiel und die Kommentierungen sollen Sie zum Neu- und Andersdenken inspirieren – wie bewerten Sie bspw. Ihren Text vor dem Hintergrund des Beispiels? Fühlen Sie sich inspiriert, die Schülertexte oder Kommentare zu ergänzen, zu kritisieren, zu verändern!

Das ist der Grund, warum wir raten, dass die Beispiellösungen erst am vorläufigen Ende eines Lernprozesses Berücksichtigung finden sollten:

- Schränken Sie die Vielfalt der möglichen „Lösungen" nicht vorzeitig ein.
- Steuern Sie Ihren Lernweg in Ihrer ganz eigenen Art und lassen Sie sich vielseitig – insbesondere auch durch Mitschülerinnen/Mitschüler – inspirieren.

Service: Ergänzend zu den Analysen und Handlungsempfehlungen finden Sie **Tipps zu Satzanfängen** (→ in Kapitel 6.3) sowie für die meisten Lernsituationen eine Auswahl **möglicher Fachthemen und Fachtheorien** (→ z. B. Kapitel 6.4.1).

Kapitel 7 für Lehrkräfte

Wie *Lehrkräfte* die vollständige Handlung für den Unterricht, für Prüfungen und Klausuren konkretisieren können, wird im → Kapitel 7 „Lehren entlang der vollständigen Handlung" beispielhaft dargestellt.

Im didaktischen Fokus steht eine leistungs- und fehlerfreundliche Lernatmosphäre, die Eigenverantwortlichkeit der Lernenden und der lernförderliche Umgang mit Leistungsnachweisen. (Das Kapitel ist gleichsam für interessierte Lernende geeignet [Perspektivwechsel].)

Lernen ist im sozialpädagogischen Kontext weder beliebig noch Selbstzweck. Themen und Theorien werden gelernt, damit sozialpädagogische Fachkräfte gemäß §1 Abs. 3 SGB VIII:

„1. junge Menschen in ihrer individuellen und sozialen Entwicklung fördern und dazu beitragen, Benachteiligungen zu vermeiden oder abzubauen, 2. jungen Menschen ermöglichen oder erleichtern, entsprechend ihrem Alter und ihrer individuellen Fähigkeiten in allen sie betreffenden Lebensbereichen selbstbestimmt zu interagieren und damit gleichberechtigt am Leben in der Gesellschaft teilhaben zu können, 3. Eltern und andere Erziehungsberechtigte bei der Erziehung beraten und unterstützen, 4. Kinder und Jugendliche vor Gefahren für ihr Wohl schützen, 5. dazu beitragen, positive Lebensbedingungen für junge Menschen und ihre Familien sowie eine kinder- und familienfreundliche Umwelt zu erhalten oder zu schaffen." (SGB VIII §1 Abs. 3)

2 Kompetenzzuwächse erleben

Aus schulisch vermitteltem Wissen erwächst nicht automatisch Handlungskompetenz. Es kann sein, dass jemand über umfassendes, fachtheoretisches und fachthematisches Wissen verfügt, Leistungsnachweise mit der Note 1 besteht, aber dieses Wissen nicht auf die sozialpädagogische Praxis anwenden kann. Ein Sozialpädagogischer-Theorie-‚Nerd' ist nicht zwingend ein Experte für Krisengespräche mit Eltern.

Von großer Bedeutung ist die sozialpädagogische Haltung, die „innere [Grund]einstellung, die jemandes Denken und Handeln prägt" (DUDEN). Diese entwickelt sich ebenfalls nicht automatisch aus der Summe der Unterrichtsinhalte und des abrufbaren Wissens.

Es reicht nicht, die Bücher von Carl Rogers zu lesen und die Inhalte auswendig wiedergeben zu können, um behaupten zu dürfen, nach Rogers zu arbeiten. Haltung meint mehr als die Summe der einzelnen abrufbaren Lehr-Lerninhalte. Bedeutsam ist die Frage, inwieweit die Grundhaltungen Empathie, Wertschätzung und Kongruenz das Denken und das wahrnehmbare Handeln prägen. Inwieweit gelingt es, das sozialpädagogische Handeln vor dem Hintergrund der Grundhaltungen begründen und reflektieren zu können? Die Auseinandersetzung mit Carl Rogers würde dann in einem Lernprozess münden, wenn sich durch das theoretische Wissen das Verhalten, die Wahrnehmung, die Emotionen und das Denken verändern. Lernen vollzieht sich dann dem Pestalozzi-Ideal folgend mit Kopf, Herz und Hand. Wahrzunehmen, dass man etwas gelernt hat, die Welt anders wahrnimmt und verschiedene Handlungsmöglichkeiten hat, wirkt zumeist überaus motivierend, insbesondere dann, wenn es subjektiv als Erfolg wahrgenommen wird. Selbstwirksamkeitserfahrungen sind äußerst bedeutsam für die Lernmotivation und das lernförderliche positive, dynamische Selbstbild.

Situationen werden vor dem Hintergrund von Erkenntnissen neu wahrgenommen, bewertet und provozieren Reflexion sowie ggf. Verhaltensänderungen.

Wenn Sie sich Ihre alten Schulhefte und Leistungsnachweise ansehen, werden Sie möglicherweise über Ihren damaligen Kenntnistand schmunzeln. Um zu verstehen, was Lernen meint, und um ‚Lernen sichtbar werden' zu lassen (vgl. Hattie-Studie[2]), bietet sich die Methode des Portfolios oder pädagogischen Tagesbuches an:

Für den schulischen Lernprozess ist es hilfreich, ein **selbst gestaltetes Lernbuch** zu führen, in dem die Ausbildungsinhalte und wichtige Erkenntnisse über den Zeitraum der gesamten Ausbildung dokumentiert werden. Auch Erkenntnisse, die sich aus der Praxis ergeben, sollten hierin notiert werden.

Wichtig ist, dass beispielsweise pro Theorie/Thema nicht mehr als eine A4-Doppelseite gestaltet wird. Auf einen Blick sollte das Wichtigste zusammengefasst werden, ggf. ergänzt durch Zeichnungen oder Ähnliches. Die Ausgestaltung obliegt den Schülerinnen und Schülern. Lehrkräfte sehen sich dieses nur an, wenn Lernende dies explizit wünschen, bspw. um Inhalte auf ihre Korrektheit zu prüfen. Lernbücher werden nicht bewertet, nicht benotet!

Jede Seite kann als „Spicker", als Spickzettel verstanden werden – und tatsächlich ist es lernpsychologisch und somit didaktisch sinnvoll, dass eine Lehrkraft erlaubt, solch ein Lernbuch im Unterricht und bei Leistungsnachweisen verwenden zu dürfen.

Hierdurch wird zuerst extrinsisch die Motivation gesteigert, Lerninhalte zu dokumentieren, anzuwenden und dadurch zu lernen. Führt die Anfertigung des Lernbuches zu einem Erfolgserlebnis, bspw. durch ein sehr gutes Abschneiden bei einem Leistungsnachweis, so erhöht sich die Wahrscheinlichkeit, dass Schülerinnen und Schüler aus Einsicht heraus intrinsisch motiviert das Lernbuch weiterführen. Im Prozess des Durchdenkens von Lerninhalten, bei der Reduzierung der Lehr-Lerninhalte auf das Wesentliche, werden diese wiederholt durchdacht und hierdurch einfacher „abgespeichert".

Auch bei der Bearbeitung von Lernsituation ist es hilfreich, nicht nur auf Fachbücher zurückgreifen zu können, sondern am Anfang der fachwissenschaftlichen Vertiefung auf ein eigenes Lernbuch, mit dem in jeder Unterrichtsstunde ein immer umfangreicheres Orientierungswissen zur Verfügung steht. Nach der Ausbildung kann das Lernbuch auch bei der Anleitung angehender sozialpädagogischer Fachkräfte äußerst hilfreich sein.

[2] „Visible Learning – Lernen sichtbar machen: Die Hattie-Studie"

Fachtheorien und Fachthemen bilden das Fundament für eine pädagogische Haltung und für das professionelle, fachpraktische Handeln. Aus jeder Theorie und jedem Thema ergeben sich andere Sichtweisen und somit auch Verhaltensweisen, mit unterschiedlichen Konsequenzen. Entsprechend lässt sich reflektieren, ob eine Theorie, ein Thema gelernt wurde, indem man versucht, die entsprechende Theorie-Brille aufzusetzen und hierdurch Situationen beobachtet bzw. analysiert und Konsequenzen für die Praxis ableitet.

Theorien und Themen bilden – sofern gelernt – die Grundlage für das Denken und Handeln **auf unterschiedlichen Ebenen**. Welche Ebenen das sein können, wird im nachfolgenden **Schaubild** beispielhaft dargestellt. Gelingt es Ihnen, die zu lernende Theorie, das zu lernende Thema als Grundlage für nachfolgende Ebenen zu nutzen?

Wenn man eine Theorie wirklich gelernt hat, verändert sich das eigene Verhalten, man gewinnt einen neuen Blick auf die Welt (Veränderung der Wahrnehmung).

Ein wesentliches Ziel schulischer Lehr-Lernprozesse ist es, dass Lernsituationen und Praxissituationen differenziert, vor dem Hintergrund verschiedener Themen und Theorien analysiert werden können, um aus dieser Analyse fachpraktische Schlussfolgerungen ziehen und sozialpädagogisches Handeln begründen zu können.

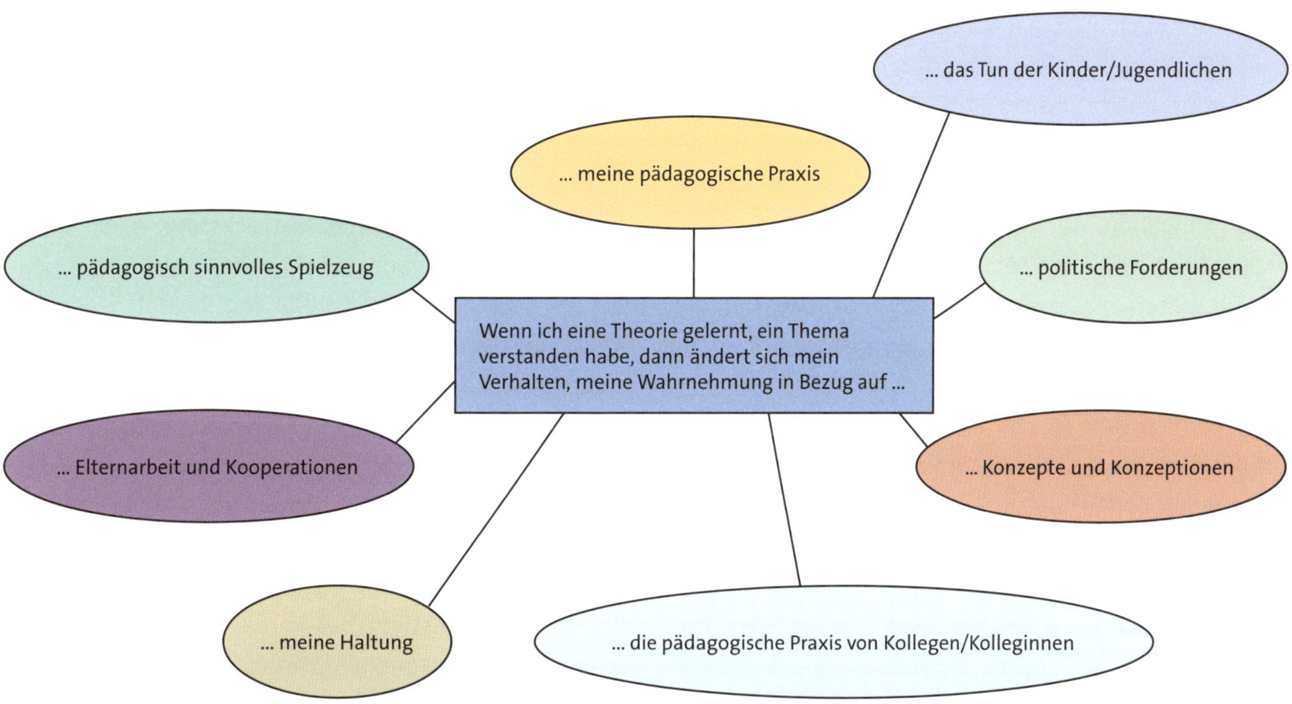

Beispiel:
Wie würde Piaget die einzelnen Aspekte bewerten?

Beispiel:
Wie würde Freud die einzelnen Aspekte bewerten?

Änderung von Ebenen durch Theorien und Themen

3 Lernen entlang des Modells der vollständigen Handlung

Liebe Lernende, dass Sie dieses Buch in Händen halten, lässt vermuten, dass Sie intensiver einsteigen wollen in das Lernen entlang von praktischen Herausforderungen, schulischen Lernsituationen, oder vor der Herausforderung stehen, einen schriftlichen Leistungsnachweis, vielleicht die Abschlussklausur, mindestens mit „Ausreichend" überstehen zu wollen. Albert Bandura war der Überzeugung, dass die Aussicht auf Erfolg äußerst motivierend sein kann. Als Autorenteam sind wir sicher: Sie schaffen das! Grundvoraussetzung für erfolgreiche Lernprozesse ist die Angstfreiheit. Angst entsteht aus Mangel an Informationen, somit raten wir Ihnen, sprechen Sie mit Ihren Lehrkräften. Lehrkräfte sind im besten Sinne ‚Nerds', verfügen über ein Spezialwissen, dass sie weitergeben wollen, wie auch die Leidenschaft für die Themen und Theorien. Aus sozialpädagogischer Perspektive raten wir Ihnen außerdem, unterstützen Sie sich innerhalb Ihrer Lehr-Lerngruppe wechselseitig. (Verleihen Sie z. B. dieses Buch an jemanden, der sich dies nicht leisten kann.) Haltung beweist sich im Alltag!

Wir lernen durch Einsicht in die Notwendigkeit, durch Wiederholung/Übung, bestenfalls aus Interesse oder Leidenschaft. Das Gehirn muss überzeugt sein (intrinsische Motivation) oder überzeugt werden (extrinsische Motivation), dass der Lerninhalt subjektiv bedeutsam ist. Sie sollten alles mehrfach wiederholen, was Ihr Gehirn abspeichern soll, und dies in unterschiedlichen, für Sie entspannten Situationen.

Es geht nicht um Noten. Noten begleiten zwar Ihren schulischen Weg, sind aber nach der Ausbildung weitestgehend bedeutungslos. Es geht darum, sozialpädagogische Fachkräfte zu werden, die dazu beitragen, dass Menschen friedlich und kooperativ zusammenleben und dass jeder Mensch „ohne Angst verschieden sein kann" (Adorno, 2001, S. 185). Sie können dazu beitragen, dass es Menschen individuell und in Gruppen besser geht.

Fachpraktische Herausforderungen sind die Meilensteine auf diesem Weg. Jede gemeisterte praktische Herausforderung stellt eine Selbstwirksamkeitserfahrung dar, stärkt Ihr positives Selbstbild und Ihre Resilienz, macht Sie und die Welt im Kleinen etwas besser.

Wir wollen Sie dabei unterstützen, jene Handlungskompetenz auszubauen, die erforderlich ist, **professionell mit den vielfältigen und komplexen fachpraktischen Herausforderungen umzugehen**, die in der Fachpraxis[3] ‚lauern'. Sie müssen jetzt nur noch Ihren ‚inneren Schweinehund' bezwingen. Sie werden sich in Zukunft darüber freuen, dass Sie heute mit dem Lernen begonnen haben.

Professionalität

Professionalität beweist sich vor allem in herausfordernden, schwierigen Situationen. Schließlich benötigen auch Sie erst dann einen Profi, wenn Sie als Laie handlungsunfähig sind. Sie kontaktieren bei Fieber und Durchfall den Arzt und nicht den Friseur. Bei Problemen mit Ihrem Smartphone hilft kein Masseur, bei Schulproblemen keine Tischlerin, beim Rohrbruch kein Musiker.

Sie als *sozialpädagogische Fachkraft* werden gerufen, wenn sich Menschen das Leben wechselseitig schwermachen, sich scheinbar nicht verstehen oder wenn es um die Frage geht, wie man Menschen bestmöglich in ihrer Entwicklung unterstützen kann. Wie in allen Berufen sind Herausforderungen unser Geschäft, wecken unser Interesse, spornen uns idealerweise an, neu zu denken und zu handeln, legitimieren unser Gehalt. *Betreuung* ist günstig zu bekommen, da weniger herausfordernd als *Erziehung* und *Bildung*. Um auf Kinder aufzupassen, werden keine Profis gebraucht, da reichen unausgebildete „Babysitter", wahlweise Tablet oder Fernseher. Dass die Kinderbetreuung über digitale Medien wenig sinnvoll ist, wissen nicht nur sozialpädagogische Fachkräfte, aber sie können umfassend begründen (aus vielfältigen Perspektiven), warum es nicht sinnvoll ist, Kinder mit digitalen Hilfsmitteln über Stunden zu

[3] Fachpraxis meint jene Praxis, die typisch für unsere pädagogische Profession ist, die sich in unterschiedlichen pädagogischen Arbeitsfeldern abspielt.

sedieren. Aus diesem Grund finden Sie zwar in Schuhgeschäften und Möbelhäusern Fernseher, nicht aber in Krippen, Kindergärten und Schulen, den medialen Entzugskliniken digitaler Opiate.

Provoziert oder irritiert Sie der letzte Halbsatz? Haben Sie eine andere Meinung? Sehr schön, dann würden wir jetzt beginnen, zu diskutieren. Als sozialpädagogische Fachkräfte handeln und diskutieren wir vor dem Hintergrund unseres Fachwissens und haben gute Argumente. Somit ist es wichtig, dasss Sie sich auf Ihrem niemals endenden Lernweg fachtheoretisches und fachthematisches Wissen aneignen, um nach bestem Wissen und Gewissen handeln zu können. Umso mehr Wissen Ihnen für eine Analyse zur Verfügung steht, desto vielfältiger sind Ihre Perspektiven und Wege, desto besonnener und reflektierter werden Sie handeln, desto mehr begründete Handlungsalternativen stehen Ihnen zur Verfügung.

Sie stehen im Kontakt mit pädagogischen Laien, die über weniger fachtheoretisches, fachthematisches Wissen verfügen. Nehmen Sie diese Menschen mit, teilen Sie Ihr Wissen.

Sozialpädagogische Fachkräfte können idealerweise auf eine stetig wachsende Handlungskompetenz zurückgreifen, die sich von anderen Professionen unterscheidet. Im Umgang mit fachpraktischen, arbeitsfeldtypischen Herausforderungen sollten Fachkräfte immer mehr Handlungssicherheit erlangen. Diese ergibt sich aus der zunehmenden berufsspezifischen Handlungskompetenz, der Fachkompetenz (Wissen und Fertigkeiten) und personalen Kompetenz (Sozialkompetenz und Selbstständigkeit).

Alles eine Frage der Übung. Der professionelle Umgang mit fachpraktischen Herausforderungen muss geübt werden, denn desto mehr Sie üben, umso besser und schneller, routinierter werden Sie denken und handeln. Der Umgang mit pädagogischen Herausforderungen ist somit nichts anderes als Einradfahren – alles eine Frage der Übung. Wir empfehlen Ihnen: Machen Sie es sich beim Lernen nicht zu einfach! Suchen Sie die Herausforderung, analysieren Sie die spezialgelagerten Sonderfälle.

Analysieren Sie außerdem alltagsintegriert:

- Analysieren Sie das Verhalten Ihrer Serienhelden/-heldinnen fachtheoretisch oder fachthematisch.
- Analysieren Sie das Verhalten Ihrer Mitmenschen im überfüllten Supermarkt, in der Schule, im Straßenverkehr oder in den sozialen Medien.
- *Was würde Jean Piaget zu den Trainingsmethoden von Martina Voss-Tecklenburg sagen, Sigmund Freud zu Ahsoka Tano, Klaus Hurrelmann zu Mai Thi Nguyen, Urie Bronfenbrenner zu Olaf Scholz, Marie Ainsworth zu Richard David Precht, Albert Bandura zu Din Djarin? Sie kennen diese Personen nicht? Kein Problem, suchen Sie sich eigene Beispiele.*
- *Wie würde Burrhus Frederic Skinner Ihr Lernverhalten bewerten? Was würde er Ihnen raten, um dieses zu optimieren?*

Üben Sie in Ihrem Alltag den Blick durch eine **fachtheoretische oder fachthematische Brille, üben Sie die Übernahme verschiedener Perspektiven**. Fachtheorien und Fachthemen verändern unseren Beobachtungsfokus,

Unsere detektivische Arbeit wird durch Fragen geleitet:

„Will ich, dass das passiert?“

„Warum will ich, dass das (nicht) passiert?“

„Welcher subjektive Sinn steckt hinter einem konkreten Verhalten?“

„Was ist zuvor passiert?“

„Was sollten wir tun, damit was passiert?“

Die Fragen beim Betrachten einer Situation

erweitern unsere Perspektiven. Wir bewerten Themen, Handlungen und Situationen je nach Brille sehr unterschiedlich. Die fachthematischen und fachtheoretischen Brillen verändern unsere Wahrnehmung, unsere Perspektiven, unser Beobachtungsverhalten, aber auch unser Denken, Fühlen und Handeln. Die berufsspezifische Brille beeinflusst entscheident unseren Habitus, unsere Gesamterscheinung, unser Auftreten.

In der sozialpädagogischen Praxis lassen sich aus den Beobachtungen Hypothesen ableiten, warum etwas so passiert, wie es passiert, und lässt begründete Hypothesen zu, was passieren wird. Wir können multiperspektivisch analysieren und planen, was wir tun wollen (Handlungsempfehlungen), um eine Situation im Hinblick auf konkrete Ziele zu verändern.

Herausforderungen

Im Fokus steht nachfolgend die schriftliche Bearbeitung herausfordernder Lernsituationen entlang fachlicher

Standards. Wir orientieren uns hierbei an dem, was der Philosoph und Pädagoge John Dewey formuliert hat: „[D]enken entsteht in einer problematischen Situation und dient der Aufklärung dieser Situation, um eine Neuanpassung im Handeln zu ermöglichen“[4].

Als Herausforderungen definieren wir Situationen, bei denen wir nicht sofort wissen, was zu tun ist, bei denen wir innehalten, da sie uns irritieren, provozieren, stressen. Situationen, die Emotionen und Stressreaktionen in uns auslösen ... uns aber auch zum Nachdenken, Reflektieren und Analysieren bringen. Situationen, die uns provozieren, unser bisheriges Verhalten zu reflektieren und unser Handeln neu auszurichten.

Herausfordernde Situationen sind somit jene, die unsere Handlungskompetenz herausfordern, die Bildungs- und Lernprozesse initiieren. Situationen wirken individuell unterschiedlich herausfordernd. Fachtheoretisches und fachthematisches Wissen und fachpraktische Erfahrungen, zunehmende Handlungssicherheit und Handlungskompetenz, Routinen und Rituale führen dazu, dass die alltäglichen Herausforderungen weniger werden – aber möglicherweise auch dazu, dass wir weniger herausgefordert sind, kritisch über das nachzudenken, was wir individuell, als Gruppe oder Einrichtung alltäglich tun. Aus dieser Perspektive ist es begrüßenswert, dass uns Herausforderungen „aus der Routine schubsen“ und uns zum Nachdenken und zur Reflexion anregen.

Impulskontrolle und Handlungskompetenz

Manche Herausforderungen irritieren uns, überfordern uns. Diese Situationen führen uns nicht automatisch dazu, dass wir nach- und neudenken. In der sozialpädagogischen Praxis reagieren Menschen auf irritierende und überfordernde Situation vielfach mit Abwertung, Ablehnung und Ausgrenzung, auch mit physischer und psychischer Gewalt[5]. Emotionsregulation und Impulskontrolle sind von zentraler Bedeutung, um dementgegen situationsangemessen und adressatengerecht, somit in herausfordernden Situationen professionell zu handeln. Als biologische Stressreaktionen gelten „Fight“ (Kampf), „Flight“ (Flucht) und „Freeze“ (Erstarrung). Wie reagieren Sie in schulischen Stresssituationen? Mit Fight: „Der Lehrer hat sowieso keine Ahnung!“; „Das ist doch alles Quatsch! Theorie braucht niemand!“ Oder zeigen Sie häufig Vermeidungsverhalten? Wie hoch sind Ihre Fehlzeiten? Prokrastinieren Sie regelmäßig? Wie oft „flüchten“ Sie sich in die Welt der digitalen Welten von Netflix, Candy Crush, Tiktok oder Instagram? (Flight). Oder erstarren Sie und werden angesichts eines Leistungsnachweises handlungsunfähig (Freeze)?

Selbstkompetenz: Innezuhalten, nicht sofort intuitiv, möglicherweise destruktiv zu reagieren. → Impulskontrolle, Emotionsregulation, Selbstreflexion

Sozialkompetenz: Menschen und ihr Verhalten empathisch verstehen zu wollen und zu können. Emotional und mitfühlend einen Perspektivwechsel zu vollziehen.

Fachkompetenz: Die Situation vor dem Hintergrund fachtheoretischer und fachthematischer Erkenntnisse analysieren, einordnen, verstehen zu können.

Methodenkompetenz: Methoden für die Analyse, Reflexion wie auch für den professionellen Umgang mit Stress und für ein lösungs- und adressatengerechtes Vorgehen zu kennen und anzuwenden.

---

[4] Suhr, Martin: John Dewey zur Einführung, 1994, S. 45.

[5] Maywald, Jörg: Gewalt durch pädagogische Fachkräfte verhindern, 2019.

Es kommt in der Fachpraxis zu Situationen, in denen sozialpädagogische Fachkräfte die **Impulskontrolle** vermissen lassen, die sie bei den Klienten/Klientinnen einfordern. Im Sinne des Modelllernens können sozialpädagogische Fachkräfte, neben den Eltern, zugleich abschreckende Beispiele und pädagogisch-wertvolle Vorbilder sein.

Bilden, Lernen, Erziehen

Durch herausfordernde Situationen werden idealerweise **Bildungsprozesse initiiert** – verstanden als die Auseinandersetzung, das Nachdenken über das (sozialpädagogische) Handeln im Kontext der sozialen Umwelt. Diese Bildungsprozesse münden ggf. darin, dass wir etwas lernen, dass sich vor dem Hintergrund neuer Erkenntnisse unsere Wahrnehmung und unser Verhalten ändern.

Erziehung ist die planvolle und zielgeleitete Initiierung und Begleitung von Bildungs- und Lernprozessen, somit die Einwirkung auf die Persönlichkeitsentwicklung. Im Erziehungsprozess sollen nicht nur wir sozialpädagogischen Fachkräfte über uns und unser Handeln nachdenken. Wir fordern unsere Klienten/Klientinnen heraus, neu zu denken, empathisch zu fühlen und zu verstehen, zu analysieren, nachzuvollziehen, sich auseinanderzusetzen und möglicherweise neu zu handeln oder neu wahrzunehmen. Wichtig ist zu vermitteln, dass sich Situationen verändern lassen. Selbstwirksamkeitserfahrungen sind von zentraler Bedetuung für alle am Erziehungsprozess Beteiligten.

Die **Analyse einer Situation**, die **Reflexion des eigenen Handelns** soll darin münden, dass sich etwas ändert, insbesondere dann, wenn Klienten/Klientinnen (Kinder, Jugendliche, Eltern) unter einer Situation leiden. Es gilt aber auch zu erkennen, dass jede Person immer nur sich selbst, die eigene Wahrnehmung und das eigene Verhalten ändern kann.

Das Modell der vollständigen Handlung

→ Siehe dazu auch Kapitel 4 Musterablauf

Der professionelle Umgang mit Herausforderungen lässt sich entlang von klar geregelten und fachtheoretisch begründbaren Phasen vollziehen. **Die Einhaltung einer Reihenfolge** von aufeinander aufgebauten Handlungsschritten ist äußerst sinnvoll und macht pädagogisches Handeln begründbar, nachvollziehbar und dadurch lehr- und lernbar.

Diese Handlungsschritte sind selbstverständlich weniger starr als in technischen Berufen, aber deswegen nicht weniger sinnvoll. Wir empfehlen das pädagogische Vorgehen entlang der Phasen des erweiterten **Modells der vollständigen Handlung** nach Mesch/Meisel[6], welches nachfolgend dargestellt wird. (Sollten Sie nach einem anderen Modell der vollständigen Handlung arbeiten, ist das absolut unproblematisch. Die Modelle haben mehr gemeinsam, als sie trennt.)

[6] Vgl. Mesch/Meisel (2022).

Die herausfordernde Situation

Was denken, fühlen, tun Sie, wenn Sie in von einem 7-jährigen Jungen mit türkischem Migrationshintergrund in der Schule angespuckt werden?

In der Fachpraxis stehen Sie vor der Herausforderung, professionell mit der Situation umzugehen. Das bedeutet im ersten Schritt, Sie nehmen Ihre Gefühle bewusst wahr, regulieren und reflektieren diese, da Sie ansonsten intuitiv am liebsten zurückspucken würden. Selbstkompetenz, Emotionsregulation und Impulskontrolle als wesentliche Teile der Selbstkompetenz sind von zentraler Bedeutung für das professionelle, lösungsorientierte Handeln.

Wir agieren vielfach entlang von Vorurteilen, naiven Vorannahmen und oberflächlichem, unreflektiertem Alltagswissen, Emotionen sowie Menschenbildern. Wenn wir diese Aspekte nicht bewusst wahrnehmen und reflektieren, ist unser Handeln möglicherweise nicht nur unprofessionell, sondern rassistisch, diskriminierend und menschenverachtend, unabhängig davon, ob wir uns dessen bewusst sind. Wir können aus guter Absicht durchaus das Falsche tun.

Was tun Sie, wenn Sie von einem blonden, blauäugigen, 7-jährigen Mädchen in der Schule angespuckt werden?
Was denken, fühlen, tun Sie, wenn Sie von einem 7-jährigen Mädchen im Rollstuhl in der Schule angespuckt werden?
Was denken, fühlen, tun Sie, wenn Sie von einem 70-jährigen Mann im Bus angespuckt werden?

Das menschliche Denken, Fühlen und Handeln wird durch vielfältige Einflüsse bewusst, vor- und unterbewusst im Sozialistaionsprozess geprägt. Dies zu reflektieren, ist von zentraler Bedeutung, um nicht „unbedacht" zu handeln. Als sozialpädagogische Fachkräfte übernehmen wir eine immense Verantwortung, die Mitverantwortung für die Gegenwart und Zukunft von Menschen.
Werden Sie aggressiv, wenn Sie gendern sollen?

Der Handlungskreis des Modells hilft Ihnen, eine solche Situation professionell „abzuarbeiten“:

Phase 1 Reflexionsphase

Phase 1 des professionellen Umgangs mit fachpraktischen Herausforderungen bildet die **Reflexionsphase**. Diese setzt bereits ein hohes Maß an Selbstkompetenz, Emotionsregulation und Impulskontrolle voraus.

a) Es geht darum, wahrzunehmen, zu verbalisieren und kritisch zu reflektieren, welche *emotionalen Reaktionen* durch eine Situation ausgelöst werden. Die Wahrnehmung eigener Emotionen ist äußerst bedeutsam, um diese regulieren und analysieren zu können. Außerdem ist wichtig, Emotionen verbalisieren zu können, um andere Menschen zu verstehen und sich verständlich zu machen.
b) Danach sollte man die *ersten Gedanken* sortieren, verbalisieren und reflektieren. Diese Gedanken sind eventuell noch stark durch Vorurteile und Gefühle beeinflusst: Aufregung, Panik, Verärgerung, Scham, Wut, Trauer, Angst, Verunsicherung, Ekel. Unreflektiert reagieren Menschen mit evolutionsbedingten Stressreaktionen „Fight“ (Kampf), „Flight“ (Flucht) oder „Freeze“ (Erstarrung). Vielleicht treibt uns aber auch das Gefühl und der Gedanke an, sofort etwas tun zu müssen.

Die *„Annahme des guten Grundes“*, welche vor allem in der Traumapädagogik als Grundhaltung gelebt wird[7], kann an dieser Stelle als wesentlich anerkannt werden. Zu verstehen, dass meine Gedanken und Emotionen berechtigt und entwicklungsgeschichtlich nachvollziehbar sind[8], ist ein wichtiger Schritt, um Emotionen und Gedanken zu reflektieren und zu ordnen. Der erste Impuls sollte in jedem Fall nicht zu einer direkten Handlung führen.

Um diese beiden Elemente zu sortieren, die sich im ersten Schritt zumeist noch stark wechselseitig beeinflussen, bietet es sich an, jeweils eine **Mindmap** zu erstellen. Die Wirkung der Emotionen sollte sich im Prozess verringern. In der Phase 1 fällt es noch schwer, rational und professionell zu denken und zu handeln. Dies gelingt zumeist nur dann, wenn Sie im Hinblick auf die Situation bereits auf fachpraktische Erfahrungen und fachtheoretisches Wissen zurückgreifen können und Sie sich durch die Situation weder fachpraktisch noch fachtheoretisch überfordert fühlen.

Phase 2 Perspektivwechsel

Phase 2 beschreibt den **Perspektivwechsel**. Vor dem Hintergrund der Situation ist zu fragen:

a) Warum hat mich das Mädchen/der Junge bespuckt? Was könnten seine/ihre **guten Gründe** gewesen sein? (Perspektivwechsel)
b) Kann ich das Verhalten empathisch, mitfühlend und fachlich einordnend, verstehen? (empathisches Verstehen)

Genauso, wie es einen guten Grund für Ihre Emotionen und Gedanken gibt, ist es wichtig, den guten Grund für das Verhalten der Adressaten/Adressatinnen zu verstehen. Das Verhalten des Menschen ist normalerweise nicht destruktiv motiviert, sondern wird aus dem inneren System des Menschen bzw. des Kindes heraus nachvollziehbar. Ein solches Verständnis erzeugt die **notwendige Wertschätzung und Würdigung**[9], die elementar für die sozialpädagogische Arbeit ist. Das Verstehen und Nachvollziehen der Verhaltensweisen ermöglicht es Ihnen als sozialpädagogischer Fachkraft, gemeinsam mit den Adressaten/Adressatinnen zu reflektieren und darauf basierend alternative Handlungsmöglichkeiten zu entwickeln (in Phase 6).

In a) und b) geht es darum, individuelle Lebenslagen, Perspektiven und Verhaltensweisen vor dem Hintergrund individueller Sozialisationsprozesse nachzuvollziehen und anzuerkennen. Es geht keinesfalls darum, Verhalten zu entschuldigen – sondern darum, die Motive, Bedarfe und Bedürfnisse hinter dem Verhalten zu verstehen. Dies gilt insbesondere für toxische Verhaltensweisen.

[Es wird davon ausgegangen, dass, **wenn sich Menschen verstanden fühlen** und sich selbst verstehen (auch im Hinblick auf ihre Wirkungen), dass dann ihre Bereitschaft steigt, ihr Verhalten ändern zu wollen. Das empa-

[7] Vgl. Weiß, Wilma: Traumapädagogik: Entstehung, Inspirationen, Konzepte, 2016, S. 23.
[8] Vgl. Weiß 2016, S. 20–32.
[9] Vgl. BAG TP: Das Positionspapier der BAG Traumapädagogik, 2013, S. 87.

thische Verstehen ist somit ein wesentlicher Aspekt der professionellen Beziehungsgestaltung.]
Verhalten, das fremd oder irritierend wirkt, löst Verunsicherung und/oder Verärgerung aus, provoziert Distanz und Ablehnung. Durch den Perspektivwechsel entwickeln Menschen ein Verständnis dafür, dass es nicht nur (m)eine Perspektive gibt. Wenn nachvollzogen werden kann, was die jeweilige Person antreibt, wirken Verhaltensweisen weniger irritierend. Das **Verständnis der subjektiven Perspektive** bildet die Voraussetzung für professionelles, sozialpädagogisches Handeln[10].
Während Phase 2 noch sehr auf Empathie baut, auf *emotionalem* Nachvollziehen, geht es in Phase 3 um das rationale Verstehen von menschlichem Handeln.

Phase 3 Fachwissenschaftliche Vertiefung

Phase 3 widmet sich **fachtheoretischen und fachthematischen Perspektiven** – für das rationale Verstehen. Im ersten Schritt wird reflektiert, auf welches Vorwissen individuell, ggf. auch als Team zurückgegriffen werden kann, um zu verstehen, warum der Junge/das Mädchen bspw. gespuckt hat.

Welche Theorien und Themen stecken hinter der Situation?

- Ist das Spucken ein übliches Verhalten bei Kindern in der Entwicklungsphase?
- Hat das Spucken im Sozialisationsprozess von Jungen die gleiche Relevanz und Bedeutung wie bei Mädchen? Warum bzw. warum nicht?
- Was sind Aggressionen? Wie entstehen Aggressionen? Welche Arten von Aggression lassen sich unterscheiden?
- Welche Theorien erklären, warum manche Menschen in einer solchen Situation sofort zurückspucken würden, während andere zuschlagen oder nach außen ruhig bleiben?
- Werden bei Ihnen durch die Erwähnung des Migrationshintergrunds, der Behinderung oder/und des Geschlechts Vorurteile getriggert? Sind diese Aspekte pädagogisch relevant?

Neben den Perspektiven der Beteiligten (siehe Perspektivwechsel), gibt es unterschiedliche fachtheoretische und fachthematische Perspektiven, die es ermöglichen, die Situation unterschiedlich wahrzunehmen, fachlich einzuordnen, zu bewerten, zu analysieren, zu verstehen – was wiederum dazu führt, dass mit der Situation unterschiedlich umgegangen wird.
Beispielsweise hilft mir die Entwicklungspsychologie dabei, Verhalten einzuordnen. Warum schmeißen sich kleine Kinder schreiend auf den Boden? Warum „rebellieren“ Jugendliche? Auch das Vier-Ohren-Modell von Friedemann Schulz von Thun kann mir helfen, zu verstehen, warum es z. B. zu einem Konflikt kommt.
Phase 3 ist die **Phase der Recherche**, des Lesens, des Fragens und Suchens. Idealerweise kann man im Rahmen einer ersten groben Recherche auf das Internet zurückgreifen. Für die vertiefende Recherche bietet sich der Besuch einer gut sortierten (Fach-)Bibliothek an. In jedem Fall sollte auf Fachbücher zurückgegriffen werden.

- Während ein *Fachthema* einen Aspekt, eine Perspektive der fachpraktischen Tätigkeit in den Fokus rückt (Wer ist auf welche Weise aggressiv?, Methoden zum Umgang mit kindlicher Aggression),
- handelt es sich bei *Fachtheorien* um wissenschaftlich begründete Erklärungen (Wie entstehen Aggressionen?, Analysen zu Aggression).

Am Ende sollte es möglich sein, die Handlungen der Personen empathisch zu verstehen, somit emotional nachzuempfinden, aber auch fachlich einzuordnen. Die Fachkompetenz ist in dieser Phase von zentraler Bedeutung.

Phase 4 Leitziel(e) formulieren

In Phase 4 stehen **Ziele** im Mittelpunkt der Betrachtung. Erziehung bedeutet die gezielte und planvolle Einwirkung auf die Persönlichkeitsentwicklung, wobei sich diese nicht einseitig, sondern wechselseitig vollziehen sollte.

Ziele geben einer Handlung eine mehr oder minder klare Richtung, vermitteln Orientierung. Ziele begründen, wer wann, was und warum tut.

[10] Vgl. Mesch/Meisel 2022, S. 44 ff.

Ein Leitziel für eine zu planende sozialpädagogische Tätigkeit könnte z. B. lauten:
„Der Junge spuckt mich nicht mehr an." Oder „Wenn sich der Junge nochmal über mich ärgert, stampft er auf den Boden, anstatt mich anzuspucken."

Selbstverständlich können solche Ziele nur erreicht werden, wenn – wie in diesem Beispiel – der Junge einen „guten Grund" hat, sein Verhalten zu ändern, da jede Person immer nur ihr eigenes Verhalten ändern kann.
Das **Leitziel** beschreibt einen zu erreichenden vorläufigen Endzustand. Der Weg zum Leitziel wird von **Feinzielen** gepflastert. Das Erreichen der einzelnen Feinziele – oder auch Zwischenziele – trägt dazu bei, dass das Leitziel erreicht wird[11]. Das Erreichen von Zielen führt zu einer Selbstwirksamkeitserfahrung, zu einem motivierend wirkendem Erfolgserlebnis.

Feinziele/Zwischenziele (bestenfalls nach SMART-Kriterien):
„Ein Gespräch mit dem Jungen hat stattgefunden."
„Ich teile dem Jungen im Gespräch meine Perspektive mit."
„Der Junge kann beschreiben, wie es für mich war, angespuckt zu werden."
„Der Junge teilt mir seine Perspektive mit."
„Ich kann die Gründe, die zu seinem Verhalten geführt haben, nennen."
„Ich kann das Spuckverhalten entlang einer fachtheoretischen Perspektive erklären."

Phase 5 Planen und Entscheiden

Die Phase 5 widmet sich der weiteren **Planung**. Es müssen die nächsten konkreten Schritte geplant werden, wie die Ziele erreicht werden können. Bspw.: Wann findet wo, wann, mit wem das Gespräch mit dem Jungen statt?
Wir benötigen einen Zeit- und Arbeitsplan, eine Angebotsplanung, einen Hilfeplan oder eine Maßnahmenplanung. Es bietet sich an, über „Stolpersteine" und „Worst-Case-Szenarien" nachzudenken, einzuplanen, was alles schief gehen und was dann getan werden könnte[12].

Es geht darum, fachtheoretisch und fachpraktisch nachvollziehbare Handlungsmöglichkeiten zu planen. Diese orientieren sich an der vorherigen Analyse.

In der Verschriftlichung (Klausuraufgabe 4 Handlungsempfehlung[13]) können die Fragen Was? Warum? Wie? Wer? Wo? Wann? bei der Strukturierung der Beantwortung unterstützen:

- WAS planen Sie als pädagogische Fachkraft?
- WARUM planen Sie, bestimmte Dinge zu tun? (oder: Welche Ziele verfolgen Sie?)
- WIE setzen Sie den Plan konkret um?
- WER setzt was um?
- WO wird der Plan realisiert?
- WANN wird der Plan realisiert?

Feinziele definieren nach SMART:

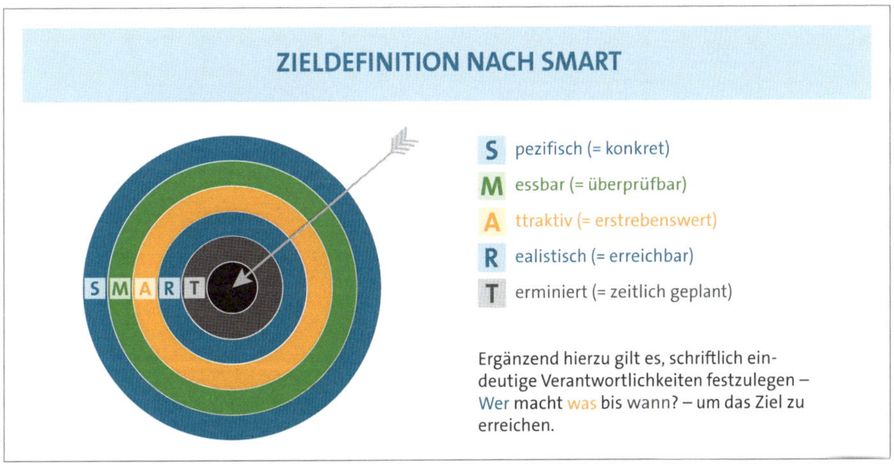

[11] Dazu: Mesch/Meisel 2022, S. 55–60.
[12] Vgl. Mesch/Meisel 2022, S. 61.
[13] „Aufgabe 4: Legen Sie fachtheoretisch begründete und fachpraktisch nachvollziehbare Handlungsempfehlungen dar, wie mit der jeweiligen Situation aus sozialpädagogischer Perspektive umzugehen wäre."

Phase 6 Durchführen und Präsentieren

Die Phase 6 beginnt mit der **fachpraktischen Umsetzung**. Es wird umgesetzt, was geplant wurde. Im Schulkontext kann die Planung nur präsentiert, das sozialpädagogische Handeln nur simuliert werden – in der Praxis gilt es, diese konkret umzusetzen und zu dokumentieren.

Im Idealfall werden im Unterricht konkrete fachpraktische Herausforderungen in den Fokus der Analyse gerückt, die dann tatsächlich in einer fachpraktischen Umsetzung münden. Die Zusammenarbeit zwischen dem Lernort Schule und den Praxiseinrichtungen ist von zentraler Bedeutung.

Phase 7 Bewerten, Reflektieren und Beurteilen

Die Planung vor dem Hintergrund der Ziele ermöglicht es in dieser Phase 7, die dokumentierte Fachpraxis im Hinblick auf ihre Wirksamkeit zu überprüfen, zu bewerten, zu beurteilen und zu reflektieren. Es gilt, zu evaluieren,

- ob die Feinziele erreicht wurden,
- ob das Leitziel näher rückt, oder
- ob einzelne Phasen nochmal überprüft werden müssen.

Durch das Nachdenken über das, was in Phase 6 passiert ist, kann evaluiert werden, ob die Feinziele und Planung realistisch geplant wurden, ob Angebote und Maßnahmen dazu beitragen, die Situation im Sinne der Ziele zu verändern. Die Evaluation erfolgt unter Beteiligung der Klienten/Klientinnen. Auch hierbei gilt es, verschiedene Perspektiven in den Fokus zu rücken.

Nach Phase 7 wird entschieden, ob der geplante Weg weiter fortgesetzt wird oder ob neu geplant werden muss, um die Ziele zu erreichen. Es kann aber auch sein, dass die Ziele nicht mehr relevant sind und andere Themen plötzlich in den Fokus rücken, weswegen Sie möglicherweis komplett neu beginnen. Wurden bspw. keine Fortschritte erzielt und keine Ziele erreicht, stellt dies die neue herausfordernde Situation dar, die Ausgangssituation für das Arbeiten entlang des Modells der vollständigen Handlung.

4 Musterablauf für den Umgang mit Lernsituationen

Herausfordernde Situation

HINWEIS FÜR LERNENDE

Es folgt eine visuelle Übersicht über die Abfolge, in der Sie eine schulische Lernsituation oder eine berufliche (herausfordernde) Situation bearbeiten konnen.
In Kapitel 3 findet sich der erläuternde Text zu den Phasen (Seite 14 ff.).

HINWEISE FÜR LEHRKRÄFTE

Sie werden vermutlich regelmäßig Fallbesprechungen, kollegiale Beratung o.Ä. mit Ihren Schülerinnen und Schülern durchführen. Die Verschriftlichung dieser Fälle aus der Praxis durch die Schülerinnen/Schüler ermöglicht das Üben der schriftlichen Fachsprache, wie auch das Verfassen nachvollziehbarer Berichte. (Zuvor sollten die Grundlagen zum Themenkomplex Wahrnehmung, Beobachtung und Dokumentation, insbesondere auch Beobachtungsfehler und ggf. Abwehrmechanismen, unterrichtet worden sein.)
Wenn die Möglichkeit der digitalen Archivierung dieser Fälle besteht, können Lehrkräfte und Schülerinnen/Schüler hiernach auf einen riesigen Fundus an Lernsituationen zurückgreifen.
Emotionalisierende Lernsituationen finden Sie auch in den Sozialen Medien wie in der Boulevardpresse. Emotional diskutierte (pädagogische) Themen sichern den Unterrichtseinstieg und unterstreichen die Relevanz der sozialpädagogischen Profession in Theorie und Praxis.
Zum Beispiel emotionalisierte Diskussionen über die Bezeichnung von Schaumküssen, Schnitzel- oder Grillsaucen-Varianten wie auch Karnevalskostümierung können hervorragend entlang dem Modell der vollständigen Handlung versachlicht werden, wie auch Themen wie kulturelle Aneignung, geschlechtergerechte Sprache und geschlechtliche Vielfalt. Insbesondere die Phasen 1, 2 und 3 für den Bildungsprozess bedeutsam sind. Es muss im Unterricht nicht immer jede Phase stoisch abgearbeitet werden!

Beachten Sie auch die „Methodischen Hinweise für die Lehrkraft".

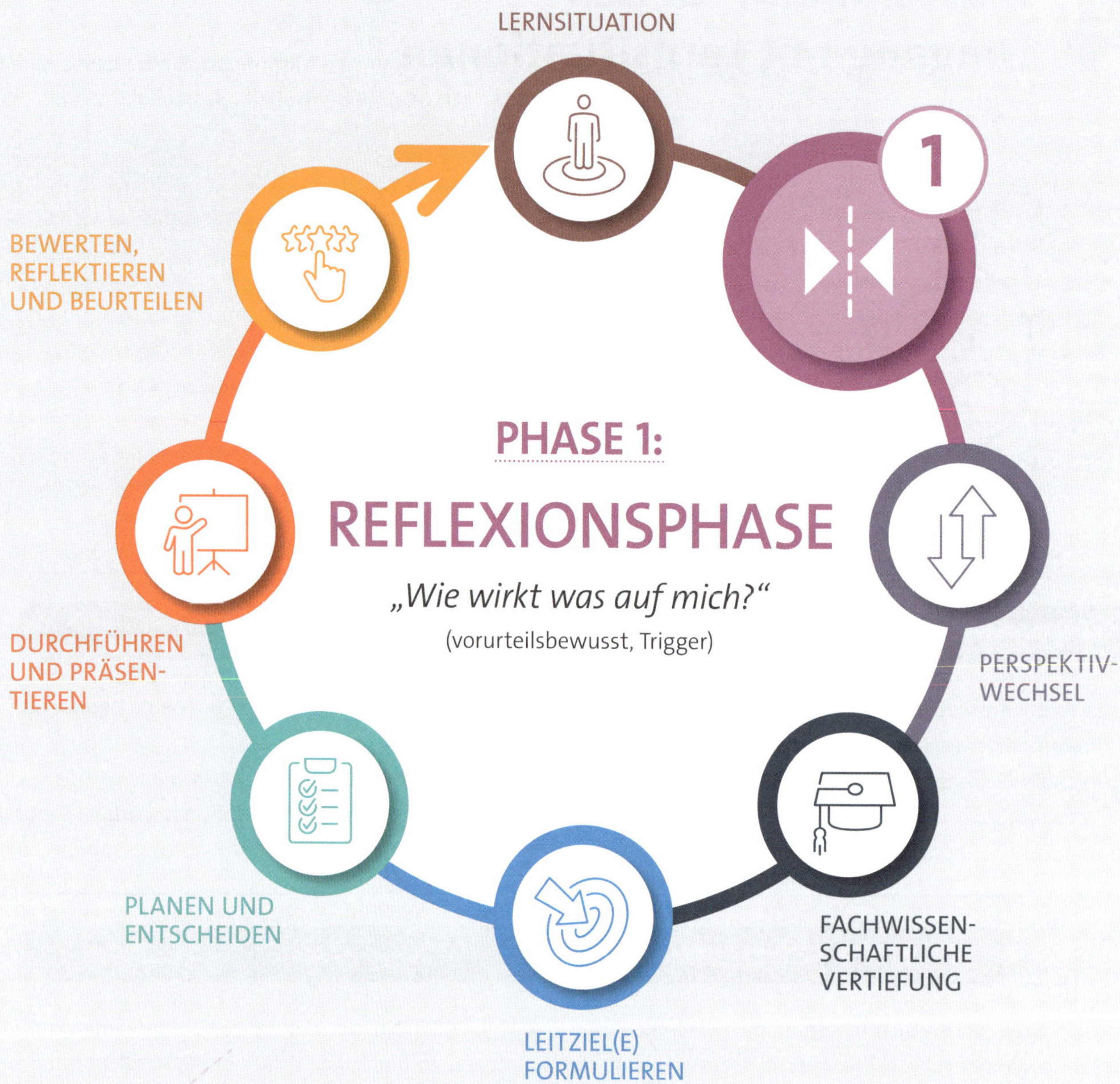

Schritt 1:
Machen Sie sich Notizen zu der Frage: Welche Emotionen werden bei Ihnen durch die beschriebene Situation ausgelöst?

Schritt 2:
Machen Sie sich Notizen zu der Frage: Welche Gedanken gehen Ihnen durch den Kopf, wenn Sie die beschriebene Situation lesen?

Schritt 3:
Im Sinne des optimalen Lernprozesses wäre es ratsam, sich über die ersten beiden Fragen in Partnerarbeit auszutauschen.

METHODISCHE HINWEISE FÜR DIE LEHRKRAFT

Die Think-Pair-Share-Methode ist eine Möglichkeit zur Strukturierung dieser Phase. Die Lernenden setzen sich eigenständig, individuell und hiernach kooperativ mit den eigenen Emotionen und Gedanken im Kontext der Lernsituation auseinander.

1. **THINK:** Die individuellen Gedanken und Emotionen werden schriftlich festgehalten. Diese müssen der Lehrkraft nicht transparent gemacht werden (= bewertungsfreier Raum).
2. **PAIR:** In der Partner/-innenarbeit erfolgen der Austausch, die Ergänzung, der Abgleich, das Verbalisieren und Zuhören, Nachvollziehen und Reflexion. Es geht nicht darum, zu bewerten, sondern zu verstehen und nachzuvollziehen. Die Gesprächspartner üben das empathische Verstehen. Der Austausch mit Partner/-in sollte in selbstgewählten Zweierteams stattfinden. Da sich die Lernende Emotionen und Gedanken austauschen, sind sogenannte Wohlfühlgruppen förderlich für den individuellen Lernprozess.
3. **SHARE:** Eine wertfreie und bewertungsfreie Diskussion im Plenum nimmt hierbei eine zentrale Rolle ein. Die Lernenden sollen die Möglichkeit haben sich, frei äußern zu können.

Methodische Varianten:
Für erste Assoziationen mag es hilfreich sein, Gefühlskarten (Gesichter mit unterschiedlichen Emotionen) oder Listen mit diversen Gefühlen als Unterstützung zu verwenden.
Je nach Lernsituation kann es sinnvoll sein, einen Fokus zu setzen. Dieser kann auf einer bestimmten Person oder einem konkreten Aspekt der Lernsituation liegen. Dann werden Emotionen und Gedanken mit konkretem Bezug formuliert. Dieser Reflexionsprozess kann durch konkretisierende Fragestellungen unterstützt werden (Bsp.: Welche Gefühle löst das Mädchen B. bei mir aus?).
Zudem können die Gefühle und Emotionen in Form von Fotos und Zeichnungen dargestellt werden. So erreichen die Lernenden methodisch einen alternativen Zugang.

Schritt 4:
Machen Sie sich Notizen zu der Frage, wie sich die Situation aus den unterschiedlichen Perspektiven darstellt. Welche Gefühle und Emotionen werden bei den einzelnen Personen durch was ausgelöst, abgeschwächt oder verstärkt? Was benötigen die einzelnen Personen in der Lernsituation, welche Bedürfnisse und Bedarfe motivieren möglicherweise das beschriebene Verhalten?

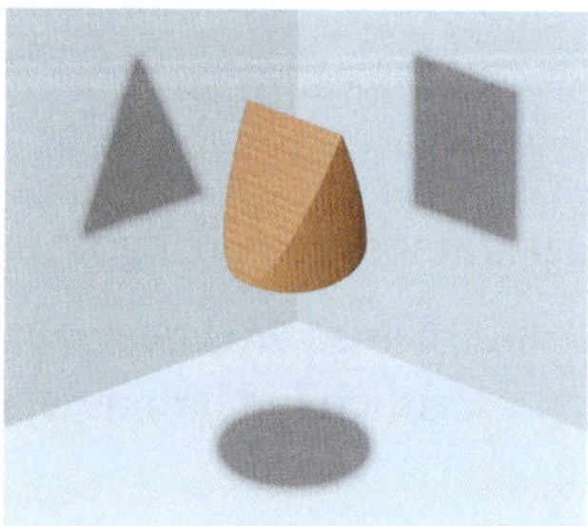

Schritt 5:
Machen Sie sich Notizen zu der Frage, welche Schlussfolgerungen Sie aus den unterschiedlichen Perspektiven ziehen, im Hinblick auf den sozialpädagogischen Umgang mit der Situation.

METHODISCHE HINWEISE FÜR DIE LEHRKRAFT

Die methodische Gestaltung in diesem Schritt lässt viele Möglichkeiten zu. Grundsätzlich ist es ratsam, die Lernenden aktiv werden zu lassen und ihnen die Chance zu bieten, sich in die unterschiedlichen Perspektiven der in der Lernsituation Beteiligten hineinversetzen zu können. Die Umsetzung kann je nachdem, welcher Fokus in der Lernsituation gesetzt wird, variieren:

- Der Perspektivwechsel kann durch diverse **symbolische Darstellungen** visualisiert werden. So lassen sich bspw. durch das Verwenden von Strichmännchen und Verbindungen zueinander Beziehungen und Perspektiven darstellen.
- Für die Entwicklung eines empathischen Verstehens gegenüber den Protagonisten der Lernsituation kann ein **Rollenspiel** hilfreich sein. In diesem wird die beschriebene Lernsituation nachgespielt und ggf. in wörtliche Dialoge formuliert.
- Das **Venn-Diagramm** bietet die Möglichkeit, unterschiedliche Positionen aus der Lernsituation aufzuzeigen und so einen Perspektivwechsel vorzunehmen. In diesem können Konfliktsituationen und die jeweiligen Ziele/Intentionen visualisiert sowie Gemeinsamkeiten und Unterschiede der einzelnen Perspektiven aufgegriffen werden.
- In einer Gruppenarbeit können **unterschiedliche Positionen** zur Lernsituation eingenommen werden (Optimist, Pessimist, Skeptiker, Beobachter/Neutral etc.). Aus diesen Rollen/Perspektiven heraus wird versucht, die Problematik der Lernsituation zu erfassen und zu diskutieren.
- Die Lernenden arbeiten in Gruppenarbeit **einzelne Positionen/Perspektiven** der Protagonisten heraus, die anschließend im Plenum vorgestellt, diskutiert, gegenüberstellt, verglichen werden.
- Es sollte sich auch darüber ausgetauscht werden, mit welcher Perspektive sich die Schülerinnnen/Schüler stark oder gar nicht identifizieren können, und die Gründe hierfür herausarbeiten.

Schritt 6:
Machen Sie sich Notizen zu der Frage: Welche Themen und Theorien erkennen Sie in der Situation? (Bspw. Aggression, Kommunikation, Beziehungsarbeit)
Fertigen Sie eine Mindmap an, mit sämtlichen Themen, die Sie in der Lernsituation für relevant erachten.

Schritt 7:
Machen Sie sich Notizen zu der Frage, welche Theorien Ihnen helfen, die Situation wissenschaftlich einzuordnen. (Bspw. Instanzenmodell nach S. Freud, Bedürfnispyramide nach A. Maslow)

Schritt 8:
Reflektieren Sie, a) auf welches fachtheoretische Vorwissen Sie zurückgreifen können bzw. b) welches fachtheoretische Wissen Sie benötigen, um mit der Situation in der Praxis professionell umgehen zu können.

Schritt 9:
Recherchieren Sie Theorien und Themen, die vor dem Hintergrund der Lernsituation relevant sein könnten. (Vervollständigen Sie Ihre Mindmap aus Schritt 6.)

Schritt 10:
Wählen Sie ein Thema und eine Theorie aus und analysieren Sie die Situation vor diesem Hintergrund. (Bspw.: Nach Freud ist Person 1 in der Situation aggressiv, weil ...)

Hinweis: Typische Klausuraufgaben lauten z. B.:
„[2] Legen Sie Ihr fachtheoretisches Wissen zu drei Themen oder Theorien dar, welche Sie vor dem Hintergrund der Lernsituation für relevant erachten.
[3] Analysieren Sie die Lernsituation entlang Ihres fachtheoretischen/fachthematischen Wissens."

METHODISCHE HINWEISE FÜR DIE LEHRKRAFT

In der fachtheoretischen Vertiefung geht es zunächst darum, sich einen Überblick über Themen und Theorien in der Lernsituation zu verschaffen. Hier hilft das Erstellen einer Mindmap. Die Mindmap unterstützt die Lernenden bei der Strukturierung ihres Vorwissens. Eine gemeinsame Mindmap wird im Plenum erstellt und als Grundlage zur Weiterarbeit genutzt. Im Kontext einer Klausur wird häufig das Erarbeiten einer Mindmap als **Klausuraufgabe Nr. 1** angewendet. Die Angabe von Zeilennummern aus der Lernsituation unterstützt bei der Orientierung. Eine Alternative zur Mindmap ist die Methode der **Fischgräte**. Hier wird eine Ursachen-Wirkungsanalyse vorgenommen. In den ‚*Kopf*' des Fisches wird ein Problem aus der Lernsituation geschrieben. An die ‚*Gräten*' werden die Ursachen für das Problem notiert und in der ‚*Flosse*' (Ende) wird ein Ziel benannt.
Die Schüler/-innen bringen bei den Ursachen fachtheoretische und fachthematische Aspekte ein. Die Problemdefinition wird in der Analyse angewendet und erarbeitet.
Zur weiteren Strukturierung und evtl. Hierarchisierung der benannten Themen bieten sich diverse Darstellungsformen an:

- **TORTENDIAGRAMM:** Je nach Relevanz des Themas wird die Größe des Tortenstücks gewählt.
- **FÜNF-FINGER-METHODE:** Die fünf wichtigsten Themen notiert an den Fingern einer Hand.
- **EISBERGMODELL:** Themen, die direkt zu erkennen sind, werden an einer Abbildung oberhalb der Wasseroberfläche notiert. Themen, die unterbewusst, niedrigschwellig die Lernsituation beeinflussen, werden unterhalb der Wasseroberfläche notiert.

Die Gestaltung des Unterrichts kann in dieser Phase sehr variieren. Die Lernenden erarbeiten sich weitestgehend eigenverantwortlich Themen und Theorien, um vor diesem Hintergrund die Lernsituation zu analysieren. Hierfür benötigen sie die Unterstützung der Lehrkraft. Die Lehrkraft fungiert als Begleiter/-in und initiiert, unterstützt und gestaltet die Rahmenbedingungen für die individuellen Lernprozesse. Dies kann durch die Bereitstellung von fachwissenschaftlichem Material sowie kurze Vorträge, gezielt formulierten Aufgaben geschehen oder einen Besuch in einer (Fach-)Bibliothek.
In der Aufgabe Nr. 2 der Klausur stellen die Lernenden bis zu drei Fachthemen und/oder Fachtheorien dar, die sie in der Lernsituation für relevant erachten. Hierfür können die o. g. Methoden zur Hierarchisierung hilfreich sein, um eine Entscheidung für Themen und Theorien zu treffen.

11

Schritt 11:
Formulieren Sie Grobziele im Hinblick auf den fachpraktischen Umgang mit der Situation und dazu Feinziele, die erkennen lassen, über welchen Weg Sie das jeweilige Grobziel erreichen wollen. (SMART)

METHODISCHE HINWEISE FÜR DIE LEHRKRAFT

In der Phase „Leitziele formulieren“, werden die Lernenden dazu aufgefordert, entlang der vorliegenden Lernsituation ein/mehrere Richtziel(e) zu formulieren. Diese werden zunächst in Kleingruppen gesammelt und anschließend im Plenum diskutiert und ausgewertet. Dabei sollte sich auf wenige Richtziele geeinigt werden.
Methodische Variante: Die Richtziele werden notiert und gut sichtbar im Klassenraum nach der ersten Gruppenarbeit ausgelegt. Die Lernenden führen ein „Stilles Gespräch“ zu den jeweiligen Richtzielen durch oder eine Diskussion, ein Unterrichtsgespräch, einen Galeriegang oder ein World-Café.
Vertiefende Fragstellungen in dieser Phase:

- Inwiefern ist das formulierte Richtziel im Hinblick auf die Problemlösung angemessen?
- Welche Teilschritte sind zur Erreichung des Richtziels relevant?
- Wie wirkt das Erreichen des Ziels auf die Situation und Personen? (Hypothesen formulieren)

Die intensive Auseinandersetzung mit den Richtzielen führt bereits zu einer Konkretisierung. Diese Konkretisierung kann im Weiteren mithilfe der SMART-Methode (→ siehe Kapitel 3) erfolgen.

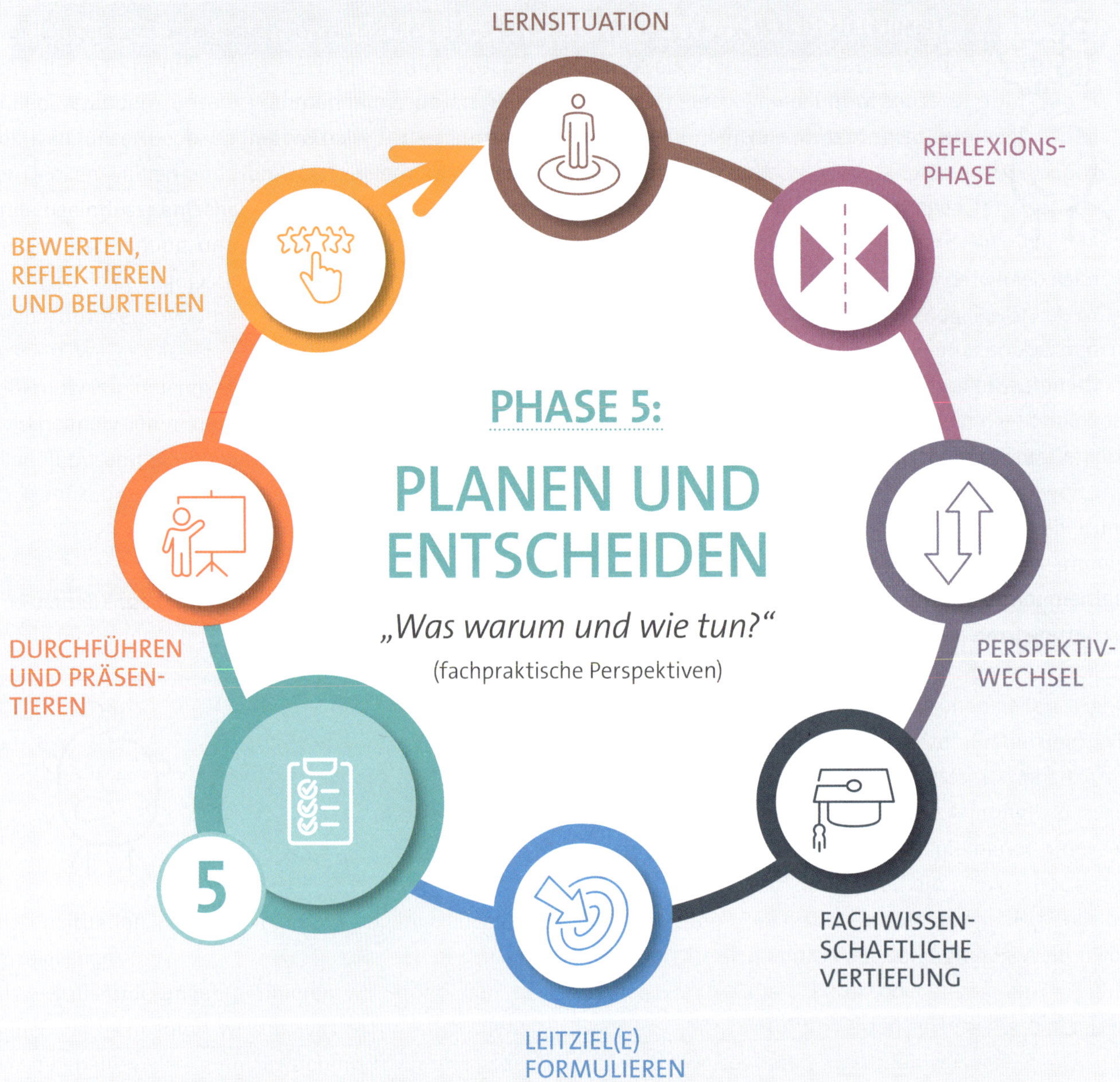

12

Schritt 12:

Formulieren Sie zu Ihren Feinzielen: Wer macht was wie und mit wem? Im Hinblick auf das ‚Warum?‘ sollten Sie sich auf Ihre fachtheoretische Analyse (Schritt 9) beziehen.

Hinweis: Eine typische Klausuraufgabe zu dieser Phase ist z. B.:
„[5] Legen Sie fachtheoretisch begründete und fachpraktisch nachvollziehbare Handlungsempfehlungen dar, wie mit der jeweiligen Situation aus sozialpädagogischer Perspektive umzugehen wäre.“ (Oder enger gefasst z. B.: Planen Sie einen Workshop zum Thema Kinderarbeit mit den Kindern/Jugendlichen des Jugendtreffs.)

METHODISCHE HINWEISE FÜR DIE LEHRKRAFT

In der Phase 5 „Planen und Entscheiden" wird ein Zeit- und Arbeitsplan erstellt. Dieser variiert je nach Lernsituation in den Aspekten Aufwand, Umfang und Inhalt.
Im Unterrichtskontext kann die Gruppenarbeit organisiert werden, indem ersichtlich wird, wer bis wann welche Aufgaben übernimmt. In diesem Zusammenhang sind die Lernenden in ihrer Organisationskompetenz herausgefordert, um lösungs- und zielorientiert – ggf. arbeitsteilig – vorgehen zu können.
Zur methodischen Unterstützung kann ein Raster zur Planung und Strukturierung seitens der Lehrkraft vorgelegt werden.
Inhaltlich erarbeiten die Lernenden sozialpädagogische Angebote und/oder Handlungsmöglichkeiten, die fachpraktisch und fachtheoretisch – wie auch vor dem Hintergrund der Ergebnisse aus den vorherigen Phasen – nachvollziehbar sind. Methodisch kann diese Phase durch gezielte Fragestellungen eingegrenzt werden, sodass die Schüler/-innen sich auf bestimmte Themen/Personen fokussieren.
Die Lehrkraft begleitet den Gruppenprozess und gibt Feedback. Dabei wird auf eine enge Verzahnung der erarbeiteten theoretischen Analyse mit den sozialpädagogischen Handlungsoptionen geachtet. Die Lernenden machen ihre Zwischenschritte transparent, arbeiten Herausforderungen und Stolpersteine sowie Chancen heraus und visualisieren ihren Arbeitsprozess.

Methodische Variationen:

- Rollen in Gruppen definieren, die mit konkreten Aufgaben verbunden sind. So werden Verantwortlichkeiten klar definiert. Dies verhindert Unsicherheiten und schafft Transparenz.
- Präsentationsformen im Plenum thematisieren und entscheiden.
- Projektarbeit gestalten.

Vertiefende Fragestellungen:

- Was würde passieren, wenn ...?
- Wie können die aufgestellten Ziele erreicht werden?
- Welche Handlungsmöglichkeiten bestehen?
- Für welche Handlungsmöglichkeiten/Angebote entscheiden wir uns und warum?
- Was tun wir auf gar keinen Fall und warum nicht?
- Was würde die Situation für Person 1 noch verschlimmern?
- Welche Stolpersteine könnte es geben?
- Wie dokumentieren wir unsere Handlungsschritte?
- Wie präsentieren wir unsere Ergebnisse?

Diese Phase im Unterricht entspricht der **Aufgabe Nr. 3** in einer Klausur entlang dem Modell der vollständigen Handlung. Die Vorbereitung im Unterricht bezüglich dieser Aufgabe gibt den Schüler/-innen Sicherheit und schafft die geforderte Transparenz. Im Kontext einer Klausur sind die Lernenden in ihrer Eigenverantwortlichkeit herausgefordert und können sich an den Inhalten und der Struktur aus dem Unterricht orientieren. Ein intrinsisch motiviertes, vertiefendes Weiterdenken und Weiterlernen wäre optimal.

13

Schritt 13:
Setzen Sie Ihre Planung in der Praxis um (bspw. sozialpädagogisches Handeln entlang von Hilfeplänen oder entlang der Maßnahmen- bzw. Angebotsplanung) – oder simulativ im Unterricht.

METHODISCHE HINWEISE FÜR DIE LEHRKRAFT

Die Ergebnisse der Gruppenarbeit werden in dieser Phase präsentiert und dokumentiert. Die Schüler/-innen sind aufgefordert, ihre theoretische Planung praktisch zu realisieren. Dies geschieht im Unterricht anhand von Präsentationen (digital/analog) oder Rollenspielen. Ziel dabei ist es, die Ergebnisse aus der vorherigen Phase zu visualisieren und ggf. durchzuführen, also die Theorie in der Praxis zu realisieren.
In dieser Phase geht es insbesondere um eine Simulation des Tatsächlichen im Unterricht, da in der Praxis Einflussfaktoren hinzukommen, die sich im Lernort Schule nicht simulieren lassen.
Idealerweise werden entlang des Modells aber auch tatsächliche fachpraktische Herausforderungen der Schülerinnen und Schüler besprochen, die dann in realem Handeln münden. Insbesondere für die **Praxisbegleitung** wäre dies ein besonders bedeutsamer Aspekt.

TIPP: Die Dokumentation der Lernfortschritte kann durch ein Lernheft oder ein Portfolio unterstützt werden. Dieses Lernheft können die Lernenden nutzen, um ihre individuellen Entwicklungsschritte zu visualisieren und anhand dieser in die Reflexion mit der Lehrkraft zu gehen.

TIPP: Die praxisintegrierte Erzieherausbildung (die Lernenden sind einen Teil der Woche in der Schule und einen Teil in der Praxisstelle) ermöglicht es, Inhalte aus dem Unterricht direkt in der Praxis zu erproben. Hierfür sollten am Lernort Schule Möglichkeiten zur Aufarbeitung geboten werden.

14

Schritt 14:

Bewerten Sie Ihr fachpraktisches Handeln entlang Ihrer Planung und Ihrer Ziele.
Reflektieren Sie Ihren Lernfortschritt: Inwieweit hat sich Ihre Wahrnehmung, Ihr Verhalten in der Praxis verändert?
Beurteilen Sie, ob die ausgewählten Methoden geeignet waren, die definierten Ziele zu erreichen.
Beurteilen Sie: Kam es zu einer Neubewertung der Ausgangssituation durch das systematische Vorgehen?
Beurteilen Sie: Wie hat sich die Situation aus den einzelnen Perspektiven der Personen verändert?

METHODISCHE HINWEISE FÜR DIE LEHRKRAFT

In dieser Phase wird das Erreichte mit dem Geplanten verglichen. Dies erfolgt auf zwei Ebenen: der Reflexion und der Beurteilung/Bewertung. Die Lernenden sind dazu aufgefordert, zunächst zu reflektieren und im Weiteren zu beurteilen, ob definierte Ziele erreicht wurden. Die Reflexion kann sich durch die meist offene Gestaltung von Lernsituationen auf unterschiedliche Bereiche beziehen: das eigene pädagogische Handeln; Werte und Normen; die Gruppe/das Team; das Arbeitsfeld oder die angewendeten Methoden.

Die Reflexion und die anschließende Beurteilung kann als Zwischenschritt während des Handlungsprozesses oder nach Abschluss einer Handlung erfolgen. Der Handlungsprozess wird unterbrochen und der bisherige Prozess in den Blick genommen, um ihn zu prüfen.
Im Unterricht kann zur Strukturierung in dieser Phase wieder das Think-Pair-Share-Prinzip angewendet werden.

Vertiefende Fragestellungen:

Reflexion

- Welchen Stellenwert/Relevanz hat das Fachthema/die Fachtheorie für meine Praxis?
- Hat sich meine Einstellung/Haltung in Bezug auf die Situation verändert?
- Löst die Lernsituation im Rückblick noch dieselben Emotionen, Gedanken oder Handlungsimpulse aus?
- Konnte die Methode wie geplant umgesetzt werden? Warum? Warum nicht?
- Wie lassen sich die gemachten Erfahrungen auf andere Arbeitsfelder bzw. Situationen übertragen?
- Welche Schwierigkeiten haben sich bei der Umsetzung ergeben? Woran hat dies gelegen? Wie bin ich damit umgegangen? Was hätte ich alternativ tun können?

Beurteilung

- Ist das Leitziel erreicht? Woran erkenne ich dies?
- Welche Aspekte des Ziels sind noch nicht erreicht bzw. nur teilweise erreicht? Woran könnte dies liegen?
- War das Vorgehen zielführend, um das Ziel zu erreichen?
- Haben sich neue Ziele ergeben, die vorrangig zu behandeln sind?
- Welche Möglichkeiten gäbe es, nachzusteuern?

Methodische Varianten zur Reflexion

- Kopf (ich habe gelernt) – Herz (ich habe gefühlt) – Hand (nächste Handlungsschritte sind für mich ...)
- Fischernetz
- Koffer (das nehme ich mit) – Mülleimer (das lasse ich hier) – Ablage (das hebe ich mir für später auf)
- Stimmungsbarometer
- Handreflexion. Daumen: Das war super!; Zeigefinger: Darauf möchte ich hinweisen; Mittelfinger: Das lief schief; Ringfinger: Diese Erkenntnis bleibt; kleiner Finger: Der Aspekt sollte mehr Beachtung finden. Die Kriterien zu den einzelnen Fingern variieren.

Methodische Varianten zur Beurteilung

- Zielscheibe
- SOFT-Analyse
- Tipps und Tops formulieren

5 Die Lernsituationen

HINWEIS

Liebe Lernende, nach der Theorie nun das praktische Training! Nachfolgend finden Sie sechs Lernsituationen aus dem Arbeitsfeld des Elementarbereichs, kombiniert mit typischen Aufgabenstellungen, wie sie in einer Klausur oder schriftlichen Prüfung vorkommen könnten. Nutzen Sie diese für Ihr Selbststudium, zur Vorbereitung auf einen schriftlichen Leistungsnachweis oder für einen individuellen, kooperativen Lernprozess in der Schule oder in der sozialpädagogischen Praxis.
Danach können Sie Ihren Text vergleichen mit den Beispiellösungen in → Kapitel 6 und den Lehrkraftkommentaren darin.
Lassen Sie sich durch die Beispiellösungen nicht irritieren, gerne aber inspirieren. Kritisieren Sie die Ausführungen, schreiben Sie diese um oder neu.

Ausgangssituation

Eine Berufsfach- und Fachschule für Sozialpädagogik in Schleswig-Holstein bildet nach einem praxisintegrierten Konzept[14] sozialpädagogische Fachkräfte aus. Die Schülerinnen und Schüler arbeiten montags, dienstags und mittwochs in ihren Praxiseinrichtungen.

Sie selbst befinden sich in der Mittelstufe (d.h. zweites von drei Ausbildungsjahren), zurzeit im zweiten Schulhalbjahr.

Die Lehrkraft Frau Arrou (49 Jahre) begleitet als Klassenlehrkraft fachlich das ausbildungsintegrierte Praktikum. Einmal im Monat widmet sich die Klasse mit ihr gemeinsam der Fallbesprechung und kollegialen Beratung. In Arbeitsgruppen finden sich Schüler und Schülerinnen mit dem gleichen Arbeitsfeld zusammen, tragen konkrete Praxissituationen vor, beraten sich wechselseitig, analysieren die jeweiligen fachpraktischen Herausforderungen entlang des Modells der vollständigen Handlung. Frau Arrou nimmt eine beratende Rolle ein.

Da Sie selbst im Arbeitsfeld ‚Grundschule' tätig sind, sitzen Sie mit Ihren Mitschülerinnen und Mitschülern in einer entsprechenden Arbeitsgruppe zusammen.

[14] PiA – praxisintegrierte Ausbildung zum Erzieher/zur Erzieherin

5.1 Die Lernsituation „Buchstaben-Girlande in der Vorschularbeit"

Im Rahmen der schulischen Fallbesprechung berichtet eine Mitschülerin, **Nora (23 Jahre)** von einem Fall, der sich bereits vor einem Jahr, im ersten Ausbildungsjahr zugetragen hat. Der Fall bezieht sich mittelbar auf das Arbeitsfeld Schule, da sie damals die Vorschularbeit mitorganisieren sollte und sie einige Kinder im aktuellen Praktikum in der Grundschule wieder getroffen hat. Nora war damals im Kindergarten „Die kleinen Streuner" in Harmstadt tätig, einer Stadt mit rund 15.000 Einwohner/-innen in Schleswig-Holstein. Die Einrichtung betreute zu diesem Zeitpunkt 80 Kinder in vier Gruppen: einer Krippengruppe (19 Kinder), einer Familiengruppe (21 Kinder) und zwei Elementargruppen (je 20 Kinder).

Zu diesem Zeitpunkt interessierte sich Nora bereits für das Arbeitsfeld ‚betreute Grundschule' und wollte sich schwerpunktmäßig der Vorschularbeit widmen. Sie arbeitete in der Familiengruppe gemeinsam mit **Daniela Schacht** (**46 Jahre**; Erzieherin) und **Arne Noj (29 Jahre)**, der im Rahmen seiner praxisintegrierten Erzieherausbildung donnerstags und freitags in der Kita tätig war. Mit Arne sollte Nora die gruppenübergreifende Vorschularbeit neu konzipieren. Nora führte montags ein Vorschulangebot durch und Arne das „Schul-Mini"-Angebot für die elf Kinder am Freitag, jeweils in der Zeit zwischen 9 und 11 Uhr.

Zu den Schul-Minis gehörten **Arielle (5;6 Jahre)** und **Aaron (6;1 Jahre)**. Beide malten und bastelten sehr gerne, waren äußerst kreativ. Arielles Bastelaktivitäten drehten sich um die Themen Prinzessinnen, Einhörner und Weltraum. Aaron mochte Elefanten, Einhörner und Pokémon.

Vasili (5;4 Jahre), Maksym (5;5 Jahre), Li (5;3 Jahre) und **Elias (5;7 Jahre)** waren die Playstation-„FIFA-Fan-Gang", spielten leidenschaftlich und so oft als möglich Fußball auf der Playstation. Sie trafen sich auch privat sehr oft, wohnen in direkter Nachbarschaft der Kita und gehen aktuell gemeinsam in eine Klasse. Entweder sie trafen sich bei jemandem aus der Gruppe oder spielten online gegeneinander. Was Arne sehr beunruhigte, war, dass sie auch gewaltvolle Spiele spielten, wobei er nicht sagen konnte, welche Spiele es waren. Er ging davon aus, dass Kinder, die an Konsolen spielen, generell „dumm und gewalttätig" würden, sich in der Schule nicht konzentrieren könnten und ADHS bekämen, wie er damals erklärte. Er war der festen Überzeugung: „Wer sein Kind liebt, schenkt seinem Kind weder eine Spielekonsole noch ein Smartphone". Die vier Jungen spielten damals und noch heute gemeinsam im Fußballverein, waren Mitglied im 1. FC Harmstadt.

Anouk (5;3 Jahre), Farah (5;6 Jahre) und **Ambre (5;5 Jahre)** bildeten das „Pferdemädchen-Trio". Sie trafen sich regelmäßig und treffen sich noch immer im Stall bei ihren Pferden. Sie waren auch Mitglieder im 1. FC Harmstadt, tanzten dort gemeinsam Ballett.

Raymond (5;6 Jahre) konnte sich sprachlich sehr gut ausdrücken, sprach sehr gerne und viel. Sportliche Angebote in der Kita mochte er nicht. Er war sehr grobmotorisch und hatte fortwährend Angst, sich zu verletzen. Außerdem mochte er keinen Körperkontakt und verabscheute es, zu schwitzen. Raymond interessierte sich für Raumfahrt und Planeten. Die meisten Kinder, auch einige Fachkräfte, empfanden Gespräche mit ihm als sehr anstrengend, waren schnell genervt von seinen „Fachvorträgen". In Gesprächssituationen mit anderen erzählte er nur, ging aber nicht auf sein Gegenüber ein. Dieses Verhalten zeigt er aktuell in der Grundschule immer noch.

Raymond konnte bereits im Kindergarten recht gut lesen, zog sich gerne und sooft als möglich in die Lese-Kuschelecke zurück und las dort am liebsten Sachbücher. Da er die Bücher in der Kita erklärtermaßen langweilig fand, brachte er eigene Bücher von zuhause mit. Das Spielen mit anderen Kindern vermied er. Zudem nahm er nur ungern an den Angeboten der Schulvorbereitung teil, weil er nicht gerne mit anderen zusammenarbeitete. Basteln mochte er gar nicht, er sah keinen Sinn darin, Papier kaputt zu machen. Seine Ansicht war: „Das ist schlecht für die Umwelt und bringt nichts! Warum soll ich etwas ausschneiden und wieder neu zusammenkleben, was niemand benötigt."

Ebenfalls sehr zurückgezogen war der Junge **Urs (5;4 Jahre)**. Er sprach fast gar nicht, vermied im Gespräch Augenkontakt. Seine Mimik und Gestik setzte er nur sehr minimal ein. Im Alltag beobachtete er gerne andere Kinder beim Spielen, ging aber nicht in den Kontakt. Er konnte über längere Zeit anderen Kinder zuschauen, allerdings ohne größere Gefühlsregungen. Wenn er spielte, dann am liebsten allein mit LEGO®, oder er bastelte und malte für sich allein.

Urs' Verhalten änderte sich, wenn seine Mutter oder sein Vater ihn abholten. Ihnen gegenüber verhielt er sich sehr anhänglich und durchaus redselig.

In der Kita gelang es nicht, gruppenpädagogisch und fachlich angemessen mit den Schul-Minis zu arbeiten. Die ‚Pferdemädchen' und ‚FIFA'-Jungen wollten nichts miteinander zu tun haben, provozierten und stritten sich untereinander gerne und oft; Urs und Raymond zogen sich unabhängig voneinander zurück, während Aaron und Arielle für sich bastelten und malten.

Arne hatte ursprünglich von der Kitaleitung den Auftrag erhalten, alle 14 Tage mindestens ein Angebot zu planen, anzuleiten und zu reflektieren. Er wollte unbedingt jede Woche ein Vorschulangebot durchführen. Da Nora und Arne sich abstimmen sollten, präsentierte er ihr damals seine Planung. Nora berichtet in der schulischen Fallbesprechung über das von Arne geplante Angebot und wie er es ihr damals vorgestellt hat. Um es zu veranschaulichen, schlägt ein Mitschüler vor, diese Situation als Rollenspiel nachzustellen. Diesen Vorschlag greift Nora auf, schlüpft in Arnes Rolle und stellt aus seiner Perspektive die damalige Angebotsplanung vor:

„Ich habe mir für die Schul-Minis folgendes Angebot überlegt:

Die Kinder sollen jede Woche einen Buchstaben lernen. Ich beginne mit dem Buchstaben S. Die Kinder bekommen ein Blatt Papier mit dem Buchstaben. Den Buchstaben sollen die Kinder anmalen. Den oberen Teil mit Schwarz, den mittleren Teil mit Rot, den unteren Teil mit Gelb. Ich habe hier die Vorlage.

Die Kinder schneiden den Buchstaben dann aus. Wer fertig ist, darf zur Belohnung draußen spielen gehen. Wer nicht ordentlich arbeitet, muss nochmal anfangen. Die Kids sollen sich richtig Mühe geben, ordentlich und sorgfältig arbeiten, so wie man das in der Schule auch machen muss, um gute Noten zu bekommen. Wer sich nicht an die Regeln hält, nicht ordentlich arbeitet, sitzt länger am Tisch. In den nächsten Wochen machen wir das Gleiche mit den Buchstaben „C", „H", „U", „L" und „E". Ich habe also schon für die nächsten sechs Wochen ein Vorschulangebot. Am Ende machen die Kids dann ein Loch in den Buchstaben und ziehen die Buchstaben auf einen Faden. Sie haben dann alle eine ‚Schule-Girlande'."

Nora – in der Rolle von Arne – gibt sich sichtlich begeistert vom Angebot. Weiter erklärt sie: „Ganz wichtig ist, dass alle Kinder teilnehmen müssen. Sie müssen sich alle anpassen und unterordnen, genauso, wie es von ihnen in der Schule erwartet wird. So werden sie zu erfolgreichen Musterschülern. Ich habe auch schon zwei ganz wichtige Regeln auf ein Plakat aufgeschrieben und mit Piktogrammen versehen: 1. Niemand darf während des Bastelangebots reden. 2. Jeder arbeitet still und leise für sich. 3. Alle bleiben sitzen. Wer sich nicht an die Regeln hält, muss mit dem Gesicht zur Wand in der Ecke stehen. Außerdem darf niemand raus, wer noch nicht fertig ist. Wenn jemand nicht ordentlich arbeitet, muss er oder sie nochmal von vorne anfangen und so lange basteln, bis es ordentlich und fertig ist. Was denkst du? Muss ich noch an etwas denken, habe ich noch etwas vergessen? Das sollte doch verhindern, dass uns die kleinen Monster auf der Nase rumtanzen, und sie bestmöglich auf die Schule vorbereitet werden, oder?“

Aufgabenstellungen

1. **Fertigen Sie eine Mindmap zu sämtlichen Themen und Theorien (lernfeldübergreifend) an, die Sie in der Lernsituation erkennen. Belegen Sie diese mit den Zeilennummern der Lernsituation.**
2. **Legen Sie Ihr fachtheoretisches Wissen zu drei der in Aufgabe 1 darlegten Themen oder Theorien dar, die in der Lernsituation angedeutet werden.**
3. **Analysieren Sie die Planung für das Bastelangebot von Arne Noj vor dem Hintergrund Ihres fachtheoretischen/fachthematischen Wissens und Ihrer fachpraktischen Erfahrungen.**
4. **Legen Sie eine fachtheoretisch/fachthematisch begründete und fachpraktisch nachvollziehbare Planung für ein eigenes Bildungsangebot für die „Schul-Minis“ dar.**

Variante für Aufgabe 3:

3.1 Analysieren Sie das Verhalten von
a) Raymond,
b) Urs
vor dem Hintergrund Ihres fachtheoretischen/fachthematischen Wissens.

4. Beschreiben Sie, wie Sie mit der Situation aus der Perspektive der Praxisanleiterin umgehen würden.

Zweite Variante für Aufgabe 3:

3. Bewerten Sie die Aussagen von Erzieherschüler Arne zu Konsolen und Smartphones vor dem Hintergrund Ihres medienpsychologischen und medienpädagogischen Wissens.
4. Was würden Sie den Eltern im Hinblick auf die Nutzung von Smartphones und Konsolen vor dem Hintergrund Ihres fachthematischen und fachtheoretischen Wissens raten?

Variante für Aufgabe 4:

4.1 Legen Sie fachtheoretisch begründete und fachpraktisch nachvollziehbare Handlungsempfehlungen für a) Urs und b) Raymond dar.

5.2 Die Lernsituation „Krawall und Remmidemmi“

Lernsituation

Einer Ihrer Mitschüler, **Stephan Weber (27 Jahre)**, absolviert sein Praktikum an einer Grundschule in Harmstadt, einer Stadt mit rund 15.000 Einwohner/-innen in Schleswig-Holstein. Vormittags soll er die Schüler/-innen der Klasse 3a im Unterricht begleiten. Nach dem Unterricht begleitet er das Mittagessen sowie die Hausaufgabenbetreuung und gestaltet an zwei Nachmittagen je ein pädagogisches Angebot in der Zeit zwischen 14:30 und 16:00 Uhr.

Stephan nimmt erstmals an einer Dienstbesprechung der sozialpädagogischen Fachkräfte der Schule teil, die jeden ersten Montag im Monat von 8:00 bis 9:30 Uhr stattfindet. Die Dienstbesprechung widmet sich in erster Linie dem Verhalten einzelner Kinder. Es geht darum, sich kollegial auszutauschen und zu beraten.

Eine Lehrkraft, **Frau Michaeli (56 Jahre)**, berichtete in der Dienstbesprechung über ihren Eindruck von der Klasse 3a, in der auch Stephan eingesetzt werden soll.

„**Nelson (10;1 Jahre)** ist ein richtiger Störer – ein hyperaktives Kerlchen. Im Einzelgespräch, unter vier Augen ist er höchst pfiffig in seinen Ideen und Gedanken. Aber sobald er nicht vom Lehrer angeschaut und persönlich angesprochen wird, reißt sein Aufmerksamkeitsfaden, er redet und lässt sich von allem ablenken: »Ich bin der Witzigste!«, »Ich bin der Größte!«. Er befeuert die sowieso schon unruhige Atmosphäre in der Klasse nach Kräften. Er räumt im Unterricht auch gerne seinen Ranzen auf oder leer, oder erledigt heimlich andere Hausaufgaben oder spielt mit seinem Smartphone unterm Tisch. Wie gesagt, er hat vielerlei Einfälle – nur sorgen diese dafür, dass er in Mathematik schlechte Leistungen abliefert, wie auch in anderen Fächern. Und er reißt nicht nur sich ins Unglück, er zieht auch andere mit. Er lenkt alle ab, inklusive der Lehrkräfte. Seine Eltern wissen Bescheid, wissen aber auch nicht, was sie tun sollen. Ich habe mit ihnen bereits gesprochen. Sie haben versprochen, ihn stärker unter Druck zu setzen, mehr zu kontrollieren.

Sarah (9;3 Jahre) ist sehr fleißig, eine richtige Streberin. Sie lernt dauernd, liest in jeder Pause ein Buch, distanziert sich von den »Dumpfbacken«, wie sie ihre Mitschüler nennt. Sie spricht nicht mit den anderen Kindern und spielt auch nicht mit ihnen. »Meine Mutter möchte nicht, dass ich meine Schulzeit mit unnötigen Spielereien vergeude.«

Sie löst die Aufgaben meistens richtig und schneller als die Mitschüler. Sarahs Gestik und Mimik, aber auch Stimmlage wirken sehr streng und ernst. Sie ist vom langsameren Lerntempo, den häufigen Begriffsstutzigkeiten und Konzentrationsproblemen der anderen Mitschüler, wie auch von deren Fehlern extrem und sichtlich genervt. »So komme ich nicht voran. Ihr haltet alles auf! «, hat sie letzte Woche aggressiv in die Klasse gerufen.

Han (10;1 Jahre) ist leistungsbereit, leistungsfähig, aber laut, quasi im Guten. Sobald er einen Einfall hat, ruft er ihn in die Klasse; wenn er eine Aufgabe richtig hat, springt er auf und schlägt sich zum Beispiel gröhlend auf die Brust. Er meint es nicht böse, aber er kann es auch nicht lassen. Strafen nimmt er ergeben an, er entschuldigt sich dann tausendmal für seine Störungen – setzt sie aber nach fünf Minuten fort. Er will nicht, dass seine Eltern wissen, dass er im Unterricht stört, weil ihm sonst sein Taschengeld gekürzt wird.

Ganz anders verhält sich **Leo (9;1 Jahre)**, gleich links vor der Lehrkraft sitzend. Brav schreibt er immer alles ganz ordentlich von der Tafel ab. Beherzt gibt er zu, wenn er die Hausaufgaben nicht verstanden hat oder mit den Aufgaben überfordert ist. Heimlich steckt er seine Klassenarbeiten in den Ranzen, die zumeist mit den Noten 3 und 4 benotet sind. Es ist ihm peinlich, dass er nicht so schlau ist wie die anderen in der Klasse. Er will unbedingt seine Leistungen verbessern, schafft es aber anscheinend nicht.

Daniel (9;2 Jahre) ist auch ein ruhiger Schüler – ihn könnte man glatt übersehen. Ab und zu steuert er eine Antwort bei, verhält sich aber sehr ruhig, wirkt leicht eingeschüchtert. Seine schriftlichen und mündlichen Beiträge und Leistungen sind unauffällig – weder besonders gut, noch besonders schlecht. Auch Daniel leidet darunter, wenn seine Leistungen nicht als gut bewertet werden. Bei den Rückmeldegesprächen versucht er intensiv zu verhandeln, er wirkt dabei teilweise verzweifelt. Vor den Zeugnissen fragt er die Lehrkräfte mehrfach, ob sie ihn nicht besser bewerten könnten, was er noch machen könne, um seine Noten zu verbessern. Er ist dann vielfach den Tränen nahe. Er weint jedes Mal, wenn eine Note schlechter als 2 ist. Er sagt dann immer, dass solche Note seine Eltern »nicht glücklich machen ... sie sind bestimmt ganz enttäuscht von mir. Sie strengen sich doch so an und müssen so viel arbeiten. Jetzt machen sie sich bestimmt auch Sorgen um mich, wenn ich nicht so gut bin. Ich soll unbedingt auf das Gymnasium, damit ich beruflich Erfolg habe!«.

Tja, und dann ist da noch die **‚Gang‘ der mega-ultra-coolen Jungen**. Die fünf Jungen sitzen verteilt im Klassenzimmer. Sie lästern über andere, ärgern »die Schwächeren«. Sie lachen andere aus, fallen durch Zwischenrufe auf, verteilen gemeine Briefchen während des Unterrichts. Sie sind immer mit etwas anderem beschäftigt. Bei mir im Unterricht halten sie sich zurück, ich gebe klare Ansagen. Aber bei anderen Lehrkräften schlagen sie voll über die Strenge, zeigen fast gar keinen Respekt. Bei einer Kollegin schmeißen sie im Unterricht mit Papierkügelchen, lachen Mitschüler und die Lehrerin aus. Außerdem führen sie fortwährend Nebengespräche. Es ist ganz wichtig, dass Lehrkräfte hart durchgreifen. Störende Schüler müssen bestraft werden und zwar so, dass sie es auch spüren. Auch den Eltern sage ich jedes Mal, dass sie mit ihrer antiautoritären Haltung nichts erreichen, dass sie die Zukunft ihres Kindes verspielen, wenn sie nicht bei kleinsten Vergehen bereits harte Strafen anwenden.

Die Klasse ist eine Ansammlung von Problemfällen, dauernd Störungen, die dafür sorgen, dass die anderen Kinder nicht weiterkommen. Alle Strafmaßnahmen sind zu rechtfertigen: in die Ecke stellen, rausschmeißen, Schulverweise, Elterngespräche, die Schulordnung abschreiben lassen, Gespräch mit der Schulleitung. Mit Kuschelpädagogik kommen wir nicht weiter. Auch die Eltern müssen mitziehen: Eltern müssen ihre Kinder autoritärer erziehen, sonst verweichlichen diese Gören und tanzen allen auf der Nase rum, um später mit dem Bürgergeld auch noch der Gesellschaft auf der Tasche zu liegen. Klare Ansagen, klare Regeln, konsequente Strafen, alles andere ist nur antiautoritärer Mist.“

Aufgabenstellungen

1. **Fertigen Sie eine Mindmap zu sämtlichen Themen und Theorien (lernfeldübergreifend) an, die Sie in der Lernsituation erkennen. Belegen Sie diese mit den Zeilennummern der Lernsituation.**
2. **Legen Sie Ihr fachtheoretisches Wissen zu drei der in Aufgabe 1 darlegten Themen oder Theorien dar, die in der Lernsituation angedeutet werden.**
3. **Analysieren Sie die Lernsituation vor dem Hintergrund Ihres fachtheoretischen/fachthematischen Wissens.**
4. **Legen Sie fachtheoretisch/fachthematisch begründete und fachpraktisch nachvollziehbare Handlungsempfehlungen dar, wie Sie mit der Situation aus sozialpädagogischer Perspektive umgehen würden.**

Variante für Aufgabe 4:

4. **Legen Sie fachtheoretisch begründete und fachpraktisch nachvollziehbare Handlungsempfehlungen dar, wie Sie mit a) Nelson und b) Han aus sozialpädagogischer Perspektive umgehen würden.**

5.3 Die Lernsituation „Das Leben ist bunt und wild“

Lernsituation

Eine Ihrer Mitschülerinnen, **Emily (21 Jahre)**, berichtet im Rahmen der schulischen Fallbesprechung über ihre Tätigkeit an einer Gemeinschaftsschule. Emily bittet die Gruppe und die Lehrkraft Frau Arrou um Rückmeldung, wie die Situation pädagogisch zu bewerten sei, und um konkrete Tipps für den Umgang mit der Situation.

Emily ist an der „Gemeinschaftsschule Schmalsee“ tätig. Die Gemeinschaftsschule liegt in einer Gemeinde mit knapp 8.000 Einwohnern am Rande einer größeren Stadt. Das Einzugsgebiet gestaltet sich äußerst heterogen, sowohl im Hinblick auf den sozialen Status als auch auf den religiösen und kulturellen Hintergrund. Zum einen gibt es sozialen Wohnungsbau im Umfeld und zum anderen ein Neubaugebiet mit hochpreisigen Einfamilienhäusern. Vor 5 Jahren wurde zudem eine Flüchtlingsunterkunft mit Notunterkünften für insgesamt 200 Menschen gebaut.

Im Umkreis der Schule befinden sich ein sanierungsbedürftiger Skatepark und zwei kleinere Spielplätze.

Emily möchte nach der Erzieherausbildung als Schulassistentin arbeiten. Zu dem Stellenprofil gehört es, Schülerinnen und Schüler am Vormittag im Unterricht zu begleiten und sie, in Absprache mit der jeweiligen Lehrkraft, zu unterstützen.

In den ersten Wochen der Orientierungsphase ist Emily vormittags hauptsächlich im Unterricht der 8. Jahrgangstufe eingesetzt. Dieser Jahrgang ist dreizügig. Zugeordnet ist Emily dem Klassenlehrer der 8a, **Herrn Weber**. Er unterrichtet seit 15 Jahren an der Schule und ist in der Gemeinde aufgewachsen. In der Klasse 8a sind 26 Jugendliche: 11 Jungen und 15 Mädchen. Die Klasse wird von unterschiedlichen Lehrkräften, aber auch von den Schülerinnen und Schülern als „äußerst unruhig“ beschrieben.

Zu den Schülern der Klasse gehört **Kevin (14;5 Jahre)**. Er besucht seit vier Wochen die 8. Klasse der Gemeinschaftsschule. Er ist neu in die Klasse gekommen. Seine Familie ist aufgrund eines Jobwechsels des Vaters aus München in die norddeutsche Gemeinde gezogen. Er wohnt mit seiner kleinen Schwester Chantal (7;3 Jahre) sowie seinen Eltern in einem Mehrfamilienhaus in einer 3-Zimmer-Wohnung. Seine Mutter Ilona (38 Jahre) ist Hausfrau und sein Vater Uwe (46 Jahre) arbeitet als Lagerist in einer Metallverarbeitungsfirma.

Kevins Mutter ist nicht sonderlich glücklich über den Umzug und kann sich noch nicht an die neue Umgebung gewöhnen. Sie telefoniert viel mit ihren Freundinnen aus ihrer Heimatstadt München. Sein Vater ist in Schichtarbeit, meist in Nachtschichten eingesetzt und schläft deshalb tagsüber viel, weshalb er seine Kinder nur selten sieht. Kevin beschäftigt sich zu Hause häufig allein, muss sich ruhig verhalten, wenn der Vater schläft, und schaut viele Serien und Filme oder spielt mit dem Tablet. Seine Lieblingsserien auf Netflix sind derzeit „Squid Game“, „Walking Dead“ und „Preacher“, zu seinen Lieblingsfilmen gehören die Filme aus der Reihe „SAW“. Auf dem Smartphone spielt er am häufigsten das Spiel „Coin Master“ – fast ununterbrochen, wie die Mutter berichtet – und „Warzone“ auf seiner Playstation.

Am Wochenende spielt er manchmal mit seiner Schwester, geht gelegentlich auch allein mit ihr auf den Spielplatz neben der Schule. Während sie dort spielt, widmet er sich „Coin Master“.

Kevin fällt es schwer, angemessen Kontakt zu anderen Jugendlichen aufzunehmen. Die anderen Jugendlichen beschreiben ihn als hektisch und störend, weswegen sie sich von ihm distanzieren.

Er widmet sich selten für längere Zeit einer Aufgabe, ist schnell ablenkbar und unkonzentriert. Seine Aufmerksamkeitsspannen liegen im Unterricht bei maximal 15 Minuten, in Mathe und Englisch bei unter 10 Minuten.

Im Umgang mit jüngeren Kindern handelt er äußerst sozialkompetent, bietet ihnen seine Unterstützung an, spielt auch mit den Schülerinnen und Schülern aus der 5./6. Klasse.

Charlotte (14;1 Jahre) besucht ebenfalls die Klasse 8a. Sie ist seit der 5. Klasse auf der Gemeinschaftsschule Schmalsee und hat vorher eine katholische Grundschule besucht. Sie ist eine gute Schülerin und zeigt sich sehr aufgeschlossen und kontaktfreudig. Im Klassenraum sitzt sie neben ihren beiden besten Freundinnen **Luisa (13;11 Jahre)** und **Enja (14;3 Jahre)**.

In den letzten Tagen, so wurde Emily berichtet, hat sich die Klassensituation extrem verändert. Es fiel auf, dass Charlotte in den Pausen auf dem Schulhof die meiste Zeit allein verbringt. Sie versucht zwar gelegentlich, auf andere zuzugehen, wird aber sowohl von den Jungen als auch von den Mädchen neuerdings abgewiesen. Als sie Herrn Weber hierauf ansprach, antwortete er:

„In der Gemeinde erzählen sie, dass Charlottes Eltern sich vor einigen Monaten getrennt haben. Der Vater ist nun in eine Wohnung gezogen und die Mutter lebt mit Charlotte weiterhin im Haus. Da wohnt mittlerweile wohl die Freundin der Mutter. Also die Partnerin, Lebensgefährtin, wie auch immer man das heute nennt. Arme Charlotte, jetzt haben sich nicht nur ihre Eltern getrennt, jetzt ist die Mutter auch noch lesbisch. Kein Wunder, dass die anderen Kinder sie ausschließen. In dieser Gemeinde ist das doch sofort Thema und wird verurteilt. Aber was sollen wir da schon tun? Die Mutter stellt ihr Glück über das Glück ihres Kindes."

Karl-Friedrich (14;5 Jahre) hat sehr viele Freunde in der Klasse. Nach der Schule gehen einige seiner Klassenkameraden vielfach mit zu ihm nach Hause und „chillen" dort gemeinsam. Kevin, der nur einmal mit bei Karl-Friedrich war, berichtete begeistert, dass Karl-Friedrich die neuesten Konsolen und Spiele in seinem „Zombie-Vernichtungszimmer" stehen hat, wie er sein eigens zum „Zocken" eingerichtetes Spielzimmer nennt. Außerdem kann man sich immer am Kühlschrank bedienen, wie auch am stets gefüllten Süßigkeitenschrank. Karl-Friedrich trägt meist Markenklamotten, Superdry, Camp David, Levis, aber auch Exklusivmarken wie Boss, Fendi, Lagerfeld und Gucci. Sein Vater Christian (55 Jahre) bringt ihn abwechselnd im Tesla oder Porsche zur Schule. In den Ferien bereisen sie häufig andere Länder und der Jugendliche berichtet stolz von seinen bisherigen Fernreisen.

Sein Vater arbeitet in der Baubranche und hat ein eigenes Unternehmen. Seine Mutter Stella (49 Jahre) ist Rechtsanwältin und in ganz Deutschland unterwegs, um insbesondere namhafte Firmen juristisch zu vertreten. Seine Mutter sieht er im Alltag sehr wenig, da sie vielfach für mehrere Tage unterwegs ist. Sein Vater frühstückt mit ihm und ist meist gegen 20 Uhr zu Hause. Eine Haushälterin, Hilde (56 Jahre), und ein Au-Pair-Mädchen aus Frankreich, Amelie (23 Jahre), kümmern sich um alles. Karl-Friedrich ist Einzelkind. In den letzten Monaten sind seine schulischen Leistungen deutlich schlechter geworden, weswegen ein Gespräch mit den Eltern vereinbart werden sollte, dies gestaltete sich jedoch äußerst schwierig. Der Vater schlägt vor, dass die Haushälterin den Gesprächstermin wahrnehmen könne, die teilweise auch an den Elternabenden teilnimmt.

Zudem besucht der Jugendliche **Daniil (15;1 Jahre)** die Klasse 8a. Er und seine Mutter kommen aus der Ukraine und sind vor einigen Monaten nach Deutschland geflüchtet. Nachdem sie zunächst in einer Flüchtlingsunterkunft aufgenommen worden sind, leben sie nun in einer 3-Zimmer-Wohnung. Seine beiden Schwestern Darja (8;3 Jahre) und Ana (11;5 Jahre) teilen sich ein Zimmer, während Daniil sein eigenes Zimmer hat. Die Mutter, Diana (35 Jahre), leidet sehr unter dem Krieg in ihrem Heimatland. Sie hält stetigen Kontakt zur Familie, zu Freunden und Bekannten in der Ukraine. Sie informiert sich umfassend über die sozialen Medien über den Kriegsverlauf.

Daniil ist in der Schule manchmal motorisch sehr unruhig, andererseits mitunter sehr still und in sich gekehrt. Deutsch spricht und versteht er nur minimal, ist aber sehr wissbegierig und lernt jeden Tag dazu. Er kann sich mithilfe von Sprach-Apps gut verständigen. Die Verständigung mit seinen Mitschülerinnen und Mitschülern funktioniert über die Apps sehr gut, auch weil sie ein großes Interesse an Daniils Geschichten haben und den Kontakt zu ihm suchen. Er ist auch regelmäßig bei Karl-Friedrich zu Hause.

Auch zu Kevin hat er Kontakt, wobei Daniil die Serien, Filme und Spiele nicht mag, die Kevin und Karl-Friedrich mögen. Er zockt am liebsten Fußball-Spiele und Jump-and-run-Spiele, was Kevin und Karl-Friedrich „extrem lame" finden.

Erzieherschülerin Emily soll in und mit der Klasse 8a, speziell mit den benannten Jugendlichen, „den spezialgelagerten Sonderfällen", wie Herr Weber sie nennt, sozialpädagogisch arbeiten. Emily erklärt im Rahmen der schulischen Fallberatung, mit dieser Situation komplett überfordert zu sein, und sie wünscht sich Beratung durch ihre Mitschüler/-innen.

Aufgabenstellungen

1. **Fertigen Sie eine Mindmap zu sämtlichen Themen und Theorien (lernfeldübergreifend) an, die Sie in der Lernsituation erkennen. Belegen Sie diese mit den Zeilennummern der Lernsituation.**
2. **Legen Sie Ihr fachtheoretisches Wissen zu drei der in Aufgabe 1 darlegten Themen oder Theorien dar, die in der Lernsituation angedeutet werden.**
3. **Analysieren Sie die Lernsituation vor dem Hintergrund Ihres fachtheoretischen/fachthematischen Wissens.**
4. **Legen Sie fachtheoretisch/fachthematisch begründete und fachpraktisch nachvollziehbare Handlungsempfehlungen dar, wie Sie mit der Situation aus sozialpädagogischer Perspektive umgehen würden.**

Variante für Aufgabe 3:
Analysieren Sie die Lernsituation entlang Ihres fachtheoretischen/fachthematischen Wissens im Kontext von Lebenswelten und Lebenslagen. Konzentrieren Sie sich hierbei auf einen Jugendlichen aus der Lernsituation.

Variante für Aufgabe 4:

Legen Sie fachtheoretisch begründete und fachpraktisch nachvollziehbare Handlungsempfehlungen dar, wie mit der/den Situation(en) aus sozialpädagogischer Perspektive umzugehen wäre. Konzentrieren Sie sich dabei vor allem auf die lebensweltorientierte sozialpädagogische Arbeit.

5.4 Die Lernsituation „Bambule an Silvester"

Im Rahmen der schulischen Fallbesprechung regt sich Mitschüler **John Andresen (24 Jahre)** über die zunehmende Jugendgewalt auf. „Es ist doch beunruhigend, dass es insbesondere in den Großstädten ‚No-Go-Areas' für die Polizei gibt. Wisst ihr noch, die Vorfälle an Silvester?" Nicht alle in der Runde können etwas mit dem Hinweis anfangen. Nora fragt nach: „Was meinst du?"

John berichtet von seinem ersten Schultag nach den Weihnachtsferien 2022/23. Er war zu diesem Zeitpunkt an einer Gemeinschaftsschule in Schleswig-Holstein tätig:

„Im Lehrerzimmer wurde am ersten Schultag nach den Ferien heiß diskutiert, einige Lehrkräfte waren sehr aufgebracht, berichteten über die Angriffe auf Feuerwehr- und Polizeikräfte durch Jugendliche in der Silvesternacht 2022/2023. Eine Lehrerin, Frau Nobel (33 Jahre) verwies auf eine Zeitung, die sie mitgebracht hat: »Es war ein Riesenfehler nach zwei Jahren Böllerverbot, den Verkauf wieder zuzulassen. Es brannten wieder Autos, Wohnungen und Geschäfte. Es wurden unzählige Menschen verletzt und dann noch die Übergriffe gegen Polizei und Feuerwehr.«

Ein Lehrer, Herr Revelli (29 Jahre) entgegnet: »Das war doch nur in den Ghettos, in den Großstädten. Typisch Berlin, typisch Neukölln, ein absolut rechtsfreier Raum. Da herrschen wie im Hamburger Schanzenviertel nur Bambule, Krawall und Remmidemmi.«

Ein weiterer Lehrer, Herr Braun (54 Jahre) mischt sich sehr verärgert ein: »Die Jugendlichen waren alkoholisiert, pöbelten und grölten rum, warfen mit Pyrotechnik, Pflastersteinen und schossen mit Schreckschusspistolen.«

Frau Nobel: »Es gab 69 Angriffe auf die Feuerwehr, 15 verletzte Feuerwehrleute, 11 beschädigte Feuerwehrwagen. 56 Angriffe auf die Polizei, 11 beschädigte Polizeiautos, 47 verletzte Polizisten und Polizistinnen. 145 Personen wurden festgenommen und, wen wundert es, die verdächtigen Personen waren zum Großteil Männer. Das ist alles das Ergebnis dieser toxischen Männlichkeit!«

Herr Roger (Schulsozialarbeiter): »Es waren junge Männer! Das war ganz normale jugendliche Devianz! Nichts, was es so noch nie gegeben hätte.«

Herr Braun: »Es waren jugendliche Ausländer und Jugendliche mit Migrationshintergrund! Die Übergriffe zeigen, wie wenig Integration in diesem Land funktioniert! Siebzig Prozent der Menschen in Neukölln haben einen Migrationshintergrund.«

Herr Roger: »Es waren Jugendliche, die aus armen Verhältnissen kommen. Und ja, Menschen mit Fluchtgeschichte haben es wesentlich schwerer, den sozialen Aufstieg zu schaffen. Kein Wunder, dass die Marginalisierten austicken! Fünfzig Prozent der Bewohner/-innen in Neukölln leben von Transferleistungen. Ende 2020 galten 76 Prozent der Kinder in diesem Sozialraum als arm.«

Frau Nobel: »In jedem Fall muss der Verkauf verboten werden. Es gibt kein gutes Argument für den Böllerverkauf. Tiere werden verstört, die Umwelt ruiniert und damit auch unsere Lebensgrundlage. Böller triggern Kriegstraumatisierte, das betrifft Menschen mit Fluchterfahrung und ältere Menschen in Deutschland, die auch den Krieg noch erlebt haben.«

Auch in der Klasse 8b gab es einige Schüler/-innen, die sich aufregten, andere waren sehr fasziniert. Die Klassenlehrerin Frau Evol kam im Lehrerzimmer damals auf mich zu: »Das ist doch ein super Thema für Sie. In Ihrer Ausbildung geht es doch auch um so etwas, oder? Sie haben doch so eine Fallbesprechung in der Schule, vielleicht besprechen Sie den Fall dort mal und bringen uns Erkenntnisse in die Schule.« Auch wenn der Fall schon etwas zurückliegt, ich finde den Fall wirklich interessant für unsere Runde. Das kann ja auch hier passieren.“

Aufgabenstellungen

1. **Fertigen Sie eine Mindmap zu sämtlichen Themen und Theorien (lernfeldübergreifend) an, die Sie in der Lernsituation erkennen. Belegen Sie diese mit den Zeilennummern der Lernsituation.**
2. **Legen Sie Ihr fachtheoretisches Wissen zu drei der in Aufgabe 1 darlegten Themen oder Theorien dar, die in der Lernsituation angedeutet werden.**
3. **Analysieren Sie die Lernsituation vor dem Hintergrund Ihres fachtheoretischen/fachthematischen Wissens.**
4. **Legen Sie fachtheoretisch/fachthematisch begründete und fachpraktisch nachvollziehbare Handlungsempfehlungen dar, wie Sie mit der Situation aus sozialpädagogischer Perspektive umgehen würden.**

5.5 Die Lernsituation „Kuddelmuddel ist auch (k)eine Lösung“

Im Rahmen der schulischen Fallbesprechung berichtet Ihre Mitschülerin **Fiona (35 Jahre)** von einem Fall, der sich in der Grundschule zugetragen hat, in der sie ihr Praktikum absolviert.

Fiona begleitet vormittags die Schüler/-innen der Klasse 4a im Unterricht. Nach dem Unterricht begleitet sie das Mittagessen, die Hausaufgabenbetreuung und gestaltet an zwei Nachmittagen je ein pädagogisches Angebot in der Zeit zwischen 14:30 und 16:00 Uhr.

Fiona absolviert das Praktikum beim Träger ‚Lebensfreude e. V.‘, der mit der Schule kooperiert und für die sozialpädagogische Betreuung der Kinder zuständig ist, von der Schulassistenz über die Schulbegleitung bis zur Schulsozialarbeit.

In der Klasse 4a ist Fiona insbesondere zuständig für die pädagogische Begleitung von **Nelson (10;1 Jahre)**. Fiona stellt den Fall im Rahmen der schulischen Fallbesprechung vor:

Der Junge Nelson gilt als „extrem verhaltensauffällig“, ist fast einen Kopf größer als die anderen Kinder seiner Klasse und übergewichtig.

Nelson ist erst in der dritten Klasse auf die Grundschule in Harmstadt gewechselt, zuvor ging er auf die Waldorfschule im 40 km entfernten Maschdorf. Aufgrund des langen Fahrtweges entschieden sich Nelsons Eltern für einen Schulwechsel. Dieser fiel genau in die Corona-Zeit und den zweiten Lockdown, sodass Nelson zunächst nur im Rahmen des Homeschoolings am digitalen Unterricht teilnahm und keine sozialen Kontakte hatte.

Über Nelsons Familie hat Fiona durch die Klassenlehrerin Frau Schemke Folgendes erfahren: Er lebt mit seiner Schwester Arielle (7;3 Jahre) und seinen Eltern in einem sehr großen Haus mit großem Garten. Sein Vater ist Rentner. Zuvor war er Landwirt, und verpachtet nun seine Ländereien. Er ist „Papa aus Leidenschaft“ und „alt genug für Kinder“. Für ihn ist es vor allem wichtig, einen kumpelhaften Kontakt zu Nelson zu haben. Weswegen er eine „Zockerhöhle“ mit ihm aufgebaut hat: Ein Zimmer, in dem diverse Spielekonsolen zur Verfügung stehen. Dort spielen sie vor allem Ballerspiele wie ‚Warzone‘. Seine Mutter arbeitet Vollzeit als Altenpflegerin. Sie verbringt kaum Zeit mit den Kindern. Nelsons Ansicht nach seien ihr die „alten Knacker“ wichtiger. Laut Frau Schemke machen sich die Eltern Sorgen um Nelsons Zukunft, da er große Probleme beim Lesen und Schreiben hat. Fiona hat mitbekommen, dass sich ein paar Kinder über Nelson lustig machen, wenn er zum Beispiel vorlesen soll.

Im Unterricht ist Nelson schnell ablenkbar und lenkt auch andere Kinder ab. Er wirkt zumeist uninteressiert und ist vielfach mit anderen Dingen beschäftigt, sortiert Sammelkarten unter dem Tisch, malt Monster und Superhelden in sein Schreibheft, rennt teilweise durch die Klasse oder verlässt die Klasse, um (wie er sagt) auf die Toilette zu gehen. Ansprachen der Lehrkräfte ignoriert er zumeist. Im Unterricht sitzt Nelson an einem Einzeltisch in der letzten Reihe, neben ihm sitzt in fast jeder Unterrichtsstunde eine Schulassistentin.

Nach mehreren Gesprächen waren die Eltern bereit, mit Nelsons Kinderarzt über sein Verhalten zu sprechen. Hiernach waren die Eltern mit ihm bei einem Kinder- und Jugendpsychologen, der bei ihm ADHS diagnostizierte. Eine angeratene Medikation lehnen die Eltern derzeit ab.

Die anderen Kinder zeigen nur wenig Geduld mit ihm und sind schnell genervt. Sie provozieren ihn aber auch gerne, indem sie ihn „Mister Sumo“ nennen oder sich hinter seinem Rücken lustig über ihn machen. Nelson lässt sich meist auf die Provokationen ein, sodass sich auch kleinere Reizungen hin und wieder zu handfesten Auseinandersetzungen hochschaukeln können. Er reagiert mal weniger, mal mehr aggressiv. Einige Kinder, insbesondere die Mädchen, versuchen ihm aus Angst aus dem Weg zu gehen. Lediglich zu **Leo (10;1 Jahre)** hat er auch privaten Kontakt. Sie verbindet die Leidenschaft für Sammelkarten und Superhelden.

Es fällt auf, dass Nelson, sofern ihn ein Thema interessiert, monologisiert, dass er redet, ohne sich zu melden, sich nicht auf Wortbeiträge anderer bezieht oder wenn doch, diese dann kritisiert, sofern er meint, sich besser auszukennen.

Zu seinen Spezialthemen gehört Sexualkunde, welches die Klassenlehrerin **Frau Schemke (45 Jahre)** zeitnah in der Klasse 4a unterrichten wird. Als sie dies der Klasse mitteilt, löst es Unruhe und Gekicher aus, außer bei Nelson. Er ruft ganz laut „Cool“ durch die Klasse, springt auf und klatscht.

Während die meisten Kinder das Thema „peinlich“ finden, ist Nelson sichtlich begeistert. Er reagiert irritiert und verunsichert auf das Lachen und Kichern seiner Mitschüler/-innen.

Frau Schemke hatte bereits im Vorfeld der Erzieherschülerin Fiona gegenüber geäußert, dass es optimal wäre, die Klasse für den Sexualkundeunterricht nach dem Geschlecht der Kinder aufzuteilen: „Dies würde sich anbieten, da sich die Klasse aus 14 Jungen und 12 Mädchen zusammensetzt.“ Während Frau Schemke plant, mit einem Teil der Klasse den Sexualkundeunterricht abzuhalten, könnte Fiona mit dem anderen Teil der Klasse sexualpädagogisch arbeiten. Hiernach würden sie tauschen, sodass alle Kinder der Klasse die gleichen Inhalte vermittelt bekommen. Frau Schemke plant dafür zweimal 6 Unterrichtsstunden à 45 Minuten ein. Zu Fiona sagte sie:„Es wäre doch super, wenn Sie zu dem Thema auch ein Nachmittagsangebot anbieten könnten. Was denken Sie? Sechzehn Kinder aus der 4a nehmen am Nachmittagsangebot teil und auch für die Kinder aus den anderen Klassen könnte das doch nett sein, oder?“

Nelson ist so freudig aufgeregt, dass er in der Pause seinen Freunden aus der 2. und 3. Klasse davon berichtet, dass er bald Sexualkunde hat. Aaron (7;10 Jahre) und seine Schwester Arielle (7;3 Jahre) aus der 2. Klasse können die Begeisterung nicht verstehen, wenden sich irritiert und peinlich berührt ab, insbesondere da Nelson so laut auf dem Schulhof spricht, dass auch andere Kinder es mitbekommen. Vasili (7;1 Jahre), Maksym (7;2 Jahre) und Elias (7;4 Jahre) – ebenfalls aus der 2. Klasse – bekommen das Gespräch mit, lachen Nelson aus und rufen mehrmals „Sex-Sumo“ in Nelsons Richtung. Dann laufen sie lachend vor ihm weg. Da Nelson nicht sehr sportlich ist, rennt er ihnen nicht hinterher, schreit ihnen aber Beleidigungen nach. Auch der befreundete Leo bekommt die Situation etwas abseits stehend mit und reagiert schmunzelnd.

Nelson ist wahrnehmbar verärgert: „Ihr habt doch alle keine Ahnung! Ihr seid doch schwule, behinderte Fotzen!“ Er schubst Aaron und seine Schwester so heftig beiseite, dass beide hinfallen. Dann geht er auf Leo zu und schubst auch ihn weg.

Eine Lehrkraft, **Frau Michaeli (56 Jahre)** beobachtet die Situation und kommt hinzu: „Nelson! Warum machst du schon wieder Randale?“ Sie versucht, ihn am Arm zu fassen, er wendet sich aber geschickt ab, sodass sie ins Leere greift.

„Ich habe jetzt die Nase voll! Das hat ein Nachspiel! Immer das Gleiche mit dir! Du kommst jetzt mit zu deiner Klassenlehrerin. Das ist ja wie im Kindergarten hier!“, ruft sie.

Nelson, der immer noch sichtlich verärgert ist, schreit Frau Michaeli an: „Das mache ich nicht, Sie Schlampen-Muschi!“ Daraufhin läuft er ins Schulgebäude und schließt sich in der Toilette ein.

Frau Michaeli sucht Fiona im Schulgebäude und macht ihr Vorwürfe: „Wo waren Sie? Sie dürfen Nelson, diesen kleinen Terroristen, keine Sekunde aus den Augen lassen! Sollte das nochmal vorkommen, werde ich Ihr Praktikum beenden!" Mit diesen Worten verabschiedet sie sich von Fiona.

Fiona sucht Nelson hiernach im Schulgebäude. Hier trifft sie auf Frau Schemke, die bereits erfahren hatte, was vorgefallen war. Frau Schemke schlägt vor, Nelson vom Sexualkundeunterricht auszuschließen, ihn vor die Tür zu setzen, wo er sich ruhig verhält: „Alles andere bringt ja nichts, ich will nicht wieder so ein Riesen-Kuddelmuddel!"

Nach kurzer Zeit des Suchens findet Fiona Nelson weinend und immer noch sehr verärgert in seinem Lieblingsversteck in der Jungentoilette.

Aufgabenstellungen

1. **Fertigen Sie eine Mindmap zu sämtlichen Themen und Theorien (lernfeldübergreifend) an, die Sie in der Lernsituation erkennen. Belegen Sie diese mit den Zeilennummern der Lernsituation.**
2. **Legen Sie Ihr fachtheoretisches Wissen zu drei der in Aufgabe 1 darlegten Themen oder Theorien dar, die in der Lernsituation angedeutet werden.**
3. **Analysieren Sie die Lernsituation vor dem Hintergrund Ihres fachtheoretischen/fachthematischen Wissens.**
4. **Legen Sie fachtheoretisch/fachthematisch begründete und fachpraktisch nachvollziehbare Handlungsempfehlungen dar, wie Sie mit der Situation aus sozialpädagogischer Perspektive umgehen würden.**

5.6 Die Lernsituation „Unberechenbar"

Eine Ihrer Mitschülerinnen, **Minu (23 Jahre)**, berichtet im Rahmen der schulischen Fallbesprechung über ihre Tätigkeit an einer Möllner Grundschule. Minu bittet Sie und die Lehrkraft Frau Arrou um Hinweise, wie sie mit einer Situation umgehen soll.

Minus Aufgabe besteht darin, die Lehrkräfte vormittags im Unterricht zu unterstützen. Daneben ist sie in der Nachmittagsbetreuung für die Kinder zuständig, die sich bis 16:00 Uhr in der Schule aufhalten. Dieses Betreuungsangebot wurde neu aufgebaut, zuvor hatten Eltern ehrenamtlich diese Aufgabe übernommen. Minu hat den Auftrag erhalten, gemeinsam mit einer Kollegin die Nachmittagsbetreuung konzeptionell weiterzuentwickeln, zu „professionalisieren", wie ihr der Geschäftsführer des Trägers und die Schulleitung mitgeteilt haben.

In den ersten Wochen soll Minu aber zuvorderst die Lehrerin **Frau Vogel (45 Jahre)** in der Klasse 4a unterstützen, da sie Schwierigkeiten mit der Schülerin **Valeria (10;10 Jahre)** hat.

Minu berichtet:

„Valeria lebt mit ihren Eltern Maren (41 Jahre) und Hans (45 Jahre) und ihrem älteren Bruder Julius (17;4 Jahre) in einem Einfamilienhaus. Ihre Mutter arbeitet als Heilerziehungspflegerin in einem Wohnheim für Menschen mit Behinderung und ihr Vater ist in der Altenpflege tätig. Beide arbeiten im Schichtdienst. Ihre Oma Nadeschda (74 Jahre) und ihr Opa Vassili (82 Jahre), die Eltern von Hans, wohnen in der Nähe der Grundschule und übernehmen hin und wieder die Betreuung nach der Schule. Sie haben ein enges Verhältnis zu Valeria und versuchen, sie im Rahmen ihrer Möglichkeiten zu unterstützen.

In der Zeit des Corona-Lockdowns hielt sich die Familie an die Bestimmungen, sodass Valeria und ihr Bruder zeitweise keine sozialen Kontakte hatten. Dies betraf auch die Großeltern, da diese große Angst vor einer Erkrankung hatten. Zudem waren die Kinder häufig allein zu Hause, da die Eltern in ihren ‚systemrelevanten' Berufen arbeiten mussten. Valeria hat in dieser Zeit mit ihrem Bruder Kampf-und Ballerspiele gezockt und zudem stark an Gewicht zugenommen. Die Corona-Pandemie wirkt in der Familie noch immer nach. Der Vater hat, wie seine Eltern, trotz Impfung Angst, sich anzustecken, weswegen er sich sozial sehr zurückgezogen hat. Das gilt auch für Valerias Großeltern, die, wenn sie Krankheitssymptome an sich wahrnehmen, nicht auf Valeria aufpassen wollen.

Valeria fällt durch verschiedene Verhaltensweisen in der Schule auf. So kam es in den letzten Monaten vermehrt zu emotionalen Ausbrüchen, die durch unterschiedliche Personen ausgelöst wurden: Lehrkräfte, Erzieher/-innen, Mitschüler/-innen, ihre Eltern. Die Ursachen sind für Außenstehende nicht immer ersichtlich, manchmal sind es von ihr als böse eingestufte Blicke von den anderen Kindern oder angebliche Provokationen. Die Ausbrüche werden zunehmend aggressiver, wobei sich ihre Aggression gegen sich selbst und andere richten können.

Im Sportunterricht gerät sie außer sich, wenn ihr gesagt wird, dass sie einen Fehler gemacht hat, oder wenn sie bei Wettkämpfen nicht gewinnt. Valeria ist sehr ehrgeizig und spielt leidenschaftlich gerne alle möglichen Ballsportarten. Besonders Volleyball hat es ihr angetan, obwohl sie nicht gut spielt. Eigentlich würde sie gerne in einer Mannschaft spielen, aber sie findet es »spießig«, in einem Verein zu sein. Wenn ihre Mannschaft verliert, gibt sie ihren Mitspielenden die Schuld, weswegen niemand mit ihr in einer Mannschaft spielen will.

Aufgrund ihres Übergewichts fühlt sie sich zunehmend unwohl und hat Angst, von den anderen ausgelacht zu werden.

Auch in anderen Situationen zeigt sie aufbrausendes Verhalten. Sie geht sofort »an die Decke«, wie sie selbst formuliert, wenn sie beispielsweise im Unterricht auf einen Fehler hingewiesen wird. Valeria haut sich dann entweder mit der flachen Hand auf die Stirn oder schmeißt irgendetwas auf den Boden.

Frau Vogel berichtete mir, dass Valeria zu Beginn der Grundschulzeit eigentlich sehr selbstsicher, in der Schule durchaus beliebt war und mit den schulischen Anforderungen Schritt halten konnte.

In den letzten Jahren wurde sie mehr und mehr zur Außenseiterin und wird vielfach ausgeschlossen. Vor allem die Mädchen **Monique (11;5 Jahre)** und **Lia (11;3 Jahre)** finden Valerias unkontrolliertes Verhalten kindisch und lachen sie deswegen immer wieder aus. In einigen Situationen provozieren sie Valeria absichtlich, um ihre Aggressionen anzustacheln. Sie nennen Valeria immer wieder »Boba Fetti«.

Andere Kinder haben teilweise Angst vor ihren impulsiven Reaktionen.

Frau Vogel berichtete mir, dass sich einige Eltern aus der Klasse bereits beschwert haben. Sie wollen, dass Valeria die Klasse, bestenfalls die Schule verlässt, da sich deren Kinder von ihr gestört fühlen und nicht so viel lernen, da sie den Unterricht massiv stört.

Weiterhin hat Frau Vogel gesagt: »Alle beschweren sich über ihr Verhalten! Wie sollen wir unterrichten, wenn die Kinder nicht gelernt haben, sich zu benehmen. Im Unterricht holt sie vielfach ihr Smartphone raus und fängt an zu daddeln. Manche Lehrkräfte sagen schon nix mehr, da sie dann nur wieder an die Decke geht und weil sie mit Smartphone in der Hand wenigstens nicht nervt. Meist spielt sie irgendwelche Spiele wie ‚Fortnite‘. Valeria ist eine verzogene Göre. Sie stellt sich immer in die Opferrolle und rechtfertigt ihre aggressiven Auseinandersetzungen damit, dass sie im Vorfeld ungerecht behandelt oder provoziert wurde.«

Frau Vogel hat Valeria im Unterricht mittlerweile neben Paul gesetzt. **Paul (10;11 Jahre)** ist sehr gut in der Schule. Außerdem ist er der Klassensprecher und hat einen guten Kontakt zu Valeria. Die Schulpausen verbringen sie manchmal zusammen und auch in der Nachmittagsbetreuung ist zu beobachten, dass sie immer häufiger die Köpfe zusammenstecken. Valeria hat mir erzählt, dass Peter witzig sei und die gleichen Videospiele mag wie sie.

Paul hat den Auftrag von Frau Vogel erhalten, darauf zu achten, dass Valeria nicht mit dem Smartphone spielt. Auch die anderen Kinder wurden aufgefordert, darauf zu achten, dass sie in der Pause »keinen Quatsch macht«, wie Frau Vogel mitteilte. »Wir Lehrer können ja nicht überall sein!«, betont Frau Vogel.

Minu: »Paul findet den Auftrag total bescheuert und will keine Petze sein«, vertraute sich Valeria mir an, »aber die anderen Kinder, besonders Monique und Lia, haben richtig Spaß daran!«“

Aufgabenstellungen

Sie haben sicherlich erkannt, dass die Lernsituation Ähnlichkeiten mit anderen Lernsituationen in diesem Buch hat. Deswegen benötigen Sie zu dieser auch keine Beispielanalysen. Schreiben Sie einfach los, orientieren Sie sich gern an den anderen Analysen.

1. **Fertigen Sie eine Mindmap zu sämtlichen Themen und Theorien (lernfeldübergreifend) an, die Sie in der Lernsituation erkennen. Belegen Sie diese mit den Zeilennummern der Lernsituation.**
2. **Legen Sie Ihr fachtheoretisches Wissen zu drei der in Aufgabe 1 darlegten Themen oder Theorien dar, die in der Lernsituation angedeutet werden.**
3. **Analysieren Sie die Lernsituation vor dem Hintergrund Ihres fachtheoretischen/fachthematischen Wissens.**
4. **Legen Sie fachtheoretisch/fachthematisch begründete und fachpraktisch nachvollziehbare Handlungsempfehlungen dar, wie Sie mit der Situation aus sozialpädagogischer Perspektive umgehen würden.**

6 Die Analysen

6.1 Einstiegsübung zur Arbeit mit Lernsituationen

Multiperspektivische Analysen und Wahrnehmungsänderung

Es gehört zu den zentralen sozialpädagogischen Kompetenzen, nicht (vorschnell) zu bewerten, sondern empathisch zu verstehen, den subjektiven „guten Grund“ zu ermitteln, Verhalten durch die Methode des Perspektivwechsels und entlang von fachtheoretischem Wissen zu analysieren. Es gilt, anzuerkennen und nachzuvollziehen, dass jedes Verhalten multiperspektivisch analysiert werden kann. Dies betrifft die unterschiedlichen Perspektiven der Betroffenen, aber auch unterschiedliche wissenschaftliche Perspektiven: Pädagogik, Psychologie, Soziologie, Politik etc.

Um das nachzuvollziehen, lesen Sie den nachfolgenden **Tagebucheintrag** eines 13-jährigen Mädchens:

„Unsere ganze Klasse bibbert. Der Anlass ist natürlich die anstehende Lehrerkonferenz. Die halbe Klasse schließt Wetten über Versetzungen oder Sitzenbleiben ab. [...] Meiner Meinung nach müsste ein Viertel der Klasse sitzenbleiben, solche Trottel sitzen hier drin. Aber Lehrer sind die launenhaftesten Menschen, dies gibt. Vielleicht sind sie ausnahmsweise auch mal launenhaft in der richtigen Richtung. Für meine Freundinnen und mich habe ich nicht so viel Angst, wir werden wohl durchkommen. Nur in Mathematik bin ich unsicher. Na ja, abwarten. Bis dahin sprechen wir uns gegenseitig Mut zu. Ich komme mit allen Lehrern und Lehrerinnen ziemlich gut aus. Es sind insgesamt neun, sieben männliche und zwei weibliche. Herr Keesing, der alte Mathematiklehrer, war eine Zeitlang sehr böse auf mich, weil ich so viel schwätzte. Eine Ermahnung folgte der anderen, bis ich eine Strafarbeit bekam. Ich sollte einen Aufsatz [...] schreiben.“ (Tagebuch, S. 24)

„Die Versetzungsfeier am Freitag ist nach Wunsch verlaufen, mein Zeugnis ist gar nicht so schlecht. [...] [M]eine Eltern sind in Notenangelegenheiten sowieso anders als andere Eltern. Sie haben sich nie etwas aus guten oder schlechten Zeugnissen gemacht und achteten nur darauf, ob ich gesund bin, nicht zu frech und Spaß habe. Wenn diese drei Dinge in Ordnung sind, kommt alles andere von selbst.“ (Tagebuch, S. 29)

Aufgabe 1: Notieren Sie nach dem Lesen a) Ihre ersten Emotionen und b) Ihre Gedanken zu den Tagebucheinträgen.
Aufgabe 2: Notieren Sie sich: Welche Themen und Theorien werden angedeutet?

Themen/Theorien
Die pädagogische/ psychologische Relevanz von Tagebüchern;
Adoleszenz und Pubertät;
angstauslösende Situation in der Schule;
Angst und Schule;
Funktion und Anlässe von Konferenzen;
pädagogische Funktionen/psychologische Wirkungen des Sitzenbleibens;
psychologische Gründe für Abwertung und Beleidigungen;
Schüler/-innen-Lehrer/-innen-Beziehung;
lehrer/-innentypisches Verhalten;
Lehrer/-innenrollen und Schüler/-innenrollen;
Resilienz/Umgang mit Krisen/Angst;

pädagogische Relevanz des Geschlechts von Lehrkräften;
Unterrichtsstörungen;
Handlungskompetenz im Umgang mit Unterrichtsstörungen;
pädagogische Funktionen/psychologische Wirkungen von Ermahnungen und Strafarbeiten;
pädagogische Funktionen/psychologische Wirkungen von schulischen Ritualen (Versetzungsfeier etc.);
pädagogische Haltung;
Eltern-Kind-Beziehungen;
pädagogische Ziele von Eltern und Schule

Triggerwarnung: Tod/Krieg/Mord/Gewalt

Aufgabe 3: Die Tagebucheinträge stammen von Anne Frank, geboren am 12. Juni 1929. Sie wurde 1945 im Konzentrationslager, im Alter von 15 Jahren ermordet.
Lesen Sie die Tagebucheinträge noch einmal.
Notieren Sie sich, welche a) Emotionen und b) Gedanken Sie jetzt beschäftigen.
c) Reflektieren Sie, inwieweit die Informationen zur Verfasserin des Tagebuchs Ihre Emotionen und Gedanken verändert haben.
d) Tauschen Sie sich in Partnerarbeit über Ihre Emotionen aus.
e) Tauschen Sie sich in einer Kleingruppe darüber aus, inwieweit emotionale Betroffenheit die Wahrnehmung und Analyse beeinflusst.
f) Tauschen Sie sich darüber aus, welche Situationen Sie in Ihrer sozialpädagogischen Praxis emotional beeinflussen oder belasten.
g) Formulieren Sie Handlungsempfehlungen, wie Sie mit emotionaler Betroffenheit in der eigenen sozialpädagogischen Praxis umgehen sollten.

6.2 Multiperspektivische Analysen

Von besonderer Bedeutung im Hinblick auf die sozialpädagogische Haltung und Handlungskompetenz ist es, verschiedene Perspektiven einnehmen zu können, um Verhalten von Menschen, vor dem Hintergrund individueller Lebenslagen und Lebenswelten, **empathisch zu verstehen**. ‚Empathisch' meint hierbei *emotional-nachfühlend*, aber gleichermaßen *kognitiv-analytisch*.

Hinter jedem Verhalten steckt mindestens ein subjektiv mehr oder minder bewusst wahrgenommener **‚guter Grund'**, den man mit detektivischer Neugier, unter Berücksichtigung fachthematischer/fachtheoretischer Perspektiven, gemeinsam mit der Klientin oder dem Klienten (u. a. metakognitiv) ergründen sollte. Orientiert an der Psychoedukation gilt es, Menschen über fachtheoretisches Wissen aufzuklären, welches ihnen dabei hilft, sich selbst (eigene Gefühle, Gedanken und Verhaltensmuster) zu verstehen. Neben Gesprächen sind insbesondere Beobachtungen sinnvoll.

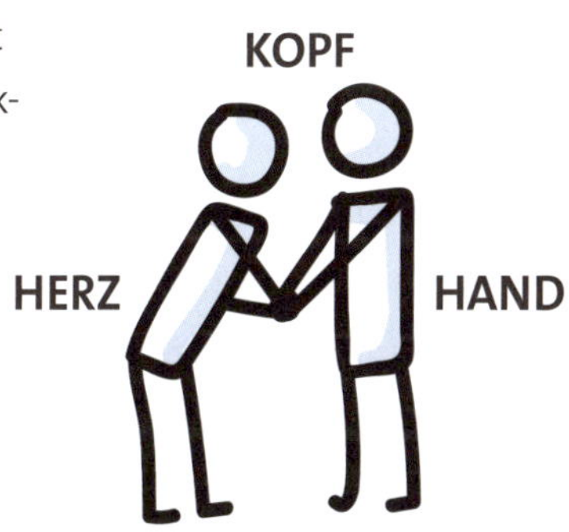

Wichtig ist die **kritische Reflexion**

- der eigenen Emotionen und Gedanken,
- unbegründeter, intuitiver Vorannahmen,
- von Alltagstheorien und
- Vorurteilen.

Es bedarf der Bereitschaft, „die eigenen Meinungen zu hinterfragen, andere Meinungen und Einwände zu berücksichtigen und gegebenenfalls die eigene Meinung anzupassen“ (Pfister 2020, S. 16 f.).
Aufbauend auf der Emotionsregulation und Impulskontrolle sind der Perspektivwechsel und multiperspektivischen Analysen bedeutsam. Es geht darum, über Erlebtes nachzudenken, das eigene Denken, Fühlen und Handeln kritisch zu hinterfragen, insbesondere im Hinblick auf die Wirkung und Konsequenzen für sich selbst und andere. Dieses Nachdenken benötigt Bereitschaft, Ruhe, Muße und Austausch. Es kann nur gelingen, wenn nicht sofort gehandelt werden muss, wenn kein Handlungsdruck besteht, somit nicht im pädagogischen Alltag. Das Nachdenken dient dem Zweck, in Zukunft ggf. anders zu handeln oder die Wahrnehmung zu verändern. Dieses Nachdenken sollte sich auch in bewertungsfreien Zeiten und Räumen vollziehen.

Analysieren

Entlang des Modells der vollständigen Handlung[15] lassen sich nicht nur aus der sozialpädagogischen Praxis abgeleitete Lernsituationen analysieren. Um schlussendlich Handlungssicherheit und Handlungskompetenz zu erreichen, gilt es, die Fallbearbeitung entlang der einzelnen Phasen fortwährend zu wiederholen, das Analysieren schriftlich und mündlich zu üben, das Vorgehen zu wiederholen.
Da der neugier-provozierende emotionale Einstieg besonders wichtig ist, sind Dokumentationen und Reportagen als Einstieg sehr gut geeignet, aber auch Serien und Spielfilme. Auch ein humorvoller Zugang kann äußerst motivierend wirken. Das Verhalten von *Pippi Langstrumpf*, der *Roten Zora*, *Michel aus Lönneberga*, *Bibo Beutlin*, *Harry Potter* oder *Anakin Skywalker* kann vor dem Hintergrund ihrer Lebenswelt als pädagogische Herausforderung entlang der vollständigen Handlung analysiert werden. Der humorvolle Einstieg relativiert nicht die Ernsthaftigkeit der Methode, der Fallbearbeitung, erleichtert aber den Zugang zu komplexer Theorie, baut insoweit Barrieren ab.
Lernen, verstanden als die Veränderung von Verhalten und Wahrnehmung, wird durch dieses Vorgehen sichtbar: *Pippi Langstrumpf* wird hiernach völlig neu gesehen, die sozialpädagogische Perspektive wird erfahrbar und Lernen bewusst wahrnehmbar. Dies insbesondere bei Charakteren aus Serien/Filmen, die man bereits meint zu kennen, die man aber durch das Verfahren, vor dem Hintergrund neuer Perspektiven, neu kennenlernt:

Was fühlen Sie angesichts der Lebenslage von *Pippi Langstrumpf* (Vater viel unterwegs, nicht erreichbar, Mutter verstorben)?
Welche Gedanken gehen Ihnen angesichts der Lebenslage von *Pippi Langstrumpf* durch den Kopf?
Wie stellt sich die Situation aus der Perspektive
a) von *Pippi Langstrumpf* als Klientin,
b) *Fräulein Prysselius* („*Prusselise*“) als Pädagogin und
c) aus juristischer Perspektive (*Kling und Klang*) dar?
Welche fachthematischen und fachtheoretischen Aspekte erachten Sie für relevant, um den Fall bearbeiten zu können? Welche Bedeutung kommt den Haustieren von *Pippi* („*Herr Nilsson*“, „*Kleiner Onkel*“) zu? Inwieweit eignen sich Methoden der tiergestützten Pädagogik?
Welche Ziele leiten sich aus der Analyse, dem Perspektivwechsel und der fachwissenschaftlichen Vertiefung ab?
Welche Maßnahmen planen Sie konkret für *Pippi*, um die Ziele zu erreichen? (Maßnahmenplanung/Hilfeplan)

[15] Vgl. Mesch/ Meisel 2022

Beispiel für eine Fallbearbeitung: Mindmap zum Film „Oskar, das Schlitzohr und Fanny Supergirl" (2022)

Perspektiven

Jede Profession vermittelt fachspezifische Perspektiven auf gesellschaftliche Themen und Phänomene. Die Bewertung von Filmen ist abhängig von der Profession, aber auch der Sozialisation, Erziehung, Haltung, Weltanschauung und der Lebenswelt desjenigen, der sich die Filme ansieht. Dies gilt es insbesondere im Rahmen der Selbstreflexion zu erkennen, durch den Austausch mit anderen in der Phase des Perspektivwechsels und im Kontext der fachwissenschaftlichen Vertiefung.

Würden Sie als sozialpädagogische Fachkraft Eltern empfehlen, jene Serien mit ihren Kindern zu sehen, die Sie privat gern sehen?

Perspektiven in der Sozialpädagogik

Aus gelerntem Wissen und verinnerlichten Werten erwächst eine spezifische sozialpädagogische Haltung, ein berufsspezifisches Denken, Fühlen und Handeln, welches sich ggf. in einem spezifischen Habitus konkretisiert.

Die sozialpädagogische Haltung basiert auf fachthematischem und fachtheoretischem Wissen, welches im Lehrplan dargelegt, in schulischen Lehr-Lernprozessen vermittelt wird und zu mehr Handlungskompetenz führen soll. Die sozialpädagogische Haltung konkretisiert sich auch entlang unterschiedlicher sozialpädagogischer Ansätze, die eine spezifische Haltung und einen besonderen Habitus hervorbringen: Reggio-, Waldorf-, Montessori-Pädagogik, Situationsansatz oder situationsorientierter Ansatz, Religionspädagogik, Demokratiepädagogik, Natur- und Waldpädagogik, bedürfnisorientierte Pädagogik etc.

In Abhängigkeit zur Haltung werden Situationen, Ereignisse, Gegenstände, Personen pädagogisch unterschiedlich bewertet: die Rolle der sozialpädagogischen Fachkraft, die Rolle der Eltern, die Gestaltung und Nutzung der Räume, die bereitgestellten Spielmaterialien, das Zelebrieren von Feiertagen, die Regeln und Rituale, der Grad der Partizipation, die Auswahl der Ausflugsziele etc. Aus all diesen Aspekten lässt sich auf eine Haltung schließen und jede Haltung gilt es, entsprechend fachpraktisch zu konkretisieren und in einer Konzeption festzulegen.

Entlang der Phasen des Modells der vollständigen Handlung sollen Situation aus vielfältigen Perspektiven empathisch-verstehend analytisch nachvollzogen werden. **Die Anerkennung verschiedener Perspektiven** ist bereits ein wesentlicher Aspekt einer sozialpädagogischen Haltung: Die Anerkennung verschiedener Perspektiven bedeutet aber nicht, dass im konkreten Fall bspw. kriminelles Verhalten entschuldigt wird, wie es sozialpädagogischen Fachkräften in der Boulevard-Presse vereinzelt vorgeworfen wird, sondern dass die Ursachen nachvollzogen werden.
Die Anerkennung verschiedener Perspektiven, die Bereitschaft und Kompetenz, unterschiedliche Perspektiven einnehmen zu können, bedeutet nicht, diese für sich zu übernehmen, sondern **in kritischer Distanz zu verstehen**. *Ich kann z.B. die Perspektive der Montessori-Pädagogik verstehen, kann diese Perspektive im Rahmen einer Analyse einnehmen, kann hiernach pädagogisch handeln, das bedeutet aber nicht, dass diese Perspektive meiner Haltung entspricht.* Diesbezüglich gilt: „Augen auf bei der Berufswahl!" Es ergibt Sinn, bei einem Träger und in einer Einrichtung zu arbeiten, mit deren pädagogischem Ansatz und Weltanschauung man sich identifizieren kann.

Impulskontrolle

Impulskontrolle, Emotionsregulation und Selbstkompetenz stehen am Anfang der sozialpädagogischen Tätigkeit und Fallbearbeitung. Ohne diese kann keine Reflexion, keine Perspektivübernahme, keine fachwissenschaftliche Vertiefung stattfinden. Entsprechend scheint es aber methodisch sinnvoll, emotionale Reaktionen im Bildungs-, Lehr- und Lernprozess zu provozieren – ohne jedoch emotional zu überfordern. Der Umgang mit Emotionen wie Freude, aber auch Wut, Angst, Trauer, Ekel, Überraschung und Verachtung (vgl. Grundemotionen nach Paul Ekman) gehört in jedem Fall zur sozialpädagogischen Praxis, wobei es darum geht, diesen

- adressatengerecht,
- lösungsorientiert und
- zielorientiert

zu steuern. Es gilt zuvorderst, die eigenen ersten „unbedachten" Reaktionen bewusst wahrzunehmen und zu reflektieren, um nicht aus einem ersten Impuls heraus kopf- und herzlos zu handeln.
Im Hinblick auf *Pippi Langstrumpf* zeigt sich, dass die ersten Impulse nicht nur negativ sein müssen. Auch positive Impulse, positive Emotionen und Gedanken müssen wahrgenommen, zurückgehalten und reflektiert werden, da auch aus einer guten Absicht das Falsche getan werden kann. Dies zeigt sich bspw. beim positiven Rassismus. Wie stark Emotionen das Denken und Handeln beeinflussen, zeigt sich an dem obigen Pippi-Langstrumpf-Beispiel, da es wahrscheinlich herausfordernder ist, die Perspektiven der „Prusselise" oder die von „Kling und Klang" empathisch zu verstehen, als jene von Pippi. Die Perspektiven sind aber alle gleich gültig und keine ist gleichgültig.

6.3 Satzanfänge als Hilfestellung

Die Lernsituation „... (TITEL)“ deutet folgende Themen an ... (THEMENNENNUNG).
Diese Themen stelle ich nachfolgend dar, um sie in der nächsten Aufgabe für die Analyse der Lernsituation zu nutzen.
Beim Thema (...) geht es darum, ... (FACHWISSEN ZUM THEMA DARSTELLEN).

Satzanfänge für die Darstellung der fachtheoretischen Grundlagen

In der Lernsituation „... (TITEL)“ werden folgende Theorien angedeutet ... (NENNUNG der Theorien und Theoretiker).
Diese Theorien stelle ich nachfolgend dar, um sie in der nächsten Aufgabe für die Analyse der Lernsituation zu nutzen.
Die Theorie ... von ... (THEORETIKER), widmet sich der Frage, ...

Satzanfänge für die fachtheoretische Analyse

Nachfolgend analysiere ich die Lernsituation „... (TITEL)“ vor dem Hintergrund der fachtheoretischen Erkenntnisse von „... (THEORETIKER)“.

Aus der Perspektive von „... (THEORETIKER)“, lässt im Hinblick auf die Situation feststellen, dass
- sich ... (Person) so verhält, weil ...“
- sich die Gruppe so verhält, weil ...“
- sich die Situation so entwickelt, weil ...“
- das Angebot so verläuft, weil ...“

Satzanfänge für die fachthematische Analyse

Nachfolgend analysiere ich die Lernsituation „... (TITEL)“ vor dem Hintergrund
- des Fachthemas „...“
- des Modells „...“
- des Konzeptes „...“
- des (pädagogischen) Ansatzes „...“

Aus dieser Perspektive lässt im Hinblick auf die Situation feststellen, dass „...“.

Satzanfänge für die fachpraktische Handlungsempfehlung

Vor dem Hintergrund der fachthematischen/fachtheoretischen Analyse würde ich Folgendes tun/anbieten/planen,
- um zu erreichen, dass „...“
- damit Folgendes (nicht mehr) passiert „...“

INFOS
SCHULE OHNE RASSISMUS
BESORGTE ELTERN GEGEN DAS CHAOS IN DEN SCHULEN
Defekt
STAY HIGH
BOCKT NICHT
POLITIK
PLANER
LANGWEILIG
420
STAY HIGH CLUB
GRENZE
JA O NEIN O VIELLEICHT O
FCK NZS

Wie viele und welche a) Fachthemen und b) fachpraktischen Herausforderungen entdecken Sie in unserem sozialpädagogischen WIMMELBILD?

6.4 Lernsituation „Buchstaben-Girlande in der Vorschularbeit“

6.4.1 Fachthemen und Fachtheorien

→ Siehe Lernsituation „Buchstaben-Girlande in der Vorschularbeit“, Seite 35

Praxissituationen und Lernsituationen können entlang ganz unterschiedlicher Themen und Theorien analysiert werden. Zur sozialpädagogischen Profession gehört es, unterschiedliche fachtheoretische und fachthematische Perpektiven einnehmen zu können.
Die nachfolgende Auflistung wissenschaftlicher Fragen gibt einen kleinen Eindruck von der Vielfalt der Themen und Theorien, die in der obigen Lernsituation relevant sein könnten.

Welche Rolle spielt a) der Sozialraum für die Sozialisation und b) für die pädagogische Arbeit im Elementarbereich und in der Grundschule?
Was zeichnet eine gute Praxisanleitung aus?
Inwieweit beeinflussen der Wochentag und die Zeit die pädagogische Arbeit?
Welche konkreten Ziele verfolgt die Vorschularbeit?
Was ist entwicklungspsychologisch das Besondere an der Altersgruppe der Vorschüler und Grundschüler?
Welche Fachthemen verbinden sich mit der Planung und Durchführung von Bastelangeboten?
Wie bewerten Sie aus pädagogischer Perspektive Spielekonsolen wie die Playstation?
Welche Chancen und Risiken bestehen aus medienpädagogischer Perspektive? Welche Chancen und Risiken bestehen aus medienpsychologischer Perspektive beim Spielen von ‚FIFA‘, im Gegensatz zu Ego-Shootern oder Jump-and-run-Spielen?
Wie wirken sich gewaltvolle Spiele auf das Verhalten von Kindern/Jugendlichen aus?
Verstärken gewaltvolle Spiele gewaltvolles Verhalten?
Wie entsteht ADHS?
Wie wirken sich Konsolenspiele auf die Konzentration und die Intelligenz von Kindern/Jugendlichen aus?
Welche pädagogische Bedeutung kommt der Freizeitaktivität des Fußballspielens zu, im Vergleich zum Reiten und zu Ballett?
Was charakterisiert und beeinflusst die Sprachentwicklung von Kindern?
Was können die psychologischen Gründe dafür sein, dass Kinder sportliche Aktivitäten (nicht) mögen?
Was charakterisiert und beeinflusst die Entwicklung der Grob- und Feinmotorik von Kindern und wie kann diese im Elementarbereich gefördert werden?
Wie lässt sich die Angst, sich zu verletzen, mithilfe der klassischen Konditionierung nach Iwan Pawlow erklären?
Wie lässt sich das Unwohlsein bei Körperkontakt mithilfe der instrumentellen Konditionierung nach Edward L. Thorndike erklären?
Wie lässt sich das Unwohlsein beim Schwitzen mithilfe der Bedürfnispyramide nach Abraham Maslow erklären?
Finden Sie Gründe, warum sich Kinder der beschriebenen Altersgruppe a) für Raumfahrt und Planeten, b) für Dinosaurier, c) für Einhörner interessieren.
Analysieren Sie die Gründe für das Genervtsein der Kinder und pädagogischen Fachkräfte von den „Fachvorträgen“ des Jungen Raymond mithilfe des Vier-Ohren-Modells nach Friedemann Schulz von Thun.
Was charakterisiert und beeinflusst die Entwicklung der Lesekompetenz von Kindern und wie kann diese im Elementarbereich und von Eltern gefördert werden?
Mithilfe welcher Theorien lässt sich das Unwohlsein beim Spielen mit anderen Kindern erklären?
Wie vollzieht sich die Moralentwicklung nach Lawrence Kohlberg?

Welche pädagogischen Ziele und Methoden verbinden sich mit der Bildung für nachhaltige Entwicklung (BNE) im Hinblick auf den Elementarbereich und die Grundschule?
Wie lässt sich 1.) das Verhalten von Urs aus psychologischer Perspektive erklären und 2.) wie sollte mit Urs pädagogisch umgegangen werden?
Wie lässt sich die Faszination für LEGO erklären?
Welche Kriterien zeichnen eine gute Eltern-Kind-Beziehung in dieser Altersgruppe aus?
Was charakterisiert gruppenpädagogische Angebote?
Welche Gruppenphasen durchlaufen Gruppen und was sollte die sozialpädagogische Fachkraft in den einzelnen Phasen tun oder unterlassen?
Welche fachlichen Standards gelten im Hinblick auf eine pädagogische Angebotsplanung.
Wie bewerten Sie die Angebotsplanung vor dem Hintergrund der Entwicklung der Lesekompetenz?
Wie bewerten Sie die Angebotsplanung vor dem Hintergrund der Ziele und Methoden unterschiedlicher Erziehungsstile nach Kurt Lewin?
Wie bewerten Sie die Angebotsplanung vor dem Hintergrund der operanten Konditionierung nach Burrhus Frederic Skinner?
Was wird durch das Angebot bei den Kindern individuell und als Gruppe gefördert?
Wie bewerten Sie die Regeln und Strafen für das Angebot vor dem Hintergrund der ersten fünf Artikel des Grundgesetzes?

6.4.2 Klausur-Variante 1 (Analyse)

HINWEIS ZU DEN „BEISPIELLÖSUNGEN" (KLAUSUREN MIT LEHRERKOMMENTAREN)

Liebe Lernende, Sie wollen wissen, wie andere Studierende die Lernsituationen von → Kapitel 5 bearbeitet haben? Um von deren Kompetenzen und/oder Fehlern zu lernen? Und gerne wüssten Sie auch, wie deren Lehrkräfte diese Klausuren oder Prüfungen bewertet bzw. mit Feedback kommentiert haben? Voila!
Behalten Sie dabei im Kopf, dass es keine definitiv richtige „Lösung" geben kann, da die fachtheoretischen Analysen und fachpraktischen Handlungsempfehlungen in der Praxis unendlich viele Varianten zulassen – abhängig vom Sozialraum, den Lebenswelten, dem pädagogischen Ansatz, den Themen und Theorien, die genutzt werden.

Die Klausuraufgabe lautete:
„Aufgabe 3: Analysieren Sie die Planung für das Bastelangebot von Arne Noj vor dem Hintergrund Ihres fachtheoretischen/fachthematischen Wissens und Ihrer fachpraktischen Erfahrungen."

Analyse

Nachfolgend analysiere ich die Planung des dargestellten Bastelangebots „Buchstaben-Girlande". Hierbei gehe ich auf die pädagogische Planung und deren Zielsetzung ein, aber auch auf einzelne Kinder.

Grundsätzlich lässt sich nach Lew Wygotski sagen, dass es wichtig ist, dass eine kompetentere Person den Entwicklungsstand des Kindes zuvorderst durch systematische Beobachtungen und Gespräche ermittelt und zukunftsoptimistisch das Entwicklungspotenzial erkennt. Hiernach gilt es, die nächsten Entwicklungsschritte zu beschreiben, die „Zone der proximalen Entwicklung" bzw. „Zone der nächsten Entwicklung". Dies setzt voraus, dass die sozialpädagogischen Fachkraft über entsprechende Handlungskompetenz verfügt: Selbstkompetenz im Sinne von Emotionsregulation, Impulskontrolle und Reflexionsfähigkeit, für ein adressatengerechtes, situationsangemessenes Vorgehen; Sozialkompetenz, um die sozialpädagogischen Grundhaltungen und das empathische Verstehen nach Carl Rogers zu realisieren; Fach-/Sachkompetenz, um ein Verhalten fachtheoretisch einordnen und verstehen zu können, z.B. vor dem Hintergrund der Entwicklungspsychologie nach Jean Piaget; Methodenkompetenz, um Kinder bestmöglich individuell und in Gruppen zu fördern und mit Situationen und Verhaltensweisen konstruktiv und lösungsorientiert umgehen zu können. Methodenkompetenz meint, dass man auf verschiedene Handlungsvarianten zurückgreifen kann (vgl.: NLP).[1]

[1] Der Hinweis auf das Neuro-Linguistische Programmieren (NLP) ist sinnvoll, wird aber hier zu ungenau angedeutet.

Nach Wygotski sollte zwischen dem Kind und der kompetenteren Person Intersubjektivität herrschen, sie sollten sich wechselseitig verstehen. Das bedeutet, dass das Kind die Einschätzung der kompetenteren Person zum Entwicklungsstand und zum Entwicklungspotenzial nachvollziehen kann. Die Zone der proximalen Entwicklung muss mit dem Kind abgestimmt sein, damit Entwicklungsschritte auch aus Sicht des Kindes als erreichbar eingestuft werden. In jedem Fall muss erreicht werden, dass die Zone erreicht wird, damit es zu einem motivierenden Erfolgserlebnis kommt. So erfahren die Kinder motivierende Selbstwirksamkeitserfahrungen.
Ergänzen lässt sich mit Carl Rogers, dass die kompetentere Person immer auch kongruent, empathisch und bedingungslos wertschätzend sein sollte. [2]

[2] Warum sollte sie so handeln, um was zu erreichen?

In der beschriebenen Lernsituation lässt sich zu der angehenden sozialpädagogischen Fachkraft Arne Noj (29 Jahre) sagen, dass Arne noch sehr unsicher handelt, noch nicht über die erforderliche Handlungskompetenz und Handlungssicherheit verfügt. Da er noch in der Ausbildung ist, fehlen ihm wahrscheinlich fachpraktische Erfahrungen und fachtheoretisches Wissen, um die Planung professionell durchzuführen. Er hat keine Struktur für die Angebotsplanung. Aus diesem Grund ist die Anleitung sehr wichtig, die als kompetentere Person die fachliche Begleitung übernimmt und Reflexionsanlässe gestaltet.
Es lässt sich feststellen, dass Arne die soziale Rolle der sozialpädagogischen Fachkraft (vgl.: Erving Goffman) noch nicht sicher ausfüllen kann. Die fachtheoretische und fachpraktische Überforderung führt zu Verunsicherungen, kann zu Stress führen, der sich auch auf die Kinder übertragen dürfte (vgl.: Spiegelneuronen und Lernen am Modell (Albert Bandura)). [3]

[3] Es wäre sinnvoll, etwas mehr zu den Theorien auszuführen und diese mit den Inhalten der Lernsituation konkret zu verknüpfen.

Nach Maslow sind seine Sicherheitsbedürfnisse nicht ausreichend konstant befriedigt, weswegen es ihm auch schwerfällt, eine professionelle Beziehung zu den Kindern aufzubauen. [4]

[4] Welche Indizien sprechen dafür, dass Arne Noj verunsichert ist? Etwas ausführlicherer Theoriebezug wäre optimal!

Neue Situationen, von denen es zu Beginn der Ausbildung sehr viele gibt, können irritierend und somit verunsichernd wirken. Diese Verunsicherung aufgrund von Überforderung, aufgrund fehlender Handlungskompetenz kann Stress auslösen, da soziale und seelische Stressoren wirken. [5]

[5] An dieser Stelle wären Beispiele für soziale und seelische Stressoren gut, insbesondere auch in Bezug auf die Lernsituation.

Arne Noj handelt in der Situation nicht entlang der sozialpädagogischen Grundhaltungen (vgl.: Carl Rogers). Es kann sein, dass er diese noch nicht kennt und das dahinterstehende humanistische Menschenbild somit noch nicht internalisieren konnte (vgl.: Über-Ich, Sigmund Freud). Er verhält sich nicht

empathisch und vollzieht keinen Perspektivwechsel. Er handelt unreflektiert entlang von Alltagstheorien und Emotionen und somit unprofessionell. Dies zeigt sich insbesondere in seinen Kommentaren zur Wirkung von Medien. Der Entwicklungsstand, das Entwicklungspotenzial der einzelnen Kinder bleibt unberücksichtigt (vgl.: Lew Wygotski).
Professionelle Aspekte wie Partizipation, Inklusion und Lebensweltorientierung spielen auch keine Rolle, da alle das Gleiche machen sollen. Es kann davon ausgegangen werden, dass einige Kinder unterfordert sein werden, andere aber überfordert. [6]

[6] Hier wäre ein Bezug zu den einzelnen Kindern in der Lernsituation optimal. Wer ist wann über-bzw. unterfordert?

Die Bedürfnisse und Bedarfe, Interessen, Kenntnisse und Fähigkeiten, Entwicklungsstände, Entwicklungspotenziale der einzelnen Kinder spielen keine Rolle. Jedes Kind bringt andere Voraussetzungen mit, welche berücksichtigt werden sollten, damit sich das Kind gesehen, wertgeschätzt und akzeptiert fühlt. Außerdem fehlt es den Kindern an Selbstwirksamkeitserfahrungen, wenn das Angebot so durchgeführt wird. [7]

[7] Auch hier hätten Sie konkreter ausführen können, was unter Selbstwirksamkeitserfahrungen im beschriebenen Kontext zu verstehen ist.

Nach der Lerntheorie von Edward Lee Thorndike lernen Menschen, wenn vier Gesetzmäßigkeiten erfüllt sind. Hierzu gehört 1. das Gesetz der Bereitschaft. Dieses wird durch das Angebot nicht berücksichtigt. [8]

[8] An dieser Stelle sollten Sie konkreter ausführen, was das Gesetz der Bereitschaft meint und warum dieses in der Planung unberücksichtigt bleibt.

Der 2. Aspekt ist das Prinzip von Versuch und Irrtum. Die Kinder erhalten beim Angebot keine Möglichkeiten, sich auszuprobieren, weswegen auch dieser Aspekt unberücksichtigt bleibt.
3. spielt auch das Effektgesetz keine Rolle. Die Kinder können sich und ihr Verhalten nicht als erfolgreich erleben, da sie unter- oder überfordert sein werden. [9]

[9] Wer ist über-, wer ist unterfordert? Welche Art der Über- oder Unterforderung liegt individuell vor? Kognitiv, sozial, motorisch?

Nur das 4. Frequenzgesetz wird umgesetzt, dadurch, dass das Angebot wöchentlich wiederholt wird, die Kinder somit Woche für Woche weitestgehend das Gleiche machen. [10]

[10] Was folgt für Sie aus dieser Analyse nach Thorndike?

Die Strafe „mit dem Gesicht zur Wand in der Ecke stehen", ist absolut autoritär und schlimmste schwarze Pädagogik, da die Würde der Kinder hierdurch verletzt wird (vgl.: Art. 1 Grundgesetz). Die bestraften Kinder fühlen sich unsicher, nicht wertgeschätzt, nicht zugehörig. Strafen wirken generell nur, wenn sie verunsichernd wirken, deswegen sind sie unvereinbar mit einer sozialpädagogischen Tätigkeit. [11]

[11] Das Thema Strafen ist sehr komplex, wird hier nur sehr vereinfacht dargelegt.

Vor dem Hintergrund der Erkenntnisse von Carl Rogers und Abraham Maslow sind solche Strafmaßnahmen nicht förderlich. [12]

[12] Wieso sind solche Maßnahmen nicht förderlich? Es fehlen konkrete Ausführungen. Wäre es vielleicht aufschlussreich gewesen, sich in Bezug auf die Wirksamkeit von Strafen auf Thorndike oder Skinner zu beziehen?

Es scheint, als ob sich die Gruppe der Vorschüler/-innen in der Storming-, bzw. Machtkampfphase befindet. Aber auch die Orientierungsphase scheint pädagogisch nicht begleitet worden zu sein, da sich einige unsicher und noch nicht zugehörig fühlen. [13]

[13] Welche Indizien sprechen dafür, dass sich wer unsicher und nicht zugehörig fühlen mag? Ein Bezug zur Lernsituation wäre optimal.

Es gelingt Arne Noj nicht, die nötige Sicherheit und Orientierung zu vermitteln, die in der Orientierungsphase erforderlich ist. Außerdem geht er zu wenig auf die einzelnen Kinder ein, handelt nicht wertschätzend, geht zu wenig in den Kontakt und damit zu wenig in die Beziehung. [14]

[14] Gehen Sie etwas umfassender auf das Thema der pädagogischen Beziehungsgestaltung ein.

In der Machtkampfphase gelingt es ihm nicht, mit den Konflikten konstruktiv umzugehen und alle zu integrieren. [15]

[15] Was gelte es bei einem inklusiven Angebot zu berücksichtigen, im Gegensatz zu einem integrativen Angebot?

Der Umgang mit Raymond gestaltet sich z. B. wenig pädagogisch. Aus humanistischer Perspektive gestaltet sich die Angebotsplanung wenig pädagogisch. Arne handelt nach den Prinzipien der autoritären Erziehung (vgl.: Kurt Lewin). [16]

[16] Können Sie etwas konkreter auf die Prinzipien eingehen?

Dass die sozialpädagogischen Fachkräfte auf Raymond genervt reagieren, zeigt, dass sie weder wertschätzend noch empathisch handeln. Raymond (5;6 Jahre) verfügt über wenig Selbst- und Sozialkompetenz: Er ist gerne allein, spielt nicht gerne mit anderen Kindern. Sobald er mit ihnen spricht, fehlt ihm die Impulskontrolle und Emotionsregulation, um situationsangemessen mit ihnen zu sprechen. Wahrscheinlich hat er ein negatives, statisches Selbstbild, glaubt nicht, etwas an der Situation ändern zu können. Ihm fehlen somit Situationen, in denen er Selbstwirksamkeitserfahrungen machen kann.
Er scheint mit den anderen Kindern und ihrem Verhalten überfordert zu sein und auch die anderen Kinder sowie die Fachkräfte sind mit seinem Verhalten überfordert. Es kommt zu einer wechselseitigen Überforderung und Verunsicherung. Außerdem entsteht aufgrund fehlender Intersubjektivität bei allen Beteiligten Stress. [17]

[17] Hier hätten Sie mehr fachthematisches Wissen zu den Themenkomplexen Stress und Intersubjektivität einbringen können. Geht es anderen Kinder eventuell ähnlich?

Es deutet einiges darauf hin, dass bei Raymond eine Autismus-Spektrum-Störung vorliegen könnte, wofür auch seine Inselbegabung spricht. Beim Jungen Urs (5;4 Jahre) liegen Anzeichen von Mutismus vor.[18]

[18] Da es nicht zu den Aufgaben sozialpädagogischer Fachkräfte gehört, Diagnosen zu stellen, ist es zwingend erforderlich, die Symptome von psychischen Störungen und Erkrankungen zu kennen, um über diese mit den Eltern ins Gespräch zu gehen, ohne direkt eine Diagnose zu unterstellen. Es wäre entsprechend sinnvoll, die Symptome konkreter und ausführlicher zu benennen, die zu der Annahme führen, dass eine Autismus-Spektrum-Störung bzw. Mutismus vorliegen könnte.

In jedem Fall scheinen die Sicherheitsbedürfnisse von Urs nicht konstant ausreichend befriedigt zu sein (vgl.: Abraham Maslow). Viele Situationen scheinen Urs zu irritieren, zu verunsichern und zu stressen. Er reagiert mit der Stressreaktion „Flucht", zieht sich zurück. Somit kann er sich auch nicht als zugehörig empfinden (vgl.: Abraham Maslow). Im Umgang mit den Eltern zeigt Urs andere Verhaltensweisen, die darauf schließen lassen, dass er sich im Kontakt mit ihnen sicher und zugehörig fühlt. Zwischen den Eltern und Urs herrscht Intersubjektivität bzw. eine sichere Bindung (vgl.: Marie Ainsworth).[19]

[19] An dieser Stelle hätten Sie ebenso mehr Wissen einbringen können. Sie deuten viele Theorien und Themen an, ohne vertiefend einzusteigen und konkretisierend auf die Lernsituation einzugehen.

Bei dem Angebot von Arne Noj zeigt sich, dass nur die Selbstkompetenz gefördert wird, nicht aber die Sozialkompetenz, nicht die Gemeinschaftsfähigkeit (vgl.: SGB VIII §1).
Die Einhaltung der pädagogisch wenig sinnvollen Regeln führt dazu, dass die Kinder schneller „befreit" werden, das Angebot verlassen dürfen. Es handelt sich insoweit um eine negative Verstärkung im Sinne der operanten Konditionierung nach Skinner. Die unangenehme Situation beim Bastelangebot aufgrund von Unter- oder Unterforderung sorgt wahrscheinlich dafür, dass die Kinder sich an die Regeln halten, um möglichst schnell aufhören zu dürfen. Es wird durch die Verstärker nur das regelkonforme Verhalten verstärkt, aber nichts anderes gefördert.
Für einige Kinder dürfte das Bastelangebot unterfordernd, langweilig und somit unangenehm sein. Es dürfte vorallem langweilig wirken, 6 Wochen lang eigentlich das Gleiche zu tun (Zeile 81 f.). Es würde mich nicht wundern, wenn sich die Kinder „störend" verhalten, um dem als unangenehm erlebten Bastelangebot zu entfliehen. Da „störendes" Verhalten aber bestraft wird, verhalten sich die Kinder, soweit ihnen individuell möglich, angepasst. Die positive Verstärkung liegt darin, nicht am Angebot teilzunehmen, sondern nach dem Angebot etwas tun zu dürfen, das ihnen Spaß macht.
Arne Noj müsste dafür sorgen, dass das Angebot für die Kinder attraktiv ist, dass die Teilnahme für alle Teilnehmenden als angenehm erlebt wird. Dies erhöht die Wahrscheinlichkeit, dass sich die Kinder im Rahmen ihres Entwicklungsstandes an die Regeln halten, die aber neu aufgestellt werden müssten.[20]

[20] An dieser Stelle werden Sie argumentativ ungenau, da Sie andere Ziele mit dem Angebot verbinden würden. Positiv und negativ verstärkt wird das angepasste Verhalten. Es wäre hiernach nicht notwendig, dass sich die Kinder – nach den Prinzipien der autoritären Erziehung – wohlfühlen.

Die Kinder halten sich an die Regeln, da sie erleben, dass die Einhaltung dazu führt, dass sich alle wohlfühlen, dass die Situation für alle angenehmer ist, als wenn die Regeln nicht eingehalten werden. Da das Angebot von einigen Kindern als unangenehm empfunden werden dürfte, verhalten sie sich ggf. so, dass sie der unangenehmen Situation „entfliehen" können. Das Angebot provoziert somit „störendes Verhalten", da es ist viel angenehmer ist, nicht teilzunehmen, ausgeschlossen zu werden, als teilzunehmen. [21]

[21] Die Argumentation ist nicht ganz schlüssig. Anpassung sorgt dafür, dass man schnell das machen darf, was einem individuell Spaß macht. „Störendes Verhalten" führt nur dazu, dass man weiter basteln muss.

Dass das Angebot für alle als angenehm erlebt wird, würde Arne erreichen durch die Umsetzung der wissenschaftlichen Erkenntnisse von bspw. Carl Rogers, Abraham Maslow und Lew Wygotski. Um diese umsetzen zu können, ist es erforderlich, dass er über die entsprechende Handlungskompetenz verfügt. [22]

[22] Sein Ziel ist aber nicht, dass sich alle wohl fühlen, sondern dass alle lernen, etwas zu tun, auch wenn es ihnen nicht gefällt. Arne fördert somit die Anpassungsfähigkeit, Impulskontrolle und Emotionsregulation. Sind das keine sinnvollen Ziele? Sind die Methoden und/oder Ziele „falsch" und wenn ja, warum?

Er sollte vor allem erstmal eine Beziehung zu den Kindern aufbauen, sie beobachten, ihre Interessen, Bedürfnisse, Stärken und Ressourcen kennenlernen und seine Berufsmotivation reflektieren. Diesen Reflexionsprozess müsste die Anleitung anstoßen. Die Planung von Arne ist der Gesprächsanlass. Im Gespräch wird sich seine Kritikfähigkeit beweisen müssen, wobei die Anleitung auch im Umgang mit Arne entlang der pädagogischen Grundhaltungen vorgehen sollte. Außerdem würde ich mich an Lew Wygotski orientieren. [23]

[23] Sie argumentieren vor dem Hintergrund der humanistischen Psychologie und Pädagogik – machen Sie diese Perspektive transparent. Was unterscheidet die demokratische und die autoritäre Erziehung im Hinblick auf Ziele und Methoden?

Ganz besonders wichtig wäre, sich die Fachkompetenz anzueignen, die erforderlich ist, um Kinder auf die Schule vorzubereiten. Was müssen Kinder im letzten Jahr der Kita lernen, damit sie gut auf die Schule vorbereitet sind? [24]

[24] An diesem Punkt bleiben Sie leider eine Antwort schuldig.

6.4.3 Klausur-Variante 2 (Analyse)

Die Klausuraufgabe lautete:
„Aufgabe 3: Analysieren Sie die Planung für das Bastelangebot von Arne Noj vor dem Hintergrund Ihres fachtheoretischen/fachthematischen Wissens und Ihrer fachpraktischen Erfahrungen."

Analyse

In der Lernsituation „Buchstaben-Girlande" geht es um die unzureichende Handlungskompetenz einer angehenden sozialpädagogischen Fachkraft. [1]

[1] Denken Sie zunächst daran, die Analyse einzuleiten und Ihre verwendeten Fachthemen/-theorien aufzuzeigen.

Unter Handlungskompetenz versteht man die Fähigkeit, sicher, zielstrebig, adressatengerecht und situationsangemessen im be-

ruflichen Kontext handeln zu können. Die Handlungskompetenz setzt sich aus vier Teilkompetenzen zusammen, die sich wechselseitig beeinflussen: Selbst-, Sozial-, Fach-/Sach- und Methodenkompetenz. Für die sozialpädagogische Tätigkeit spielt die Selbst- und Sozialkompetenz eine besondere Rolle, ganz im Gegensatz zu bspw. technischen Berufen.
Die Selbstkompetenz umfasst insbesondere den Umgang mit sich selbst, die weitestgehende Kontrolle über das eigene Fühlen, Denken, Handeln (Impulskontrolle/Emotionsregulation) und die Reflexion (Kritikfähigkeit) und das situationsangemessene und adressatengerechte Verhalten.
Sozialkompetenz meint die Fähigkeit, im sozialen Kontext kompetent agieren zu können. In Anlehnung an Erving Goffman geht es darum, unterschiedliche soziale Rollen einnehmen zu können, adressatengerecht zu kommunizieren und sich situationsangemessen zu verhalten. Hierzu gehört auch, nach Carl Rogers, sich kongruent, wertschätzend und empathisch zu verhalten. Der Perspektivwechsel ermöglicht es, sich auf sein Gegenüber nachfühlend einzulassen und nicht nur die eigene Perspektive zu sehen.
Die Fach-/Sachkompetenz umfasst fachtheoretisches, fachthematisches und fachpraktisches Wissen. Sie ermöglicht das Verstehen, die Einordnung von Verhaltensweisen, wie überhaupt erst das professionelle Vorgehen. Hierzu gehört die Fachsprache in Wort und Text. Hierzu gehört auch das Verständnis eines professionellen Vorgehens, z. B. nach dem Modell der vollständigen Handlung.
Die Methodenkompetenz ist die Fähigkeit, situationsangemessene und adressatengerechte Lösungen zu finden, sich auf unterschiedliche Weise in konkreten Situationen ziel- und lösungsorientiert verhalten zu können. Es geht hierbei auch darum, fachtheoretische, fachthematische und fachpraktische Erkenntnisse auf die konkrete Praxis zu übertragen, sein Handeln bewusst zu steuern. Hier zeigt man, dass man das Modell der vollständigen Handlung nicht nur theoretisch verstanden hat, sondern auch in der Praxis anwenden kann. [2]

[2] Gibt es hierzu Literaturhinweise? Auf was oder wen beziehen Sie Ihre Äußerungen?

Die Bedürfnispyramide nach Abraham Maslow ist wichtig, um Verhalten, Denken, Fühlen vor dem Hintergrund konkreter Motive analysieren zu können. Es handelt sich um ein sozialpsychologisches Modell, welches menschliche Bedürfnisse kategorisiert, abgrenzt und hierarchisiert, aber auch die Wechselwirkungen von Bedürfnissen hervorhebt. Maslow unterscheidet drei Mangel- bzw. Defizitbedürfnisse und zwei Wachstumsbedürfnisse.
Sind auf der unteren Ebene der Mangelbedürfnisse einzelne Bedürfnisebenen nicht konstant ausreichend befriedigt, wirken diese handlungsmotivierend. Sind die Bedürfnisse ausreichend befriedigt, wirken sie nicht mehr motivierend. Um sich phy-

sisch und psychisch gesund zu entwickeln, ist es erforderlich, dass insbesondere die Mangelbedürfnisse konstant ausreichend befriedigt sind, somit 1. die überlebenswichtigen, physiologischen Grundbedürfnisse befriedigt sind, dass man 2. angstfrei, in Sicherheit leben und sich 3. zugehörig fühlen kann, was für den Menschen als soziales Wesen ganz besonders wichtig ist.
Auf den konstant ausreichend befriedigten Mangelbedürfnissen bauen dann die Wachstumsbedürfnisse, das sind 4. Individualbedürfnisse (Anerkennung, Macht) und 5. Selbstverwirklichung, auf. Diese motivieren unser Handeln grenzenlos, da diese nie abschließend befriedigt sind. Wer gerne und gut Gitarre spielt, möchte immer besser werden. Fußballer/-innen wollen immer besser werden, Wissenschaftler/-innen wollen immer mehr wissen.
Das individuelle Verhalten, Denken und Fühlen ist durch (un-) befriedigte Bedürfnisse motiviert. Somit lässt sich auch eine Verhaltensoriginalität auf unbefriedigte Mangelbedürfnisse zurückführen.

In dem folgenden Text analysiere ich die Planung für das Bastelangebot von Arne Noj entlang meines fachtheoretischen/fachthematischen Wissens und meiner fachpraktischen Erfahrungen.
Zunächst lässt sich sagen, dass Arne viele fachliche Standards zur Angebotsplanung für eine Vorschulgruppe nicht berücksichtigt, wahrscheinlich noch nicht kennt.[3]

[3] Was sind konkrete Standards? Wer bestimmt diese? Beziehen Sie sich hierbei auch auf die Handlungskompetenz? Machen Sie dies nochmal kenntlich.

Er arbeitet weder partizipativ, noch inklusiv. Im Rahmen der Partizipation müsste Arne sein Angebot so gestalten, dass er das Machtgefälle zwischen ihm und den Kindern „ausgleicht". Dies würde er tun, indem er die Kinder in die Planung des Angebots mit einbeziehen würde. Er aber handelt autoritär, berücksichtigt weder die Meinung, noch die Bedürfnisse der Kinder. Seine Vorgaben sind so konkret, dass die Kreativität keine Rolle spielt, keine Freiräume für die Kinder bestehen. Es zählt nur die Anpassungsleistung der Kinder. Der Mangel an Kreativität könnte sich demotivierend auswirken, da einige der Kinder außerdem unterfordert sein dürften. Das Angebot orientiert sich nicht an den individuellen Bedürfnissen, Interessen und Fähig- und Fertigkeiten der Kinder. Er setzt voraus, dass alle Kinder ausschneiden können und über entsprechende feinmotorische Fähigkeiten verfügen.
Über Raymond wissen wir bspw.: „Basteln mag er nicht, er sieht keinen Sinn darin, Papier kaputt zu machen. Seine Ansicht ist: ‚Das ist schlecht für die Umwelt und bringt nichts! Warum soll ich etwas ausschneiden und wieder neu zusammenkleben, was niemand benötigt." (Zeile 51–52)

Seine Perspektive bleibt, obwohl nachvollziehbar und logisch, bei der Planung unberücksichtigt. Arne muss wahrscheinlich in den Konflikt mit Raymond gehen, in einen Machtkampf.[4]

[4] *Um welche Art von Konflikt handelt es sich dann?*

Auf der anderen Seite könnte das autoritäre Vorgehen für Irritation und Verunsicherung sorgen, da die Kinder ein solches nicht gewohnt sind. Beides wäre nicht vorteilhaft für die Durchführung des Angebots. Vielfach handeln Menschen autoritär, wenn sie Angst haben, die Kontrolle zu verlieren, somit selbst unsicher sind. Das dürfte auf Arne zutreffen, da ihm noch die nötige Handlungskompetenz und Handlungssicherheit fehlen. Dies zeigt sich bereits bei der Planung, da er keine Spur von Sozialkompetenz zeigt, die Perspektiven der Kinder unberücksichtigt lässt. Arne müsste sich darum bemühen, Raymonds Perspektive empathisch zu verstehen, sich in die Lage von Raymond hineinversetzen, antizipieren, wie das Angebot auf ihn wirkt und wie er sich möglicherweise verhalten und fühlen wird.[5]

[5] *Sie formulieren teilweise sehr lange Sätze, dadurch wird der Inhalt unnötig verkompliziert.*

Arne müsste erkennen, dass es zu einem Machtkampf kommen könnte, der bei beiden Stress auslösen dürfte. Arne müsste die Selbstkompetenz aufbringen, seine Planung zu reflektieren. Ihm fehlt die Fachkompetenz, die Planung entlang fachlicher Standards durchzuführen, hierzu gehört auch das Wissen, was Kinder zum Schulbeginn können sollten, worauf die Kita mit der Vorschularbeit vorbereiten soll. Er müsste entlang dieser Förderschwerpunkte den Entwicklungsstand der Kinder kennen und jeweils das Entwicklungspotenzial. Das Angebot müsst dann die individuellen, nächsten Entwicklungsschritte aufgreifen (vgl.: Wygotski). Arne dürfte mit seinem Angebot deshalb kaum Lerneffekte bzw. Kompetenzzuwächse erzielen. Es fehlt insbesondere die aktive Auseinandersetzung mit einem Thema, in diesem Fall mit den Buchstaben. Diese Auseinandersetzung wäre bei einem Bildungsangebot von zentraler Bedeutung.[6]

[6] *Warum? Begründen Sie.*

Die Planung ist sehr ungenau. Wie möchte er die Kinder für das Angebot motivieren? Was macht Arne im Sinne einer Worstcase-Planung bzw. bei möglichen Stolpersteinen, wenn bspw. die Kinder unmotiviert reagieren?[7]

[7] *Optimal wäre, die Struktur einer Angebotsplanung darzulegen, um dann zu analysieren, was fehlt oder zu kurz kommt.*

Die pädagogischen Grundhaltungen (Kongruenz, Wertschätzung, Empathie) bleiben unberücksichtigt.[8]

[8] *... (vgl.: Carl Rogers) ...*

Da die Kinder nicht sprechen dürfen, wird ein natürliches Bedürfnis unterdrückt, was Stress auslösen könnte. Es bleibt fraglich, wie Arne dies überhaupt durchsetzen möchte. Sollte er mit Strafen arbeiten wollen, trägt dies nur weiter zur Verunsicherung bei und wirkt sich auch negativ auf die Beziehungsgestaltung und Motivation aus. Er lässt auch die Gruppendynamik außer Acht, bemüht sich gar nicht, diese positiv zu beeinflussen. Die Kinder werden durch das Vorgehen vereinzelt, sollen nur „bei der Sache sein". Für die Kinder, die gerne allein arbeiten, dürfte dies keine Herausforderung darstellen, für die Subgruppen der Jungen und Mädchen jedoch schon. Da die Schul-Minis in der Orientierungs- und Machtphase stecken, sollte er diese Gruppenphasen nicht unberücksichtigt lassen, diese vielmehr aktiv gestalten. [9]

[9] Die Gruppe steckt in zwei Gruppenphasen? An dieser Stelle sollte genauer beschrieben werden, welche Aspekte welche Phase charakterisieren und wie diese pädagogisch begleitet werden müssten.

Das Angebot dürfte so nicht stattfinden, da es mehr schadet, als Nutzen bringt. Das Angebot würde sich negativ auf die Gruppendynamik, die Beziehungsgestaltung und die individuelle Entwicklung auswirken. Wie bereits Kurt Lewin nachgewiesen hat, handeln die Kinder beim autoritären Erziehungsstil nur extrinsisch motiviert, sind verunsichert und stehen in Konkurrenz zueinander. Sie lernen somit nicht, gemeinschaftsfähig zu handeln, wie es das SGB VIII vorsieht. Die Kinder dürfen ihre Gefühle nicht zeigen, ihre Individualität ist belanglos, der Gruppenzusammenhalt und die Gemeinschaftsfähigkeit sind bedeutungslos.
Arne bewertet auch die demokratische Erziehung negativ. [10]

[10] An welcher Stelle tut er das? Zeile?

Außerdem finde ich die Farben der Buchstaben nicht unproblematisch. Warum möchte er eine schwarz-rot-goldene Buchstabengirlande in der Kita aushängen? Die Haltung von Arne könnte durchaus politisch motiviert sein. [11]

[11] Was wäre dann das Problem? Warum ist die Farbauswahl nicht unproblematisch?

Welche Schlüsse ziehen Sie aus Ihrer Analyse? In der Analyse sprechen Sie viele Themen an, zum Teil sind diese auch nur angerissen. Fassen Sie zum Ende Ihre wesentlichen Erkenntnisse zusammen. Vor allem sollten Sie darauf achten, dass die von Ihnen erklärten theoretischen Inhalte (Bsp. Handlungskompetenz) auf die Lernsituation bezogen werden.

6.4.4 Klausur-Variante 3 (Analyse)

Die Klausuraufgabe lautete:
„Aufgabe 3: Analysieren Sie die Planung für das Bastelangebot von Arne Noj vor dem Hintergrund Ihres fachtheoretischen/fachthematischen Wissens und Ihrer fachpraktischen Erfahrungen."

Analyse

Vieles von dem, was Arne Noj geplant hat, dürfte den Kindern die Freude auf die Schule nehmen und für Irritationen und Verunsicherungen sorgen. [1]

[1] Was sind Ihre Leitthemen für die Analyse?

Dadurch, dass das Angebot autoritär angeleitet und ausgerichtet ist, kann es zu Verunsicherungen kommen. Das Angebot ist nicht altersangemessen, die meisten Kinder werden also unter-

fordert. Die Kinder sollen beim Basteln nicht reden, was die Kinder ebenfalls irritieren und verunsichern dürfte.
Manfred Spitzer geht davon aus, dass alles gelernt wird, was eine positive emotionale Konsequenz zur Folge hat.[2]

Außerdem lernen Menschen am besten in Gemeinschaft.[3]

Erfolgserlebnisse sorgen für die Ausschüttung von Dopamin, das Glücksgefühle auslöst. Diese Grundlagen der Gehirnforschung werden von Arne völlig außer Acht gelassen, somit kann er den Lernprozess nicht optimal gestalten. Ihm fehlt die nötige Fachkompetenz.

Da das Angebot autoritär ausgerichtet ist, geht es nicht darum, dass sich die Kinder wechselseitig unterstützen, somit gemeinschaftsfähig handeln, sondern sie stehen in Konkurrenz zueinander. Wer es schafft, das Modell bestmöglich nachzubasteln, erhält Anerkennung. Die Kinder können nicht explorierend lernen, nicht aus intrinsischer Motivation heraus. Gerald Hüther hebt hervor, dass Intelligenz in erster Linie die Problemlösefähigkeit meint. Lernen vollzieht sich durch das Lösen von Problemen bzw. Herausforderungen. Das Angebot ist aber behavioristisch ausgerichtet, entlang von Belohnung und Bestrafung, da es um das Ergebnis geht, nicht um den Prozess. Es geht nicht um die Auseinandersetzung mit dem Thema oder Material, es geht einzig um das Nachahmen. Das menschliche Gehirn lernt aber nach ko-konstruktivistischer Perspektive, entlang individueller Zugänge und Freiheiten. Die Kinder müssen sich bei dem Angebot weder kognitiv noch motorisch mit etwas auseinandersetzen, es handelt sich somit im eigentlichen Sinne nicht um ein Bildungsangebot. Sie müssen einfach nur das machen, was von ihnen verlangt wird. Kreative Variationen sind nicht vorgesehen, es geht nur um Anpassung.
Hält sich ein Kind nicht an die Regeln, so plant Arne, das Kind mit dem Gesicht zur Wand in die Ecke zu stellen. Das ist schwarze Pädagogik und darf auf keinen Fall umgesetzt werden. Es sorgt dafür, dass Kinder ausgeschlossen und vorgeführt werden. Kinder werden in ihrer Würde verletzt (vgl.: Grundgesetz Artikel 1).
Kinder dürfen nicht dafür bestraft werden, wenn sie ihren menschlichen Bedürfnissen nach Nähe, Zugehörigkeit und Kommunikation folgen. Nach Freud möchte Arne, dass die Kinder ihr ES unterdrücken und nur nach den vom ihm vorgegebenen Regeln handeln. Diese Regeln sollen die Kinder in ihrem Über-Ich internalisieren, in erster Linie Anpassung.
Kindern fällt es noch schwerer als Erwachsenen, ihre Impulse und Emotionen, ihre Triebansprüche des ES zu regulieren, deswegen glaube ich nicht, dass es Arne gelingen wird, das Ange-

[2] Auch als negativ empfundene Lerninhalte werden gelernt. Worin liegt der Unterschied?

[3] Beziehen Sie sich hierbei auch auf Manfred Spitzer?

bot so durchzuführen, wie er es geplant hat. Um so autoritär vorgehen zu können, wie er es vorhat, müssten die Kinder Angst vor ihm oder möglichen Konsequenzen haben, dass dürfte aber nicht der Fall sein und das ist auch gut so.[4]

[4] Dieser Aspekt hätte noch konkreter begründet werden können, z. B. entlang der Erkenntnisse von Spitzer und Hüther.

Im Sinne des Perspektivwechsels gehe ich davon aus, dass sich die Kinder sehr unwohl fühlen werden, das Angebot für sie langweilig ist, sie verunsichert sein könnten und unterfordert, sodass sie wahrscheinlich unruhig werden.
Arne möchte die Kinder extrinsisch motivieren, was aber nicht gut ist, da ihnen das Angebot selbst keinen Spaß machen wird.[5] Die Belohnung besteht darin, wenn alles gut gemacht wurde, nach Draußen gehen zu dürfen. Das Bastelangebot ist somit nur notwendiges Übel. Die Belohnung besteht darin, nicht mehr mitmachen zu müssen, das ist pädagogisch nicht sinnvoll. Das wirkt sich vermutlich auch negativ auf die Beziehungsarbeit aus. Es könnte sein, dass die Jungen Raymond und Urs gerne allein arbeiten, allerdings mag Raymond nicht basteln und hat auch gute Gründe dafür (Nachhaltigkeit). Es dürfte zwischen Raymond und Arne zu einem Wertekonflikt kommen: Anpassung vs. Nachhaltigkeit.
Gelingt einem Kind das Basteln nicht, oder hat es sich nach Arnes Einschätzung nicht genug Mühe gegeben, so möchte Arne, dass das Kind von vorne beginnt. Das verdeutlicht dem Kind nur, dass seine Arbeit nicht zufriedenstellend ist, wodurch es dann wieder zu Verunsicherungen kommen kann. Außerdem wird das Selbstbild negativ beeinflusst und es fehlt an Selbstwirksamkeitserfahrungen. Dies wirkt nicht motivierend, die Kinder werden freiwillig nicht mehr basteln wollen, da es sich mit einer negativen Erfahrung, mit negativen Emotionen verbindet. Die Kinder werden insoweit klassisch konditioniert (vgl.: Iwan Pawlow). Da die Kinder von Anfang an keine Lust haben, an dem Angebot teilzunehmen, werden sie sich freiwillig auch keine Mühe geben wollen. Da die Kinder wahrscheinlich auch noch keine gefestigte Beziehung zu Arne aufbauen konnten, werden sie es auch nicht gerne „ihm zuliebe" machen wollen, was ebenso ein unpädagogisches Motiv wäre.[6]
Arne geht nicht auf den Entwicklungsstand der Kinder ein. Er geht auch nicht auf ihre Interessen und Bedürfnisse ein. Er wird somit bestimmt auch nicht von den Kindern als kompetentere Person (vgl.: Wygotski) anerkannt. Es besteht insbesondere keine Intersubjektivität zwischen ihnen.[7]

[5] Können Sie dies noch tiefergehend begründen? Was wäre ein angemessenes Ziel in diesem Zusammenhang?

[6] Was konkret heißt „unpädagogisch" in diesem Zusammenhang?

[7] Zum Thema Intersubjektivität hätten Sie noch etwas mehr fachtheoretisches Wissen darlegen können.

Im Sinne von Carl Rogers ist Arne den Kindern gegenüber nicht bedingungslos wertschätzend, knüpft Wertschätzung an gute Arbeitsergebnisse. Er ist auch nicht empathisch, kann oder will sich nicht in die Perspektiven der Kinder einfühlen und eindenken.

Er berücksichtigt nicht, wer die Teilnehmer/-innen seines Angebots sind und ob das Angebot überhaupt zu den Bedürfnissen, Interessen und Bedarfen der Kinder passt.
Er zeigt keine Anzeichen für eine kritische Distanz zu seiner Planung, keine Reflexionsbereitschaft, keine Selbstkritik, keine Fach-/Sachkompetenz zur Schulvorbereitung, keine Methodenkompetenz um diese planvoll zu fördern.
Er vermittelt eine undemokratische Haltung, was auf keinen Fall sein darf, da es mit der humanistischen Haltung der sozialen Arbeit als Menschenrechtsprofession unvereinbar ist. Sein Vorgehen passt zur Erziehung im Kaiserreich, wo es darum ging, insbesondere Jungen auf ihre Rolle als Befehlsempfänger, als Arbeiter oder Soldat vorzubereiten. Diese Zeit ist aber vorbei. Er müsste sich vielmehr die fachlichen Grundlagen der Vorschularbeit aneignen, die in unserer Demokratie relevant sind. Arne handelt weder im politischen noch pädagogischen Sinne demokratisch. Er schützt nicht die Würde der Kinder (Art. 1 GG), hält nicht viel von persönlicher Freiheit (Art. 2 GG) oder Meinungs- und Kunstfreiheit (Art. 5 GG).[8]

[8] An welchen Beispielen aus der Lernsituation machen Sie Ihre Aussagen fest?

6.4.5 Handlungsempfehlungen 1

Die Klausuraufgabe lautete:
„Aufgabe 3: Legen Sie eine fachtheoretisch/fachthematisch begründete und fachpraktisch nachvollziehbare Planung für ein eigenes Bildungsangebot für die ‚Schul-Minis' dar."

Handlungsempfehlung

Angebotsplanung Bildungsangebot:
Um nach bestem Wissen und Gewissen dafür zu sorgen, dass das Angebot für alle als angenehm erlebt wird, werde ich die wissenschaftlichen Erkenntnisse von Carl Rogers, Abraham Maslow und Lew Wygotski bei der Angebotsplanung[1] berücksichtigen.

[1] Findet auch Ihr Fachwissen zum Themenkomplex Angebotsplanung Berücksichtigung?

Das Angebot für die Schul-Minis sollte die individuellen Bedürfnisse, Entwicklungsstände, Ressourcen und Interessen der Kinder berücksichtigen, damit sich diese sicher, zugehörig und kompetent erleben können. Das Angebot sollte nach didaktischen Prinzipien logisch aufgebaut sein.[2]

[2] Welche didaktischen Prinzipien sind das?

Da Arne Noj mit der Situation fachpraktisch und fachtheoretisch überfordert scheint, muss die Anleitung als „kompetentere Person" (vgl.: Wygotski) die Planung und Durchführung des Angebots intensiver begleiten. Mir erschließt sich nicht, was an dem Angebot pädagogisch sinnvoll sein sollte. Das würde ich ihm als Anleiter aber so nicht sagen. Ich würde ihn zum Perspektivwechsel anregen: „Was denkst du: Wie werden sich die Kinder fühlen, was werden sie denken, wie werden sie sich verhalten, wenn sie an deinem Angebot teilnehmen?"[3] Hiernach würde ich – sofern er es nicht selbst macht – ein Kind beispielhaft auswählen und die Fragen am konkreten Beispiel mit ihm durchgehen.

[3] Warum gehen Sie so vor? Warum bietet sich diese Methode des Perspektivwechsels an?

Da ihm die entsprechende Fachkompetenz fehlt, würde ich ihm als erstes die pädagogischen Grundhaltungen nach Carl Rogers vermitteln.[4]

[4] Ich finde Ihre Ausführungen richtig und wichtig, die Aufgabenstellung sieht aber auch vor, dass Sie die Planung für ein eigenes Bildungsangebot vorlegen!

Als erstes ist es wichtig, die Kinder systematisch zu beobachten, um den individuellen Entwicklungsstand zu ermitteln und ihr individuelles Entwicklungspotenzial zu erkennen. Außerdem sollten Informationen zur Lebenslage und Lebenswelt dokumentiert werden. Ich führe teilnehmende Beobachtungen durch. Ich baue eine Beziehung zu den Kindern auf.[5]

[5] Wie machen Sie das? Welches Wissen zum Thema Beziehungsaufbau könnten Sie ergänzen?

Die Entwicklungsstände, Entwicklungspotenziale und nächsten Entwicklungsschritte der Kinder, wie auch deren Bedürfnisse und Interessen fließen in meine Planung ein. Ergänzend dazu führe ich Gespräche mit Kollegen/Kolleginnen, den Kindern und Eltern.[6]

[6] Optimal wäre es, zu konkretisieren, welche Ziele mit den Gesprächen verbunden wären und wie Sie vorgehen würden. Welche Fragen würden Sie konkret stellen?

Angebotsplanung: Ich biete als erstes ein kooperatives Angebot an, um die Gruppendynamik und Gruppenphase positiv zu beeinflussen.[7]

[7] Was charakterisiert ein kooperatives Angebot? Was wissen Sie zum Thema Gruppendynamik und Gruppenphasen?

Solche Angebote unterstützen die Kinder in der Orientierungsphase. Mein Ziel ist es, Sicherheit und Zugehörigkeit zu vermitteln, eine für alle angenehme Situation und Selbstwirksamkeitserfahrungen.
Ich biete ein Angebot mit dem Schwungtuch für die Kinder an.[8]
Dauer: 10–20 Minuten
Gruppengröße: 11 Kinder
Begleitung durch mich und Arne Noj

[8] Warum wird durch das Schwungtuch die Gruppendynamik verbessert, warum die Gruppenphase optimal begleitet und warum werden die Kinder durch das Angebot individuell gefördert? Ist das Angebot geeignet als Vorschulangebot? Was soll im Rahmen der Vorschularbeit gefördert werden?

Raumgestaltung: Das Angebot findet idealerweise draußen oder alternativ im Bewegungsraum statt. Falls ein solcher Raum nicht vorhanden ist, muss es ein Raum sein, welcher genügend Platz zum Bewegen hat, ohne Verletzungsgefahr. Dies gilt auch für das Außengelände.[9]

[9] Welche Verletzungsgefahren meinen Sie? Was zeichnet einen idealen Bewegungsraum aus?

Da Schwungtücher ungefähr einen Durchmesser von 6 Metern haben, muss der Raum entsprechend groß sein. Außerdem ist es wichtig, dass der Raum so gewählt wird, dass andere Kinder bzw. Gruppen aufgrund der Lautstärke nicht gestört werden.

Material: Für das Angebot benötige ich ein Schwungtuch mit mindestens 12 Halteschlaufen und eine Hupe. Außerdem notiere ich mir Merkmale auf einem Zettel, die mehr oder weniger Kinder gemeinsam haben: Schuhgröße, Augen-/Haarfarbe, Anzahl der Geschwister etc.

Spielanleitung: Die Kinder stellen sich vor die Griffe des Schwungtuchs. Alle Kinder haben annähernd den gleichen Abstand zueinander. Da es beim Spielen sehr laut zugehen dürfte, müssen alle Regeln vorher abgestimmt werden. Ich erkläre, dass, wenn die Hupe ertönt, alle leise sein müssen, damit mich alle hören können und ich die nächste Aufgabe stellen kann. Alle müssen den Griff vom Schwungtuch während des Spiels festhalten und hoch und runter bewegen. Dass Schwungtuch soll immer in Bewegung sein. Wie stark jemand schwingt, ist egal. Es geht darum, möglichst schnell und wild zu schwingen. [10]

[10] Hier besteht ein Widerspruch.

Wenn die Hupe ertönt, rufe ich in den ersten Runden bestimmte Merkmale, die einige Kinder gemeinsam haben. Dann schwingen alle das Schwungtuch nach oben, sodass sich der Stoff aufbäumt und langsam wieder runtergleitet. Alle, die dieses Merkmal haben, laufen zur nächsten frei gewordenen Stelle unter dem Schwungtuch durch und nehmen einen anderen freigewordenen Griff. Die Kinder dürfen sich beim Durchlaufen nicht berühren. [11]

[11] Was passiert, wenn sie sich berühren?

Es bietet sich an, erst Merkmale zu verwenden, die auf weniger Kinder zutreffen und langsam zu steigern, damit erstmal alle das Spiel in Ruhe nachvollziehen können. In der ersten Runde tauschen alle den Platz, die Geschwister haben. Dann:
- alle, die helle Socken tragen,
- alle, die dunkle Socken tragen.

Bei den Merkmalen geht es auch darum, dass sich die Kinder beobachten und kennenlernen. Ich würde Aspekte nehmen, die nach dem Spiel Gesprächsanlässe sein könnten. Deswegen sollte man durchaus Merkmale nehmen, die den anderen nicht unbedingt bekannt sind, die Neugier provozieren und Kommunikation anregen:
- alle, die einen oder mehr Brüder haben,
- alle, die einen oder mehr Schwestern haben,
- alle, die ein Haustier haben,
- alle, die nicht in Deutschland geboren wurden,
- alle, die gerne in den Zoo gehen.

Um am Ende dafür zu sorgen, dass alle laufen müssen, um ein Gemeinschaftserlebnis zu erzeugen, sollte ein entsprechendes Merkmal benannt werden, bspw.:
- alle, die zu den Schul-Minis gehören.

Es sollten Merkmale benannt werden, die auf mindestens 2 Kinder zutreffen und solche, die auf alle zutreffen, sodass niemand ausgeschlossen wird.

Ziele: Es geht darum, gemeinsam etwas zu tun, was möglichst allen Spaß macht. Kooperative Bewegungsangebote bieten sich für diese Altersgruppe an. Beim Spielen soll Körperkontakt vermieden werden, um allen Kindern Sicherheit zu vermitteln. Selbst- und Sozialkompetenz, Rücksichtnahme und Gemeinschaftsfähigkeit stehen im besonderen Fokus. [12]

[12] Die fachlichen Standards zur Zieldefinition (vgl. SMART/NLP) finden keine Berücksichtigung. Außerdem sollten Grob- und Feinziele definiert werden. Die Auflistung der Ziele ist zwar sinnvoll, aber erfolgt nicht systematisch. Außerdem sollten Ziele für die einzelnen Kinder definiert werden und sich bspw. an der individuellen „Zone der proximalen Entwicklung" orientieren.

Die Kinder sollen sich entlang der benannten Merkmale besser kennenlernen. Es sollen Gemeinsamkeiten erkannt werden, da bisher nur Unterschiede hervorgehoben wurden. Die Kinder bauen durch die Bewegung Stress ab. [13]

[13] Welcher konkrete Zusammenhang besteht zwischen Stress und Bewegung? Es fehlt leider der fachliche Bezug zur Vorschularbeit. Was soll Vorschularbeit leisten/fördern? Wie werden die Kinder durch das Angebot auf die Schule vorbereitet? Inwieweit geht das Angebot auf die Gruppenphase ein?

Erläuterung: Das Spiel ist vor allem für die beiden Subgruppen der Jungen und Mädchen gut geeignet, da deren Bedürfnis nach Bewegung aufgegriffen wird. Außerdem sind Bewegungsangebote aus vielerlei Gründen für diese Altersgruppe sinnvoll. [14]

[14] Welche Gründe meinen Sie?

Die Subgruppen stehen nicht so geschlossen zusammen, wie sonst im Alltag. Die Gruppe mischt sich und das Schwungtuch symbolisiert die Gemeinsamkeit. [15]

[15] Es wird nicht deutlich: Welche Rolle soll Arne spielen? Widmen Sie sich unbedingt noch einmal dem Thema Vorschularbeit, Gruppenphasen (oder Gruppendynamik) und Angebotsplanung. Fachthematisches und fachtheoretisches Wissen findet kaum Anwendung.

6.4.6 Handlungsempfehlungen 2

Die Klausuraufgabe lautete:
„Aufgabe 4: Legen Sie eine fachtheoretisch/fachthematisch begründete und fachpraktisch nachvollziehbare Planung für ein eigenes Bildungsangebot für die ‚Schul-Minis' dar."

Handlungsempfehlung

In dem folgenden Text lege ich fachtheoretisch begründet und fachpraktisch nachvollziehbar die Planung für ein eigenes Bildungsangebot für die „Schul-Minis" dar.
Durch regelmäßige, systematische, teilnehmende und nichtteilnehmende Beobachtungen und den Austausch mit den Kollegen/Kolleginnen kenne ich den Entwicklungsstand der einzelnen Kinder und der Gruppe.
Die Gruppe ist trotz der Altershomogenität sehr heterogen zusammengesetzt. Die Kinder sind alle besonders mit ihren sehr unterschiedlichen Bedürfnissen, Interessen und Bedarfen. Es bestehen ein paar Konflikte aufgrund der Tatsache, dass keine Intersubjektivität zwischen den Kindern besteht. Sie irritieren und verunsichern sich wechselseitig und können sich somit nicht als Gruppe fühlen. [1]

[1] Aus welchem Grund ist es pädagogisch wichtig, dass sich die Kinder „als Gruppe fühlen" können?

Damit sich die Kinder kennenlernen, sollte insbesondere die Gruppendynamik pädagogisch positiv beeinflusst werden.

<u>Mein erstes Angebot wird der „Gordische Knoten" sein.</u>
Das Spiel ist sehr bekannt und beliebt, um die Gruppendynamik positiv zu beeinflussen. Das kooperative Spiel basiert darauf, miteinander zu kommunizieren und gemeinsam nach Lösungen für das Entknoten zu suchen. Somit fördert das Spiel gemäß dem SGB VIII §1 die Gemeinschaftsfähigkeit. Außerdem berücksichtige ich die Erkenntnisse von Gerald Hüther, dass sich Lernen bestmöglich durch das Problemlösen vollzieht. Als Anleiter/-in des Spiels sollte man so wenig wie möglich und nur so viel wie nötig eingreifen, damit sich die Kinder selbstwirksam erleben können. Das ist möglich, da die meisten Kinder das Spiel kennen dürften. [2]
Ich beginne erst mit der Darstellung und Erläuterung der drei Phasen eines Angebots: Einstieg, Hauptteil und Abschluss.

[2] Handelt es sich wirklich um ein altersangemessenes Angebot? Ich erkenne einiges, was „schiefgehen" könnte. Sie auch? Und wenn ja, wie würden Sie damit umgehen?

<u>Grobziel:</u> Die Kinder der Schul-Mini-Gruppe handeln gemeinschaftsfähig und eigenverantwortlich. [3]

[3] Was passiert, wenn sie es nicht tun?

Die Kinder lösen den Knoten und erfahren sich als selbstwirksam und kompetent. Ich unterstütze die Kinder nur in Ausnahmefällen, wenn die Kinder nicht ohne Hilfe weiterkommen.

<u>Richtziele:</u>
1. Die Kinder der Schul-Mini-Gruppe sollen sich kennenlernen (Orientierungsphase).[4]

[4] Inwieweit verfolgen Sie dieses Ziel durch Ihr Angebot?

2. Die Kinder der Schul-Mini-Gruppe sollen ihre Rolle in der Gruppe finden und wertschätzend miteinander umgehen (Machtkampfphase).[5]

[5] Es fehlen konkretisierende Feinziele ...

<u>Räumliche Bedingungen:</u> Das Spiel wird optimaler Weise draußen gespielt. Im Innenbereich benötigt man entsprechend viel Platz.
<u>Einstieg:</u> In der Einstiegsphase muss ich einen motivierenden Impuls setzen, die Aufmerksamkeit auf mich lenken, Neugierde provozieren. Ich werde die Kinder im Sitzkreis auf dem Boden zusammenbringen, damit sich alle sehen können und mich alle Kinder sehen können. Außerdem ist es wahrscheinlich für die meisten am gemütlichsten, so zusammenzusitzen.
Ich zeige den Kindern ein großes Bild, auf dem Kinder zu sehen sind, die den „Gordischen Knoten" spielen. Ich frage in die Runde: „Was seht ihr auf dem Bild?" Die Kinder sind herausgefordert, ihre Beobachtung zu verbalisieren. Danach frage ich: „Was spielen die Kinder auf dem Bild?" Sie sollen ihre Beobachtungen vor dem Hintergrund ihrer Vorerfahrung und ihres Vorwissens interpretieren.
Danach frage ich: „Was denkt ihr, wie sich die Kinder auf dem Bild fühlen?" Hierbei geht es darum, dass die Kinder Gefühle erkennen und verbalisieren, dies fördert die Selbst- und Sozialkompetenz.
Nur die Kinder, die sich äußern wollen, antworten, niemand wird gezwungen. Dies soll dafür sorgen, dass sich alle sicher fühlen können (vgl.: Maslow) und aus intrinsischer Motivation heraus handeln.
Dieses Vorgehen fördert die kognitive Auseinandersetzung (Bildung). Das gemeinsame Thema ist der gemeinsame Bezugspunkt, auf den sich alle beziehen können. Durch die Auseinandersetzung provoziere ich Neugier und Austausch.[6]

[6] Sie beschreiben nachvollziehbar. An einigen Stellen fehlen fachlichere Begründungen. Wie berücksichtigen Sie beispielsweise die didaktischen Prinzipien?

Vorab führe ich die Regel ein, dass sich die Kinder melden sollen, bevor sie etwas sagen möchten, „genau wie in der Schule". Ich stelle dadurch den Bezug zur Schule her.
Hiernach erkläre ich: „Ich möchte sehr gerne mit euch dieses Spiel spielen, da ich davon ausgehe, dass es auch euch gefallen könnte. Ich habe es schon ganz oft gespielt und mir macht es großen Spaß!"
Ich achte darauf, dass meine Gestik, Mimik und Körperhaltung zum Inhalt meiner Nachricht passt. Ich beachte hierbei das Vier-Ohren-Modell nach Friedemann Schulz von Thun.[7]

[7] Es wird nicht dargestellt, wie Ihnen dieses Modell helfen kann. Der Zusammenhang wird zu oberflächlich angedeutet.

Ich versuche kongruent, empathisch und wertschätzend aufzutreten. Ich spreche die Kinder mit ihrem Namen an und bedanke mich für ihre Wortbeiträge. Im Sinne der doppelten Vermittlung verhalte ich mich so, wie ich es mir auch von ihnen wünsche. Das ist eine gute Methode, auch wegen der Spiegelneuronen. [8]

[8] Sie sollten zwingend etwas mehr Fachwissen zu den Spiegelneuronen darstellen, damit der Zusammenhang deutlich wird.

Dann erkläre ich das Spiel und den Ablauf, in erster Linie, um Sicherheit und Intersubjektivität zu vermitteln. Ich bitte die Kinder: „Ich wünsche mir, dass ihr sehr vorsichtig miteinander umgeht, dass ihr Rücksicht aufeinander nehmt, damit es für alle ein lustiges Spiel wird. Niemand soll angeschrien, beschimpft oder geschubst werden. Ihr sollt euch unterstützen, damit wir gemeinsam diese Aufgabe erfolgreich meistern. Ihr schafft das, ich glaube an euch: Tschakka!" Ich appelliere damit an ihr Über-Ich (Freud) und provoziere einen Perspektivwechsel. Ich stelle den Kindern eine lösbare Herausforderung, das Spiel hat insoweit Wettkampfcharakter, was einige zusätzlich motivieren dürfte. Wenn die Kinder nicht schon intrinsisch motiviert sind, versuche ich, sie extrinsisch zu motivieren. Da es aber nicht um Konkurrenz geht, dürfte es niemanden unter Druck setzen oder stressen. [9]

[9] Welche Spielarten kennen Sie? Handelt es sich um ein Problemlöse-Spiel?

Bereits vor dem Spiel spreche ich die Jungen Urs und Raymond einzeln an und teile ihnen mit, dass ich mich freuen würde, wenn sie an dem Spiel teilnehmen würden. Ich werde es ihnen vorab bereits erklären und fragen, ob sie mitmachen würden. Ich hole mir somit ihr Einverständnis vorab ein. [10]

[10] Wie gehen Sie damit um, wenn die beiden nicht mitmachen möchten? Warum ist dieses Vorgehen pädagogisch sinnvoll?

Hauptteil: Ich bitte die Kinder, aufzustehen, die beiden Arme nach vorne zu strecken, die Augen zu schließen und langsam nach vorne in die Kreismitte zu gehen. Vorsichtig sollen sie mit jeder Hand eine andere Hand ertasten, die sie dann anfassen. Wer zwei Hände hat, darf die Augen öffnen, sodass ich sehe, wer noch keine zwei Hände hat.

Ziel des Spiels ist es, ohne die Hände loszulassen, sich zu entknoten, sodass ein großer Kreis oder mehrere kleinere Kreis entstehen. Während des Entknotens unterstütze ich die Kinder, spreche ihnen Mut zu, gebe Hilfestellung und Tipps, wo dies erforderlich ist.

Da das An-die-Hand-Nehmen für einige noch unangenehm sein könnte (dies müsste ich vorab überlegen), bietet sich alternativ an, Gummiringe oder kurze Seile zu verwenden.

Wenn die Kinder Spaß an diesem Spiel haben, würde ich es ein zweites Mal durchführen. Wenn die Kinder das Spiel sicher beherrschen, wäre eine sinnvolle Variante, dass die Kinder beim Entknoten nicht sprechen dürfen. [11]

[11] Begründung fehlt. Pädagogisches Ziel?

Wenn die Kinder verknotet sind, mache ich ein Foto, dass ich zum Einstieg für das nächste Treffen mitbringe. Hierdurch aktiviere ich ihre Erinnerung auf emotionale Weise. Ich kann hieran auf unterschiedliche Weise anknüpfen.

Abschluss: Danach setzen wir uns wieder in den Sitzkreis. Ich frage die Kinder, was ihnen gut gefallen hat, und deute auf den Daumen. Dazu können sich die Kinder melden und etwas sagen. Danach frage ich: „Wem von euch – außer euch selbst – hat das Spiel wohl am meisten Spaß gemacht und woran habt ihr das gemerkt?" Hierdurch möchte ich einen Perspektivwechsel provozieren und den Fokus darauf setzen, dass sie auch zukünftig stärker aufeinander achten. Ich bleibe beim positiven Fokus. Dann würde ich die Kinder fragen, ob sie noch andere Spiele kennen, die man gut gemeinsam spielen kann, ohne dass man sich streiten muss. [12]

Am Ende bedanke ich mich dafür, dass sie so toll mitgemacht haben, für ihre Rückmeldungen und Vorschläge. Abschließend würde ich einen gemeinsamen Abschluss ritualisieren. Wir stellen uns in den Kreis, eng beieinander, legen die linke Hand aufeinander und rufen „Schul-Minis: Tschakka!", während wir die Hand nach oben reißen. Ein ähnliches, verbindendes Ritual kenne ich aus meinem Sportverein und dieses Ritual fördert dort sehr unsere Gruppenidentität und den Zusammenhalt.

[12] Wie soll es mit diesen Vorschlägen weitergehen? Haben Sie hierzu Ideen?

6.4.7 Handlungsempfehlungen 3

Die Klausuraufgabe lautete:
„Aufgabe 4: Legen Sie eine fachtheoretisch/fachthematisch begründete und fachpraktisch nachvollziehbare Planung für ein eigenes Bildungsangebot für die ‚Schul-Minis' dar."

Handlungsempfehlung

Im Sinne der Partizipation, Inklusion und Lebensweltorientierung sollte man bei Angeboten darauf achten, dass die Kinder kreative Freiräume haben. Sie sollten, auch wenn das Angebot zuerst extrinsisch motiviert ist, intrinsisch motiviert sein, eine explorative Lernerfahrungen machen und Selbstwirksamkeit erfahren. Deswegen werde ich ein offenes Angebot planen. [1]

[1] Sie sollten immer Ihr fachtheoretisches/fachthematisches Wissen einbringen, in diesem Fall: Was charakterisiert ein offenes Angebot? Welche Vor-/Nachteile haben offene Angebote?

Die Kinder sollten sich mit ihren Themen und Interessen einbringen können. Dies sorgt dafür, dass die Kinder gerne an dem Angebot teilnehmen, dass das angestrebte Verhalten (Basteln) positiv verstärkt wird (vgl.: Skinner).

Um für und mit den Schul-Minis ein Angebot zu planen, sollte man die Kinder und die Gruppendynamik erst einmal beob-

achten und analysieren. Die Gruppe befindet sich wahrscheinlich in der Stormingphase und die Kinder versuchen, ihre Rolle zu finden, mit der sie anerkannt werden. In dieser Phase sind Auseinandersetzungen und Konflikte ganz normal. Wichtig wäre es, in dieser Phase Gemeinsamkeiten herauszuarbeiten, da die Kinder derzeit nur im Fokus haben, was sie von den anderen Kindern unterscheidet.
Bei der Planung geht es darum, sich zu überlegen, welche pädagogischen Ziele mit dem Angebot erreicht werden sollen. Damit man die Wirksamkeit und Zielerreichung überprüfen kann, sollten die Ziele SMART formuliert sein.
Mein Richtziel (aber auch Grobziel) ist es, die Gruppendynamik positiv zu beeinflussen. Dieses Ziel ist nicht SMART und wenig konkret, deswegen konkretisiere ich, woran ich später erkennen kann, dass dieses Ziel erreicht wurde. Ich muss also beschreiben: Woran erkennt man eine positive Gruppendynamik?
Ich werde ein Spiel mit dem Schwungtuch anleiten.
Grobziele: Augen-Hand-Koordination, Gemeinschaftsfähigkeit, kooperatives Vorgehen, Spaß in und mit der Gruppe erleben, Impulskontrolle.
Material: Schwungtuch mit 16 Griffen, Wasserball, Smartphone und Bluetooth-Boxen, Stoppuhr-App, Meeresrauschen für die Atmosphäre, blaue Glühbirne, Bilder in A3-Format von Neptun, Poseidon, Aquaman und Arielle.
Erläuterung: Ich lege besonderen Wert auf die Raumgestaltung, da ich den Raum im Sinne der Reggio-Pädagogik als „dritten Erzieher" nutzen möchte. Die Raumgestaltung vermittelt Wertschätzung und eine angenehme Atmosphäre beeinfluss auch die Stimmung der Kinder positiv. Außerdem werden sie im positiven Sinne überrascht, da die Raumgestaltung immer etwas Besonderes darstellt. [2]

[2] Sie gehen nicht auf die räumlichen Rahmenbedingungen ein, gehen scheinbar davon aus, dass ein so großer Raum vorhanden ist.

Spielanleitung: Es geht darum, den Wasserball möglichst oft oben auf dem Schwungtuch kreisen zu lassen und dafür zu sorgen, dass er nicht vom Schwungtuch fällt. Hierzu erzähle ich vorab eine kleine einleitende Geschichte. Ich stoppe die Zeit: Das Ziel ist, den Ball möglichst lange auf dem Schwungtuch kreisen zu lassen. [3]

[3] Handelt es sich um ein altersangemessenes Vorschulangebot?

Einleitende Geschichte: „Der kleine Wasserball Karl war eines Tages am Strand vergessen worden. Er wehte hinaus aufs offene Meer. Die Wellen brachten ihn zum Tanzen, er war sehr glücklich, ja, ja, sehr glücklich. Er wollte nicht zurück an Land, da er Angst hatte, von spitzen Steinen verletzt zu werden. Also rief er Neptun, den römischen Gott des Wassers, und Poseidon, den griechischen Gott des Wassers herbei. Beide kamen zum Wasserball und auch Aquaman und Arielle waren dabei. „Lasst mich auf den Wellen tanzen, aber sorgt dafür, dass ich nicht an Land muss", bat Karl der Wasserball die Meereswesen. „Kein Problem", rief Arielle. „Klar!", entgegnete Aquaman.

Die Planung strukturiere ich wie folgt: 1. Vorbereitungsphase, 2. Hinführungs- und Motivationsphase, 3. Ausklang und 4. Reflexionsphase.
Vorbereitungsphase: Ich wechsle die Glühbirne aus, mache die Meeresgeräusche an. Ich positioniere die Bilder in der Mitte des Raumes. Um die gestaltete Mitte lege ich 12 Sitzkissen: 11 für die Kinder und eines für mich. Damit sorge ich dafür, dass sich alle wohl fühlen. Ich möchte eine ruhige Atmosphäre herstellen. [4]

Hinführungs-/Motivationsphase: Ich rufe die Kinder zusammen und wir setzen uns in den Kreis. Ich gehe davon aus, dass die Kinder positiv überrascht und neugierig reagieren werden. [5]

In der Mitte liegt der Wasserball, auf den ich ein Smiley-Gesicht gemalt habe. Auch das Schwungtuch – noch zusammengelegt – und die Bilder von Neptun, Poseidon, Aquaman und Arielle liegen in der Mitte, sodass alle sie sehen können. Diese Gegenstände dienen als Gesprächsanlass und Hinweis auf das Spiel. Einleitend frage ich: „Wer von euch war schon mal am Meer?"
Dann frage ich die Kinder: „Kennt ihr die Personen auf den Bildern?"
Einige werden bestimmt lachen, da eines der Mädchen aus der Schul-Mini-Gruppe auch Arielle heißt. [6]

Lernen vollzieht sich nach Gerald Hüther durch das herausfordernde Problemlösen. Ich erkläre wer die Personen auf den Bildern sind. Dann frage ich: „Guckt euch mal an, was noch in der Mitte liegt. Was denkt ihr, was wir heute machen?"
Dann erzähle ich, was wir machen werden, erzähle die vorbereitete Geschichte und erkläre die Spielregeln. Ich leite über mit einem motivierenden: „Los geht's!" [7]

Durchführung Hauptteil: Ich gebe jedem Kind einen Griff des Schwungtuches in die Hand. Dann bitte ich alle, aufzustehen. Danach stelle ich ihnen Karl, den Wasserball, vor. Ich nehme mir auch einen Griff des Schwungtuches und beeinflusse dadurch die Dynamik des Spiels. Ich definiere mich als Teil der Gemeinschaft und bitte auch Arne Noj, auf der anderen Seite des Schwungtuches mitzumachen.
Ausklang: Je nachdem, wie gut es gelingt, den Ball auf dem Tuch zu halten, spielen wir mehrere Runden, wobei das Spiel insgesamt nicht länger als 15 Minuten dauern sollte: „Man soll aufhören, wenn es am Schönsten ist."

[4] Die Gruppe ist sehr unruhig. Was können Sie noch tun, um für „Ruhe und Ordnung" zu sorgen?

[5] Wie kommen Sie zu dieser Einschätzung? Gibt es Anknüpfungspunkte zu den Interessen oder Bedürfnissen der Kinder? Werden die Kinder Lust haben, etwas gemeinsam zu machen?

[6] Könnte dies möglicherweise problematisch sein, für den weiteren Verlauf und für das Mädchen?

[7] Welche Regeln würden Sie wie einführen und wie sorgen Sie dafür, dass sich die Kinder an die Regeln halten?

Ich beende mit: „Wir haben Karl gerettet! Juhu!"
Dann spreche ich einzelne Kinder an und übertrage ihnen eine kleine Aufgabe, die zum Aufräumen beiträgt, bspw.:

- „Urs und Raymond, faltet ihr bitte das Schwungtuch zusammen."
- „Anouk und Vasili, stellt ihr die Bilder dort in die Ecke?"

Während des Aufräumens lasse ich die Meeresgeräusche noch laufen.
Dann bitte ich alle, sich in den Kreis zu setzen und mache die Geräusche aus.
Ich bitte die Kinder, zu sagen, wie ihnen das Angebot gefallen hat.
Sollte es den meisten gefallen haben, frage ich nach Spielvariationen für die nächste Woche und notiere mir die Ideen der Kinder.[8] Sollte ein Kind wollen, würde ich erklären, dass es nächste Woche die Spielvariante anleiten kann.

[8] Wie gehen Sie vor, wenn es nicht klappt, wenn es ihnen nicht gefallen hat? Sie sollten Worst-Case-Szenarien bei dieser Gruppe einplanen, wie auch mögliche „Stolpersteine" berücksichtigen.

Reflexionsphase: Die Rückmeldungen der Kinder bieten eine Möglichkeit, das Angebot zu reflektieren. Ich werde mich mit Arne zusammensetzen und mit der 5-Finger-Methode den Spielverlauf reflektieren. Daumen: Was lief sehr gut? Zeigefinger: Darauf möchte ich hinweisen! Mittelfinger: Das lief nicht so gut! Ringfinger: Wie gestaltete sich die Zusammenarbeit? Kleiner Finger: Was ist zu kurz gekommen? Worauf sollte ich mehr achten? (Zu dieser Methode gibt es unterschiedliche Varianten).
Ich würde Arne zu jedem Punkt erstmal reden lassen, selbstverständlich mit einer vorherigen Bedenkzeit von ca. 10 Minuten, sodass er sich vorbereiten kann.[9]
Wir überlegen am Ende gemeinsam, inwieweit die Ziele erreicht wurden, und welche Erkenntnisse wir für die nächste Planung berücksichtigen sollten. Ich lasse Arne die Ergebnisse der Reflexion als Protokoll festhalten.[10]

[9] Was wollen sie mittel- und langfristig bei den Kindern fördern? Was wären wichtige Aspekte der Vorschularbeit?

[10] Inwieweit fördern Sie die Kinder individuell und im Hinblick auf die Gruppenphase?

6.5 Lernsituation „Krawall und Remmidemmi“

6.5.1 Fachthemen und Fachtheorien

→ Siehe Lernsituation „Krawall und Remmidemmi“, Seite 38

In der Lernsituation finden sich, wie in der sozialpädagogischen Praxis, vielfältige Theorie- und Themenbezüge. Im Sinne der Handlungskompetenz stellt sich die Frage, ob Sie Themen- und Theoriebezüge erkennen und wenn ja, wie viele. Die erste Aufgabe in einem schriftlichen Leistungsnachweis könnte lauten:
Erstellen Sie eine Mindmap zu Themen und Theorien, die in der Lernsituation angedeutet werden.

Aus der Lernsituation „Krawall und Remmidemmi“ lassen sich **weitere Aufgabenstellungen** ableiten. Zu ihrer eigenen fachlichen Vertiefung können Sie sich mit ausgewählten Fragen intensiver auseinandersetzen und überlegen, wie Sie diese Aufgaben (schriftlich oder mündlich) beantworten würden. Sie können sich hierzu auch in Kleingruppen austauschen:

Legen Sie Ihr Wissen zum Fachkonzept der Sozialraumorientierung (bspw. nach Prof. Dr. Wolfgang Hinte) dar.
Legen Sie Ihr Wissen zur Tätigkeit von Schulassistenten/-assistentinnen, Schulbegleiter/-innen und Schulsozialarbeiter/-innen dar.
Erörtern Sie die Bedeutung von Hausaufgaben.
Was charakterisiert die Altersgruppe der Grundschüler aus entwicklungspsychologischer Perspektive?
Welche Motive und entwicklungspsychologischen Gründe erklären das Phänomen der motorischen Unruhe?
Legen Sie Ihr fachtheoretisches Wissen zum Themenkomplex Konzentration und Motivation unter Berücksichtigung der Altersgruppe dar.
Wie lässt sich die kindliche Faszination am Smartphone (medien-)psychologisch erklären?
Wie lässt sich psychologisch erklären, warum Menschen andere Menschen abwerten?
Erklären Sie die Funktion und Wirksamkeit von Strafen mithilfe der operanten Konditionierung nach B. F. Skinner.
Formulieren Sie fachtheoretisch begründet Handlungsempfehlungen für Eltern, wie sie ihre Kinder schulisch unterstützen sollten.
Welche Faktoren beeinflussen den Lernerfolg von Kindern (nach Manfred Spitzer)?
Welche Wirkung haben Noten aus psychologischer Perspektive?
Wie wirken sich Emotionen und Gefühle auf den Lernprozess aus?
Wie wirkt sich Stress auf Lernprozesse aus?
Wodurch zeichnet sich eine gute Eltern-Kind-Beziehung aus?
Welchen Einfluss haben Eltern auf das schulische Lernverhalten? Was wirkt sich lernförderlich, was wirkt sich lernhinderlich aus?
Wie lässt sich erklären, dass sich einige Kinder normkonform und andere normabweichend verhalten? Was begünstigt normkonformes und normabweichendes Verhalten in der Schule?
Wie sollten Lehrkräfte mit normabweichendem Verhalten von Kindern in der Grundschule (nicht) umgehen?
Welche Erziehungsstile gibt es und wie wirken sich diese auf die Entwicklung von Kindern aus?
Wie wirken sich Strafen und Belohnungen auf den Entwicklungs- und Lernprozess von Kindern aus?
Wie lassen sich Unterrichtsstörungen definieren und erklären?
Wie sollten Lehrkräfte/sozialpädagogische Fachkräfte mit Störungen umgehen?
Welche Kriterien charakterisieren eine professionelle Elternarbeit?

6.5.2 Klausur-Variante 1 (Analyse)

HINWEIS ZU DEN „BEISPIELLÖSUNGEN" (KLAUSUREN MIT LEHRERKOMMENTAREN)

Liebe Lernende, Sie wollen wissen, wie andere Studierende die Lernsituationen von → Kapitel 5 bearbeitet haben? Um von deren Kompetenzen und/oder Fehlern zu lernen? Und gerne wüssten Sie auch, wie deren Lehrkräfte diese Klausuren oder Prüfungen bewertet bzw. mit Feedback kommentiert haben? Voila!
Behalten Sie dabei im Kopf, dass es keine definitiv richtige „Lösung" geben kann, da die fachtheoretischen Analysen und fachpraktischen Handlungsempfehlungen in der Praxis unendlich viele Varianten zulassen – abhängig vom Sozialraum, den Lebenswelten, dem pädagogischen Ansatz, den Themen und Theorien, die genutzt werden.

Die Klausuraufgabe lautete:
„Aufgabe 3: Analysieren Sie die Lernsituation vor dem Hintergrund Ihres fachtheoretischen/fachthematischen Wissens."

Analyse

Nachfolgend analysiere ich die Situation in der Klasse 3a vor dem Hintergrund meines fachtheoretischen Wissens. [1]

[1] Welche Fachtheorien und Fachthemen verwenden Sie als Grundlage Ihrer Analyse?

Frau Michaeli agiert nicht nach den pädagogischen Grundhaltungen nach Carl Rogers. Die Art und Weise, wie sie ihren Eindruck von der Klasse schildert, lässt erkennen, dass sie weder wertschätzend, noch empathisch und insoweit auch nicht kongruent mit den Kindern umgeht. [2]

[2] Stellen Sie dies differenzierter dar. Woran erkennen Sie, dass Frau Michaeli die pädagogischen Grundhaltungen nicht umsetzt?

Nicht nur, dass sie nach den Prinzipien der autoritären Erziehung vorgeht (vgl.: Kurt Lewin), sie fordert auch die Eltern von Nelson auf, autoritär zu erziehen.
Sie handelt insoweit übergriffig, als dass dies mit dem Artikel 6 des Grundgesetzes nicht vereinbar und pädagogisch auch nicht sinnvoll ist. Ob bewusst oder unbewusst, sie scheint eine Anhängerin der sogenannten schwarzen Pädagogik zu sein. Sie setzt ihre Ansichten absolut, lässt keine anderen zu, vollzieht somit auch keine Perspektivwechsel. Sie lebt nicht vor, wie man gemeinschaftsfähig miteinander umgeht (vgl.: SGB VIII), fördert somit auch nicht die Sozialkompetenz der Kinder.
Der autoritäre Umgang beeinflusst das Selbstbild der Kinder negativ, verunsichert die Kinder, die aufgrund ihres Verhaltens nicht anerkannt werden und sich somit auch nicht als zugehörig erleben können (vgl.: Maslow). [3]

[3] In diesem Abschnitt deuten Sie sehr viele Theorien und Themen an, ohne aber konkreter fachtheoretisches Wissen darzustellen oder differenziert für die Analyse zu nutzen. Sie sollten sich auch konkret auf die Lernsituation beziehen.

Es mangelt Frau Michaeli an Selbstkompetenz, da es ihr nur eingeschränkt gelingt, ihre Emotionen, Gedanken und ihr Verhalten zu reflektieren und zu regulieren.

Nelson (10;1 Jahre) wird dadurch verunsichert, da er das Gefühl vermittelt bekommt, ein Problem zu sein, dadurch, dass er sich auf eine Art und Weise verhalten soll, wie er es nicht kann. Er ist somit mit sich und seiner sozialen Umwelt überfordert. Nelson, die anderen Kinder und die Lehrkräfte verunsichern sich wechselseitig. Frau Michaeli verfügt nicht über die nötige Emotionsregulation und Impulskontrolle, scheint insoweit überfordert, da ihr die Handlungskompetenz fehlt, mit Nelson adressatengerecht, lösungsorientiert und situationsangemessen umzugehen. Der Mangel an Sicherheit und Zugehörigkeit wirkt sich negativ auf Nelsons Selbstbild, Selbstbewusstsein, auf sein Verhalten, seine Emotionen und Gedanken aus, was „das Problem" noch vergrößert. Sie reflektiert nicht ihr Verhalten und lässt sich auch nicht beraten. Es besteht aber nicht nur ein Mangel an Selbst- und Sozialkompetenz. Sie kann das Verhalten auch nicht fachlich einordnen (Fachkompetenz) und kann nicht auf Methoden zurückgreifen, um mit der Situation konstruktiv umzugehen. Sie geht weder zielgeleitet noch planvoll vor, kommt somit nicht ihrem Erziehungsauftrag nach. [4]

[4] Auch an dieser Stelle sollten Sie versuchen, sich mehr auf die fachtheoretischen Grundlagen zu konzentrieren. Es werden Ursachen-Wirkungs-Zusammenhänge dargestellt, teilweise aber etwas ungenau. Sie bewerten teilweise, sollten aber analysieren!

Es handelt sich um eine sehr heterogene Lerngruppe. Die Bedarfe, Bedürfnisse und Interessen der Kinder unterscheiden sich sehr stark.
Sarah (9;3 Jahre) handelt nicht gemeinschaftsfähig (vgl.: SGB VIII §1). Ihr fehlt die Toleranz, zu ertragen, dass andere langsamer arbeiten als sie. Ihr fehlt auch Selbstkompetenz: die Fähigkeit ihre Impulse und Emotionen zu regulieren (Zeile 29 ff.). Ihr Reinrufen lässt ebenfalls erkennen, dass sie ihren Impulsen folgt. Nach dem Instanzenmodell von Freud ist ihr ES sehr stark ausgeprägt, aber auch ihre verinnerlichten Normvorstellungen im Über-Ich. Da sie nicht darüber nachdenkt, was ihr Verhalten bewirkt, welche Konsequenzen sich aus diesem ergeben, handelt sie nach ihrem ES.
Sie handelt nicht sozialkompetent, kann nicht mit anderen Mitschüler/-innen empathisch mitfühlen. Außerdem hilft sie anderen nicht, obwohl sie es wahrscheinlich könnte. Sie wertet sich dadurch auf, dass sie andere abwertet, was darauf hindeutet, dass sie nicht so selbstbewusst ist, wie es auf den ersten Blick scheint. [5]

[5] Ein Theorieverweis wäre optimal.

Außerdem leidet Sarah scheinbar an seelischen Stressoren, hat Angst, nicht genug zu lernen. Sie scheint kognitiv unterfordert und sozial überfordert zu sein und weiß nicht, wie sie mit der Situation und den anderen Kindern konstruktiv umgehen soll. Es fehlt an dieser Stelle eine kompetentere Person, die ihr hilft. [6]

[6] Wobei soll diese helfen? Welche Theorie deuten Sie an?

Seelische und soziale Stressoren entstehen scheinbar durch den Druck der Mutter.

Auch Han (10;1 Jahre) mangelt es an Selbst- und Sozialkompetenz. Er hat die Regel, sich für Wortbeiträge melden zu müssen, nicht internalisiert, bzw. sein ICH ist nicht in der Lage, die Triebansprüche des ES zurückzuhalten (vgl.: Freud).
Da seine Eltern mit Strafen arbeiten (Taschengeldkürzung), möchte er nicht, dass die Lehrkräfte den Eltern etwas über sein „Fehlverhalten" sagen. Die Strafen sind somit nicht geeignet, um Han zu helfen, seine Impulse zu regulieren. Die Strafen verunsichern Han, lösen sozialen Stress aus und belasten die Eltern-Kind-Beziehung.[7]

[7] Welche Rollen spielen Strafen in der pädagogischen Arbeit mit Kindern und Jugendlichen?

Die Strafen, die Han in der Schule erhält, „nimmt er ergeben an" (Zeile 34 f.), was dafür spricht, dass diese ihn weniger verunsichern. Es ist nicht klar, wer die kompetentere Person, seine Vertrauensperson ist, der/die versucht, seine Perspektive zu verstehen, seinen Entwicklungsstand kennt und ihm hilft, sein Verhalten mittelfristig besser zu regulieren.[8]

[8] Auch hier fehlt wieder der Theoriebezug zum Begriff „kompetentere Person".

Bei Leo (9;1 Jahre) sind die Sicherheitsbedürfnisse nicht ausreichend befriedigt. Er ist verunsichert, wenn er nicht alles auf Anhieb versteht. Der seelische Stress entsteht dadurch, dass er sich minderwertig fühlt (vgl.: Alfred Adler).[9]

[9] Der Verweis auf Alfred Adler ist zu ungenau, könnte umfassender dargestellt werden.

Die „mega-ultra-coolen" Jungen werten sich auch auf, indem sie andere abwerten. Sie handeln somit nicht gemeinschaftsfähig (vgl.: SGB VIII §1). Ihnen fehlt eine Beziehung zu den Mitschülern, die sie abwerten, weswegen sie auch keine Empathie empfinden.
Es ist offensichtlich, dass sich die Kinder der Klasse noch gar nicht richtig kennen. Sie befinden sich noch in der Orientierungsphase oder am Beginn der Machtkampfphase.[10]

[10] Was charakterisiert diese Phasen und was muss jeweils pädagogisch getan werden?

Außerdem fehlen der Klasse Rituale und Regeln.

Um sich an Regeln zu halten, müssen diese dargestellt und eingeübt werden.[11]

[11] Welche pädagogische Bedeutung haben Rituale und Regeln?

Außerdem müsste mit jedem Kind einzeln gesprochen werden, um den Entwicklungsstand zu ermitteln und das Entwicklungspotenzial zu klären, um dann die nächsten Entwicklungsschritte – „Zone der proximalen Entwicklung" (vgl.: Wygotski) – abzusprechen. Es muss unterschieden werden, ob ein Kind etwas nicht kann oder nicht will. Wenn ein Kind etwas nicht kann, muss ein Lernprozess eingeleitet werden, nach alternativen Handlungsmöglichkeiten gesucht werden. Wenn ein Kind etwas nicht will, deutet dies meist auf ein Problem in der Beziehung.

Nach Abraham Maslow scheinen bei vielen Kindern die Mangelbedürfnisse nicht ausreichend befriedigt, weswegen es ganz „normal“ ist, dass es zu kompensatorischem Verhalten kommt.

Sie deuten sehr viele Fachthemen und Theorien an. Es wird nicht deutlich, welche Ihre leitende Theorie ist, um die Situation zu analysieren.
Um sich besser zu strukturieren, könnten Sie sich zunächst auf zwei Kinder aus der Lernsituation konzentrieren und deren Verhalten anhand einer Fachtheorie analysieren. Zur weiteren, tiefergehenden Begründung verwenden Sie dann maximal zwei zusätzliche Fachtheorien.
So erreichen Sie, dass Ihre Analyse einen roten Faden hat und Sie klare Begründungszusammenhänge herstellen.

6.5.3 Klausur-Variante 2 (Analyse)

Die Klausuraufgabe lautete:
„Aufgabe 3: Analysieren Sie die Lernsituation vor dem Hintergrund Ihres fachtheoretischen/fachthematischen Wissens.“

Analyse

Die Lehrkraft Frau Michaeli handelt sehr autoritär (vgl.: Kurt Lewin). Die Erziehungsmethode des In-die-Ecke-Stellens widerspricht den pädagogischen Grundhaltungen (vgl.: Carl Rogers) und verletzt die Würde des Kindes (Art 1 GG). Durch die autoritäre Erziehung, durch Strafen sollen die Kinder verunsichert und eingeschüchtert werden, damit sie sich anpassen. Unter den autoritären Bedingungen motiviert somit ein Bedürfnis nach Sicherheit das Handeln der Kinder (vgl.: Abraham Maslow). Da dieses Bedürfnis nicht ausreichend befriedigt ist, wirken ihre sozialen Bedürfnisse nicht motivierend und die Kinder handeln somit weniger sozialkompetent. Es entsteht möglicherweise Konkurrenz um die Anerkennung der Bezugsperson. [1]

Sind Kinder sehr verunsichert, entsteht seelischer Stress, und durch die Konkurrenz untereinander wirken soziale Stressoren. [2]

Aus humanistischer Perspektive fehlt es an bedingungsloser Wertschätzung und Empathie auf Seiten der Bezugsperson, was sich gleichsam auf die professionelle Beziehungsgestaltung auswirkt. Diejenigen, die sich „richtig“ verhalten, erhalten Wertschätzung, fühlen sich wohl, während unangepasstes Verhalten bestraft wird. Die Kinder sollen dadurch operant konditioniert werden, dass „erwünschtes Verhalten“ positiv verstärkt und „negatives Verhalten“ bestraft wird (Albert Banduras). [3]

[1] Gibt es hierfür Anzeichen in der Lernsituation? Was sind Ihre leitenden Fachthemen/-theorien, um die Lernsituation zu erklären?

[2] „Stress“ und „Stressoren“ werden synonym verwendet. Meinen beide Begriffe das Gleiche? Können Sie konkretisieren, wer unter sozialem und wer unter seelischem Stress steht? Auf welchen Wissenschaftler beziehen Sie sich in Ihren Ausführungen?

[3] Ein konkretes Beispiel aus der Lernsituation wäre optimal.

Der Erziehungsstil sorgt für Konkurrenz um „die Gunst" der Pädagogin, führt zu einer Entsolidarisierung der Kinder untereinander und beeinflusst die Gruppendynamik negativ. Nach der klassischen Konditionierung (vgl.: Iwan Pawlow) kann es dazu kommen, dass die Kinder bereits beim Anblick des Schulgebäudes Angst und Verunsicherung verspüren. [4]

[4] Auf wen könnte das zutreffen? Könnte es sein, dass ein Kind auch positive Gefühle beim Anblick des Schulgebäudes verspürt?

Frau Michaeli verurteilt (Zeile 67–71) und bewertet das Verhalten der Kinder, versucht aber nicht, das Verhalten empathisch zu verstehen, sie kann sich somit weder emotional einfühlen, noch das Verhalten fachlich einordnen. Ihr fehlt Selbst-, Sozial- und Fachkompetenz. Sie entdeckt auch nicht das Entwicklungspotenzial der Kinder, arbeitet weder ressourcen- noch kompetenz- oder stärkenorientiert. Da sie weder zielgeleitet, noch planvoll auf die Persönlichkeitsentwicklung der Kinder Einfluss nimmt, erzieht sie nach der Definition die Kinder nicht. [5]

[5] Hier ist ein Widerspruch. Sie analysieren auf der einen Seite, dass Frau Michaeli – im Sinne der Definition von Erziehung – nicht erzieht, stellen aber auch fest, dass Frau Michaeli autoritär erzieht.

Da sie weder Interesse am individuellen Entwicklungsstand, noch am individuellen Entwicklungspotenzial und auch nicht an der Zone der proximalen Entwicklung hat, da keine Intersubjektivität zwischen ihr und den Kindern besteht, kann sie nicht als kompetentere Person handeln und wird auch nicht als solche anerkannt (vgl: Lew Wygotski).
Nelsons Verhalten könnte dadurch erklärbar sein, dass er kognitiv, motorisch, sozial oder emotional unter- oder überfordert ist, was man durch systematische Beobachtungen ermitteln und dokumentieren müsste. Das Entwicklungspotenzial von jemanden zu erkennen, jemandem etwas zuzutrauen, wirkt sehr wertschätzend und ist Ausdruck des demokratischen Erziehungsstils (vgl.: Kurt Lewin). [6]

[6] Wäre es nicht auch denkbar, das Entwicklungspotenzial zu erkennen und trotzdem autoritär zu erziehen?

Nelson fehlt es vielfach an Selbstkompetenz, ihm fehlen außerdem Methoden, um seine Impulse zu kontrollieren und Emotionen zu regulieren. Sobald es ihm nicht mehr gelingt, sich zu konzentrieren (Zeile 14 f.), seine Aufmerksamkeit und Wahrnehmung willentlich zu fokussieren, reagiert er insbesondere motorisch unruhig. Motorische Unruhe ist bei Kindern aber nichts „Abnormes", sondern ganz normal, wenn auch in der Ausprägung sehr unterschiedlich. Die Ernährung beeinflusst die motorische Unruhe, Zucker und Kohlenhydrate befördern diese, wie der bedarfsabhängige Bewegungsmangel. Wenn Kinder aufgeregt sind, sich freuen, oder Angst haben, verunsichert sind, erhöht all dies auch den Bewegungsdrang. [7]

[7] Welche Rolle spielt das Alter der Kinder in diesem Zusammenhang? Welche fachlichen Kenntnisse können Sie bezüglich der motorischen Entwicklung heranziehen?

Nach Freud ist sein ICH nicht in der Lage, die Impulse des ES situationsangemessen zu steuern. Das kann daran liegen, dass Nelson die Normen und Werte der Klasse noch nicht internalisiert (verinnerlicht) hat. Wenn man Klassenregeln partizipativ mit den Kindern aufstellt, muss man darauf achten, dass diese von den Kindern eingehalten werden können. Generell muss man unterscheiden, ob Kinder Regeln nicht einhalten wollen oder nicht einhalten können. Wenn sie es nicht können, sind sie über- oder unterfordert, und man muss sie unterstützen. Wenn sie nicht wollen, kann das an der Beziehung zu dem Kind liegen. Wenn man etwas einfordert, was jemand nicht kann, und er/sie dann auch noch bestraft wird, wenn man es nicht kann, wirkt das frustrierend und kann zu aggressivem Verhalten führen (vgl.: John Dollard). Außerdem hat es negativen Einfluss auf das Selbstbewusstsein und das Selbstbild. Menschen fühlen sich dann „nicht gesehen", werden nicht verstanden mit ihren individuellen Bedürfnissen und Bedarfen, Stärken und Herausforderungen. Es kann auch dazu führen, dass es zu einer erlernten Hilflosigkeit kommt, da die Kinder entmutigt reagieren, nicht mehr das Gefühl haben, etwas positiv beeinflussen zu können, da es ihnen an Selbstwirksamkeitserfahrungen mangelt.[8]

[8] Gehen Sie noch gezielter auf das Thema der erlernten Hilflosigkeit ein und welche Rolle pädagogische Fachkräfte dabei spielen.

Wenn Nelson nicht motorisch ruhig sein kann, muss man nach Methoden suchen, die es ihm ermöglichen, „legal" seinen Bedürfnissen nachgehen zu dürfen, ohne andere zu stören. Es muss somit nach Lösungen gesucht werden, nicht nach Strafen. Strafen führen nicht dazu, dass man etwas lernt. Sie beeinflussen das Selbstbild und Selbstbewusstsein negativ. Man muss aufzeigen, was jemand schon kann und noch lernen kann – „Zone der proximalen Entwicklung" (vgl.: Wygotski). Wenn man nur betont, was jemand nicht kann, fehlt die Selbstwirksamkeitserwartung (vgl.: Albert Bandura), das Gefühl von Kontrolle.[9]

[9] Finden Sie hierfür ein Beispiel in der Lernsituation?

Da sich Nelsons Verhalten[10] nicht verändert, greifen auch die angewandten Methoden nicht. Man muss seine Methoden, sein Verhalten reflektieren, um zu überprüfen, ob diese geeignet sind pädagogische Ziele zu erreichen.

[10] Welches Verhalten meinen Sie konkret?

Sarah scheint kognitiv unterfordert, aber sozial überfordert. Sie hat auch keine kompetentere Person, keine Bezugsperson an ihrer Seite, die Entwicklungsstand, -schritte und -potenzial von Sarah kennt, um sie in ihrer Entwicklung zu unterstützen (vgl.: Lew Wygotski). Es herrscht zwischen ihr und den anderen keine Intersubjektivität, kein wechselseitiges Verständnis. Ihre Abwertung anderer Kinder lässt darauf schließen, dass sie verunsichert ist und ihr die Selbstkompetenz fehlt. Sarah und die anderen Kinder verunsichern sich wahrscheinlich wechselseitig, weswegen sie nicht in den sozialen Kontakt kommen (vgl.: Abraham Maslow).[11]

[11] Welche Bedeutung hat hier der Verweis auf Maslow?

Keine Lehrkraft in der Situation arbeitet ressourcen- und kompetenzorientiert. Keine Lehrkraft handelt als kompetentere Person, auf die Beziehungsarbeit wird scheinbar kein Wert gelegt. Auch fehlt es an den sozialpädagogischen Grundhaltungen. Es deutet einiges daraufhin, dass Frau Michaeli aufgrund unzureichender Handlungskompetenz einfach nur überfordert und deswegen gestresst ist, was auch die Kinder stresst und verunsichert. Niemand kümmert sich um die Gruppe.

6.5.4 Handlungsempfehlungen 2

Die Klausuraufgabe lautete:
„Aufgabe 4: Legen Sie fachtheoretisch begründete und fachpraktisch nachvollziehbare Handlungsempfehlungen dar, wie mit der jeweiligen Situation aus sozialpädagogischer Perspektive umzugehen wäre."

Handlungsempfehlungen

Ich lege nachfolgend fachtheoretisch begründet und fachpraktisch nachvollziehbar dar, wie ich – aufbauend auf der Analyse – mit der Lernsituation „Krawall und Remmidemmi", mit der Situation in der Klasse 3a umgehen würde.
Als wesentlich erachte ich, den bisherigen Einschätzungen und Negativperspektiven meine wertschätzende entgegenzustellen, wobei ich mich auf die Ressourcen und Stärken der Kinder konzentriere. Wichtig wäre, die Bedürfnisse der Kinder zu kennen, wie auch ihre Interessen. Ich würde nicht mit Strafen arbeiten, da diese – sofern sie wirken sollen – verunsichernd wirken, Stress erzeugen und die Verhaltensweisen der Kinder dadurch negativ beeinflussen. [1]

[1] Können Sie diese Einschätzung fachtheoretisch begründen?

Da Nelson Reize nicht gut filtern kann, er sich schnell ablenken lässt und sich somit nicht gut fokussieren und somit konzentrieren kann, würde ich in Arbeitsphasen mit Sichtschutz und Kopfhörern arbeiten wollen. Da diese Methoden prinzipiell allen helfen können, würde ich mehrere Kopfhörer und mobile Sichtschutzwände zur Verfügung stellen. [2]

[2] Inwiefern könnte Nelson dies helfen? Wie würden Sie dies pädagogisch begleiten?

Außerdem würde ich den Kindern vermitteln, wie man seinen Arbeitsplatz so einrichten kann, dass man sich besser konzentrieren kann: überflüssige Stifte, Materialien in den Schulranzen packen. Ich würde auch die Raumgestaltung kritisch überprüfen, ob diese lernförderlich oder lernhemmend ist. Ich würde den Klassenraum als „dritten Erzieher" (vgl.: Reggio-Pädagogik) nutzen wollen, damit ich meine pädagogischen Ziele besser erreichen kann. [3]

[3] Worauf konkret würden Sie achten? Begründen Sie mehr.
Das WAS wird deutlich, jedoch könnten Sie stärker auf das WIE und WARUM eingehen.

Dies würde ich auch den Eltern mitteilen, damit sie den häuslichen Arbeitsplatz überprüfen können. Um die motorische Unruhe zu kompensieren, würde ich Stressbälle mitbringen und insbesondere Regeln und Rituale einführen.
Generell gilt es, die Kinder systematisch zu beobachten, weniger ihr Verhalten zu bewerten, sondern ihre Perspektiven nachzuvollziehen. Aufgrund der Berichte weiß ich zu wenig über die Stärken, Ressourcen, Interessen und über den Entwicklungsstand der Kinder. Dies zu ermitteln, wäre wichtig, damit ich eine Beziehung aufbauen kann. [4]

[4] Welche fachlichen Inhalte könnten Ihnen dabei helfen, diese herauszufinden? Gibt es konkrete Methoden, die Sie anwenden können? Wen benötigen Sie zur Unterstützung? Was wissen Sie über das Thema Beziehungsgestaltung?

Die Beziehungsarbeit basiert auf den pädagogischen Grundhaltungen nach Carl Rogers: Wertschätzung, Empathie, Kongruenz. Dazu gehört auch, den Kindern etwas zuzutrauen, ihr Entwicklungspotenzial zu erkennen und Intersubjektivität herzustellen (vgl.: Wygotski). [5]

[5] Der Bezug zu Wygotski hätte etwas konkreter ausfallen können, mit mehr fachtheoretischen Bezügen.

Im nächsten Schritt geht es darum, dass ich das Verhalten der Kinder fachtheoretisch einordne, bspw. nach den Moralstufen nach Kohlberg oder entwicklungspsychologisch nach Piaget. [6]

[6] Was bedeutet das für Ihre pädagogische Arbeit? Welche Aspekte finden Sie wichtig und warum?

Denken Sie daran, konkreter und ausführlicher zu arbeiten. Die Handlungsansätze sind gut gewählt, jedoch kaum spezifisch dargestellt und begründet. Arbeiten Sie näher an der Lernsituation und an Ihrer Analyse.

6.6 Lernsituation „Das Leben ist bunt und wild“

Diese Lernsituation wurde im Rahmen von Lernfeld 3 Lebenswelten und Diversität in der Unterstufe für Erzieher/-innen eingesetzt. Schwerpunktmäßig wurden die Themen der Lebenslage (Lebenslagenkonzept), Lebenswelt, Lebensweltorientierung, Armut und Jugend mit den Entwicklungsaufgaben bearbeitet.

6.6.1 Fachthemen und Fachtheorien

→ Siehe Lernsituation „Das Leben ist bunt und wild“, Seite 40

Aus der Lernsituation lassen sich verschiedene Themen und Theorien ableiten, die helfen, die Situation fachlich einzuordnen und zu verstehen. Folgende Fragen ergeben sich aus der Lernsituation:

Welche Methoden der Fallbesprechung kennen Sie?
Was charakterisiert die sozialpädagogischen Tätigkeiten im Arbeitsfeld Schule?
Welche sozialpädagogischen Tätigkeitsbereiche gibt es im Arbeitsfeld Schule?
Welche staatlichen und alternativen Schulformen gibt es in Deutschland?
Was charakterisiert die berufliche Perspektive sozialpädagogischer Fachkräfte und inwieweit unterscheidet sich diese von der professionellen Perspektive von Lehrkräften und Psychologen/Psychologinnen?
Was unterscheidet die Gemeinschaftsschule von anderen Schulformen?
Welche Relevanz hat der Sozialraum a) für den individuellen Sozialisationsprozess und b) für die pädagogische Arbeit?
Inwieweit beeinflusst a) der Vor- und Nachname, b) der soziale Status, c) der kulturelle Hintergrund, d) der religiöse Hintergrund, e) die Wohnform den individuellen Sozialisationsprozess?
Welche Aspekte beeinflussen in besonderer Weise die Lebenswelt von Geflüchteten? Welche Rolle spielt hierbei das Herkunftsland der Personen?
Was ist das Besondere an der sozialpädagogischen Arbeit mit Geflüchteten?
Welche pädagogische Bedeutung kommt Skateparks zu?
Was gehört aus welchem Gründen zu einem Spielplatz, der als pädagogisch „sehr gut“ zu bewerten wäre?
In welchen Arbeitsfeldern arbeiten sozialpädagogische Fachkräfte?
Was charakterisiert die Tätigkeit der Schulbegleitung und worin liegen die spezifischen Herausforderungen dieser Tätigkeit?
Welche Relevanz hat a) das Alter und b) das Geschlecht zum einen für den individuellen Sozialisationsprozess und zum anderen für die pädagogische Arbeit?
Was charakterisiert a) entwicklungspsychologisch, b) biologisch und c) soziologisch die Lebensphase von Menschen im Alter zwischen 13 und 15 Jahren?
Hat das Geschlecht der Gruppenmitglieder Einfluss auf die Gruppendynamik?
Welche Aspekte beeinflussen die Gruppendynamik?
Welche Konzepte und Methoden eignen sich für die Integration neuer Schüler/-innen in eine bestehende Klasse?
Welche Konzepte und Methoden gibt es für die inklusive Gruppenarbeit?
Welche besonderen Chancen und Herausforderung gehen mit einem Umzug, einem Sozialraumwechsel einher?
Welchen Einfluss haben Geschwisterbeziehungen auf den Sozialisationsprozess?

Welchen Einfluss hat der Beruf auf den Sozialisationsprozess?
Welche familiären Herausforderungen gehen mit der Schichtarbeit eines Elternteils einher?
Inwieweit beeinflusst der Medienkonsum, das Sehen von Serien und Filmen den Sozialisationsprozess?
Inwieweit kann der altersunangemessene Medienkonsum die psychische Entwicklung negativ beeinflussen?
Worin liegt aus psychologischer Perspektive der besondere Reiz, Horrorfilme zu sehen?
Inwieweit beeinflusst die Smartphone-Nutzung den Sozialisationsprozess?
Worin liegen Chancen und Risiken der Smartphone-Nutzung?
Wie erklärt sich aus psychologischer Perspektive der Reiz von Spielen wie a) „Coin Master“ und b) „Warzone“?
Inwieweit beeinflussen Spielekonsolen den Sozialisationsprozess?
Welche Kompetenzen sind erforderlich, um angemessen Kontakt mit anderen Menschen aufzubauen?
Was versteht man aus wissenschaftlicher Perspektive unter Konzentration und welche Faktoren beeinflussen diese?
Inwieweit ist die Konzentrationsfähigkeit abhängig vom Alter?
Was versteht man aus wissenschaftlicher Perspektive unter Sozialkompetenz, welche Faktoren beeinflussen diese und wie kann man diese fördern?
Inwieweit beeinflusst Freundschaften den Sozialisationsprozess und die psychische Gesundheit?
Wie sollte in der Schule aus welchen Gründen mit der Ausgrenzung von Kindern umgegangen werden?
Was sind die psychologischen Gründe dafür, dass Menschen andere Menschen ausgrenzen?
Welche wissenschaftlichen Erkenntnisse gibt es zu der Frage, inwieweit die Trennung der Eltern den Sozialisationsprozess und die psychische Gesundheit beeinflusst?
Welche wissenschaftlichen Erkenntnisse gibt es zu der Frage, inwieweit gleichgeschlechtliche Beziehungen der Eltern den Sozialisationsprozess und die psychische Gesundheit ihrer Kinder beeinflussen?
Was sind die Gründe dafür, dass Menschen gerne Süßigkeiten essen, und welchen Einfluss haben diese auf die Gesundheit?
Was sind die psychologischen und soziologischen Gründe dafür, dass Menschen Exklusivmarken kaufen?
Welche wissenschaftlichen Erkenntnisse gibt es zu der Frage, inwieweit sich Urlaub auf den Sozialisationsprozess und die psychische Gesundheit auswirkt?
Welche wissenschaftlichen Erkenntnisse gibt es zu der Frage, welchen Einfluss Väter auf den Sozialisationsprozess ihrer Kinder haben?
Welche wissenschaftlichen Erkenntnisse gibt es zu der Frage, welchen Einfluss Mütter auf den Sozialisationsprozess ihrer Kinder haben?
Inwieweit kann das gemeinsame Einnehmen von Mahlzeiten das Familienleben positiv beeinflussen?
Welche sozialen Aspekte beeinflussen die schulischen Leistungen?
Welche Bedeutung kommt der Elternarbeit in der pädagogischen Arbeit im Arbeitsfeld Schule zu? Was unterscheidet diese von der Elternarbeit a) im Arbeitsfeld Krippe, b) im Elementarbereich, c) in der stationären Jugendhilfe?
Was können die physischen und psychischen Ursachen für motorische Unruhe sein?
Welche Bedeutung kommt aus psychologischer und soziologischer Perspektive der Jugendsprache zu?
Was sind arbeitsfeldübergreifend die typischen Kriterien einer sozialpädagogischen Tätigkeit?

6.6.2 Mindmaps

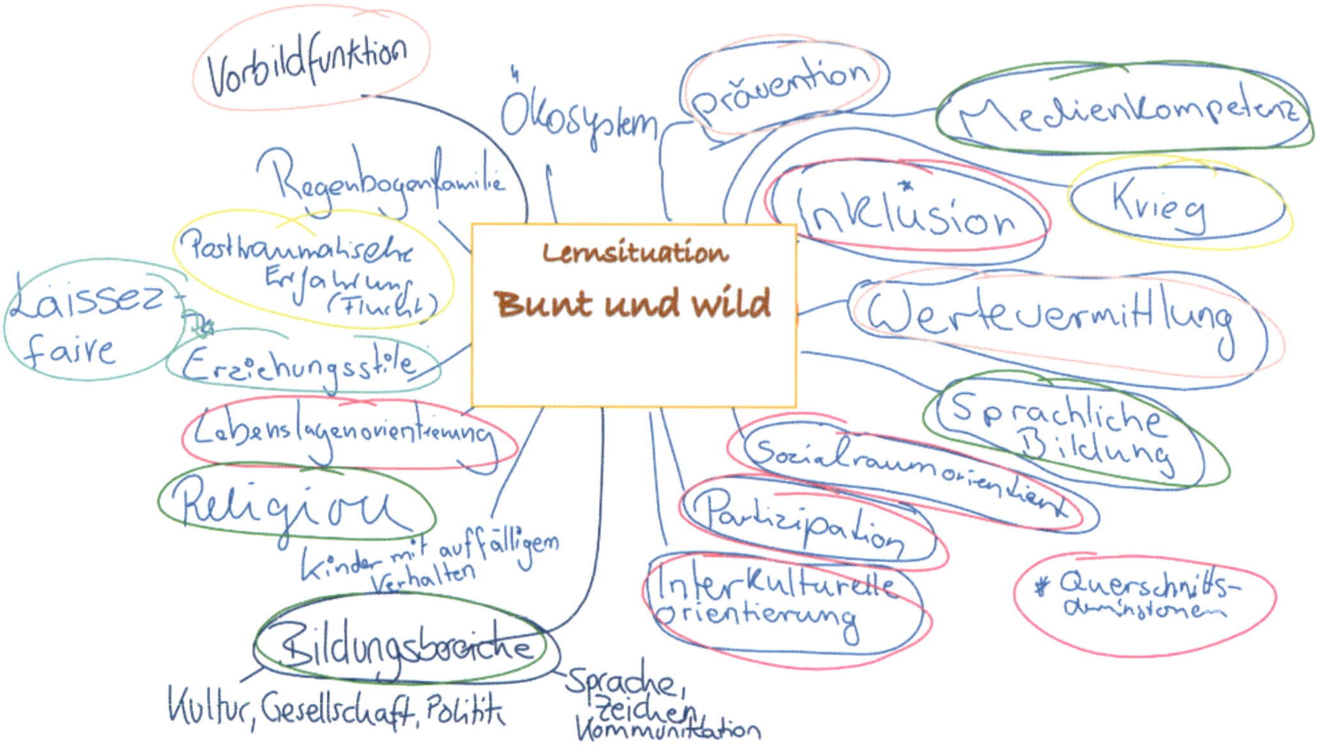

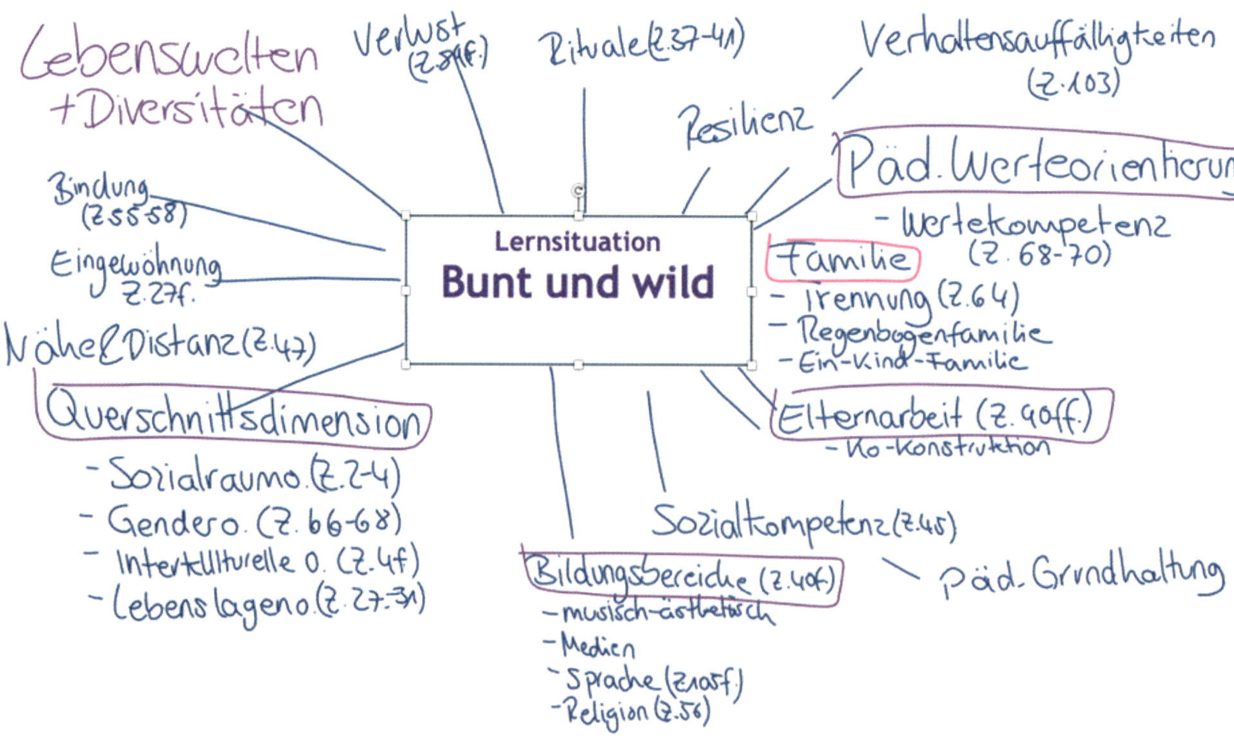

6.6.3 Klausur-Variante 1 (Analyse)

HINWEIS ZU DEN „BEISPIELLÖSUNGEN" (KLAUSUREN MIT LEHRERKOMMENTAREN)

Liebe Lernende, Sie wollen wissen, wie andere Studierende die Lernsituationen von → Kapitel 5 bearbeitet haben? Um von deren Kompetenzen und/oder Fehlern zu lernen? Und gerne wüssten Sie auch, wie deren Lehrkräfte diese Klausuren oder Prüfungen bewertet bzw. mit Feedback kommentiert haben? Voila!
Behalten Sie dabei im Kopf, dass es keine definitiv richtige „Lösung" geben kann, da die fachtheoretischen Analysen und fachpraktischen Handlungsempfehlungen in der Praxis unendlich viele Varianten zulassen – abhängig vom Sozialraum, den Lebenswelten, dem pädagogischen Ansatz, den Themen und Theorien, die genutzt werden.

Die Klausuraufgabe lautete:
„Aufgabe 3: Analysieren Sie die Lernsituation vor dem Hintergrund Ihres fachtheoretischen/fachthematischen Wissens."

Analyse

In der nachfolgenden Analyse werde ich die Lernsituation „Das Leben ist bunt und wild" entlang der Fachthemen Lebensweltorientierung nach H. Thiersch, unter besonderer Berücksichtigung der Risikolebenslage „relative Armut" analysieren. Zudem gehe ich näher auf die Themen Jugend und Pubertät/Adoleszenz ein.
Ich konzentriere mich in der Analyse vor allem auf Charlotte und Daniil.
Daniil und Charlotte befinden sich in der Entwicklungsphase „Jugend" bzw. Adoleszenz und Pubertät. Dieser Lebensabschnitt erstreckt sich von 12 bis 19 Jahren und ist geprägt von tiefgreifenden Veränderungen, sowohl auf sozialer, psychologischer als auch biologischer und physiologischer Ebene. In dieser Phase gibt es massive und vielfältige Einflüsse, die auf die Identitätsentwicklung nachhaltigen Einfluss haben. Werte und Normen werden hinterfragt und neu für sich definiert. Damit einher geht vielfach die Abgrenzung von den Eltern und ihren Wert- und Normvorstellungen.
Das erfolgreiche Durchlaufen dieser Phase, die Bewältigung der alterstypischen Entwicklungsaufgaben ist von großer Bedeutung, da andernfalls sozial unangemessenes Verhalten oder auch psychische Probleme auftreten können. [1]

[1] Auf wen beziehen Sie sich, wenn Sie über Entwicklungsaufgaben schreiben? Welche Entwicklungsaufgaben sind alterstypisch? Diese Angabe ist absolut notwendig, um Ihre Ausführungen fachlich einschätzen zu können.

In der Jugendphase spielt die zunehmende Selbstständigkeit und der Drang, Grenzen und Freiheitsräume auszutesten, eine besondere Rolle. Gleichaltrige nehmen in dieser Phase eine zentrale Rolle ein, während der Einfluss der Eltern entspre-

chend stark abnimmt. Daher gelten die Peers und Peergroups als eine besonders wichtige Instanz für die Identitätsfindung und die sozial-emotionale Entwicklung. Dies zeigt sich auch bei Charlotte:
Die Erfahrung von Charlotte, von ihren engsten Freundinnen ausgegrenzt zu werden, weil ihre Eltern sich getrennt haben und ihre Mutter nun eine Beziehung mit einer anderen Frau hat, hat erhebliche Auswirkungen auf ihre Psyche, somit auf ihre Emotionen, ihre Gedanken und ihr Verhalten – somit auf ihre Jugendphase insgesamt.
Die Jugendphase ist eine Zeit, in der Jugendliche ihre Identität neu entwickeln bzw. weiterentwickeln, Werte und Normen werden hinterfragt und ggf. neu festgelegt. In Charlottes Fall muss sie sich mit den unterschiedlichen Wertvorstellungen und Einstellungen ihrer Umgebung auseinandersetzen, die sich diametral entgegenstehen. Charlotte ist mit einer Dilemmasituation konfrontiert. Es handelt sich gleichsam um einen Loyalitätskonflikt.[2]

[2] Es wäre optimal, wenn Sie konkreter ausführen könnten, was das besondere an einer Dilemmasituation im Allgemeinen und Konkreten ist und was einen Loyalitätskonflikt charakterisiert.

In einem sozialen Umfeld (Sozialraum) können traditionelle und konservative Vorstellungen von Familie und Sexualität vorherrschen, was zu Vorurteilen, Ausgrenzung und Ablehnung gegenüber jenen Menschen führen kann, die diesen Vorstellungen nicht entsprechen. Es kommt im konkreten Fall aufgrund dessen zu Stigmatisierung, Diskriminierung und Ausgrenzung.[3]

[3] Gibt es einen Unterschied zwischen „sozialem Umfeld“ und Sozialraum?

Dies zeigt sich beispielsweise im Verhalten ihres Klassenlehrers Herrn Weber. Dieser hat scheinbar auch ein konservatives Weltbild und wertet die Mutter dadurch ab, dass er ihr zum Beispiel Egoismus unterstellt. Die negative Bewertung der Familienform führt auch zu einer Abwertung von Charlotte. Es wird nicht unmittelbar deutlich, welche Einstellung Herr Weber hat. Er widerspricht aber nicht den Ansichten aus Charlottes Umfeld. An dem Beispiel zeigt sich, dass der Sozialraum und ganz allgemein die Herkunft, aber auch regionale Traditionen und Vorurteile, großen Einfluss auf die Sozialisation haben können. Man kann davon ausgehen, dass es Charlotte im Hamburger Schanzenviertel besser oder zumindest anders ergangen wäre.[4]

[4] Unterliegen Sie möglicherweise einem Vorurteil über das Hamburger Schanzenviertel oder wissen Sie etwas über das dortige Aufwachsen? Was prägt diesen Stadtteil?

Erstens die Trennung ihrer Eltern und zweitens die Tatsache, dass ihre Mutter eine Beziehung mit einer Frau hat, sorgen bei Charlotte für unterschiedliche Beziehungskonflikte. Auf der anderen Seite entstehen Sachkonflikte und Wahrnehmungskonflikte aufgrund der unterschiedlichen Erwartungen und Normen der konservativen Mehrheitsgesellschaft und der Minderheit, Charlottes Mutter, die nicht den vorherrschenden Norm- und Wertvorstellungen entspricht.[5]

[5] Es wäre sinnvoll, darzulegen, was die einzelnen Konfliktarten charakterisiert.

Die Konflikte können sich negativ auf ihr Selbstbild und Selbstbewusstsein auswirken. Die Ausgrenzung durch ihre engsten Freundinnen verstärkt das Gefühl der Isolation und kann ihre psychische Gesundheit und ihr Selbstwertgefühl beeinträchtigen. Es wird separiert, anstatt integriert. Von dem Ideal einer inklusiven Gesellschaft sind die Menschen in dem Sozialraum scheinbar ganz weit entfernt. Die Situation kann zu einem Gefühl der Ablehnung und des Verlusts von Vertrauen in zwischenmenschliche Beziehungen führen. Charlotte erfährt keine bedingungslose Anerkennung und Wertschätzung mehr, fühlt sich unverstanden und machtlos. Ihre Persönlichkeitsentwicklung wird möglicherweise negativ beeinflusst, wenn es ihr nicht gelingt, gestärkt aus der Situation hervorzugehen, somit ihre Resilienz zu stärken. [6]

[6] Könnten Sie an dieser Stelle andeuten, welche Aspekte die Resilienz beeinflussen, um dann in der nächsten Aufgabe darzulegen, wie die Resilienz „trainiert" werden könnte?

Aus der Lernsituation geht nicht wirklich hervor, wie es Charlotte mit dieser Situation geht, wie sie konkret mit der Situation umgeht. Es wird beschrieben, dass sie von der Klasse ausgrenzt wird. Es wäre wichtig, mehr Informationen zu erhalten, Gespräche zu führen und eigene Beobachtungen durchzuführen. Es fehlen mir konkrete Informationen, sodass ich nur vage Hypothesen aufstellen kann. Die Informationen reichen aber aus, um zu erkennen, dass man auf die Situationen einen besonderen Fokus legen und reagieren muss.

Meine Aufgabe wäre es daher, mich genauer zu informieren und zuerst ein Gespräch mit Charlotte und Herrn Weber zu führen. Zudem ist es von entscheidender Bedeutung, dass Charlotte Unterstützung erhält, sei es zuhause von ihrer Familie (Mikro-System/Lebenswelt), oder auch durch professionelle Unterstützungssysteme in und außerhalb der Schule (Meso-System). [7]

[7] Sie sollten in der nächsten Aufgabe, bei den Handlungsempfehlungen darlegen, welche „professionellen Unterstützungssysteme" das sein könnten und wie diese konkret helfen könnten.

Es ist wichtig, dass sie sich in einer Umgebung aufhält, in der sie sich sicher und akzeptiert fühlt. Es gilt herauszufinden, auf welche sozialen Netzwerke sie zurückgreifen kann oder welche möglicherweise aufgebaut werden könnten. Diese sollten ihr Sicherheit und Zugehörigkeit (vgl.: Maslow) und bedingungslose Wertschätzung und Empathie (vgl.: Rogers) vermitteln.

Es gilt, die Situation nicht als Problem zu beschreiben, sondern als Herausforderung. Dies gilt insgesamt für die Bewältigung der alterstypischen Entwicklungsaufgaben, welche mit der Jugendphase einhergehen. Hierzu gehören nach Havighurst die biologischen Veränderungen, der Aufbau und die Pflege sozialer Kontakte, wie möglicherweise auch erste Paar-Beziehungen. Außerdem müssen Jugendliche in dem Alter die Entwicklungsaufgabe meistern, ihre Rolle in der Gesellschaft zu finden.

Indem man die besonderen Herausforderungen und Möglichkeiten der Jugend berücksichtigt, kann man individuelles Verhalten vor diesem Hintergrund verstehen und fachlich einordnen, um pädagogische Handlungsschritte zu planen, um Charlotte bestmöglich bei der Bewältigung der Entwicklungsaufgabe im Rahmen der pädagogischen Möglichkeiten im Arbeitsfeld Schule zu unterstützen.

Dass Charlotte von den anderen ausgegrenzt wird, ist ein Zeichen der Verunsicherung. Um Sicherheit zurückzugewinnen, wird abgelehnt, was man nicht kennt. Außerdem haben die Menschen dort keine Erfahrung mit unterschiedlichen Familienformen, dafür aber viele Vorurteile. Die Menschen sind nicht bereit, ihr Verhalten zu reflektieren, sich empathisch auf andere Menschen einzulassen. Es fehlt vielen scheinbar an Impulskontrolle und Emotionsregulation. Wie sollen das dann Kinder lernen?

Der Junge Daniil befindet sich ebenfalls in der Jugendphase und ist noch ein Jahr älter als Charlotte. In der Jugendphase gibt es verschiedene Entwicklungsaufgaben, die sich in normativ und non-normativ unterscheiden lassen. Zu den normativen Entwicklungsaufgaben gehören unter anderem der Schulbesuch, der Berufsbeginn, das Akzeptieren der individuellen körperlichen Veränderungen während der Pubertät. Die normativen Entwicklungsaufgaben, die unter anderem von Havighurst und Hurrelmann definiert werden, betreffen insbesondere die gesellschaftlichen Aspekte. Die non-normativen Entwicklungsaufgaben entstehen aus individuellen Ereignissen, wie z.B. die Trennung der Eltern oder andere Schicksalsschläge. Daniils Jugend wird vor allem durch die non-normative Entwicklungsaufgabe der Flucht beeinflusst. Die Auswirkungen zeigen sich in allen Lebenslagen und Lebenssituationen. In seinem Heimatland Ukraine herrscht Krieg, sodass er mit seiner Familie das Land verlassen musste. An erster Stelle steht bei Daniil die Verarbeitung seiner bisher gemachten Erfahrungen bzgl. des Krieges und der Flucht. Daniil ist mit der Herausforderung konfrontiert, dass sich seine Lebenslage und Lebenswelt radikal verändert hat und er sich in eine neue, ihm fremde Kultur einleben muss sowie soziale Beziehungen in seinem neuen Umfeld aufbauen muss. Die Unterschiede in Sprache, Traditionen und Wertvorstellungen könnten zu einem Gefühl der Fremdheit und Unsicherheit führen, was seine Integration beeinflussen kann. Umso wichtiger wäre, was aus der Beschreibung nicht hervorgeht, dass die Schule eine Willkommenskultur realisiert. Es geht um die Frage, ob die Schule über Konzepte, Ressourcen und Handlungsempfehlungen verfügt, um eine inklusive Beschulung zu ermöglichen.

Erfährt er keine Wertschätzung, keine Empathie, keine Unterstützung, keine Hilfe, keine Sicherheit und keine Zugehörigkeit, kann er sich nur schwer auf neue Situationen einlassen. Seine weitere Persönlichkeitsentwicklung ist davon abhängig, was pädagogisch getan wird, um ihm ein Ankommen zu ermöglichen.

Daniil kann nicht auf die gleichen Ressourcen wie viele Gleichaltrige zurückgreifen, was wiederum die Bewältigung seiner Entwicklungsaufgaben negativ beeinflusst. Dies zeigt sich insbesondere in Bezug auf soziale und ökonomische Ressourcen. Als geflüchtete Familie stehen der Familie vermutlich nur wenig finanzielle Mittel zur Verfügung, da die Mutter eventuell noch keine Arbeitserlaubnis hat. Hierzu müsste ich jedoch mehr über die gesetzlichen Vorgaben in Erfahrung bringen, um nachzuvollziehen, welche Unterstützungsmöglichkeiten der Familie zustehen. [8]

[8] Gute Überleitung zu den Handlungsempfehlungen.

Zudem müssen soziale Kontakte erst noch angebahnt werden, sowie tiefergehende soziale Beziehungen aufgebaut werden. Außerdem gilt es zu ermöglichen, dass die Beziehung zu Freunden im Heimatland aufrechterhalten bleiben kann, da diese stabilisierend wirken können. Je nach Lebenslage dieser Freunde könnte dieser Kontakt aber auch belastend wirken. Grundsätzlich ist Unterstützung und Beratung wichtig. Das ist besonders wichtig, wenn soziale und ökonomische Ressourcen nicht ausreichen oder nicht zur Verfügung stehen, um die Alltags-und Entwicklungsaufgaben bewältigen zu können. Stellen Sie sich vor, Sie müssten in die Ukraine fliehen, weil in Deutschland Krieg wäre. Sie hätten es dort sicherlich auch nicht so einfach. Deswegen ist es wichtig, empathisch nachzufühlen, wie es jemandem geht, und zu verstehen, warum sich jemand so verhält, wie er oder sie es tut. Hinter jedem Verhalten steckt ein individueller „guter Grund“. [9]

[9] Auf welche Theorie/fachlichen Kenntnisse beziehen Sie sich hier?

Sozialpädagogische Fachkräfte haben den Auftrag, die individuelle Lebenswelt der Adressaten/Adressatinnen dialogisch zu erkunden, einen Perspektivwechsel vorzunehmen und Hilfe zur Selbsthilfe zu ermöglichen (= Lebensweltorientierung nach Hans Thiersch). Eltern-Kind-Konflikte, die zur Abgrenzung vom Elternhaus und der Identitätsfindung wichtig sind, finden vermutlich aus Rücksicht Daniils gegenüber seiner belasteten Mutter und der besonders verunsichernden Lebenssituation weniger statt. Konflikte können sich aber auch aus der besonders belastenden Situation ergeben. Zumal aus der Lernsituation nicht hervorgeht, wo sein Vater sich aufhält und ob Kontakt zu ihm besteht. Diese Situation erschwert Daniil den Abnabelungsprozess von seinem Elternhaus, was sich negativ auf das psychische Wohlbefinden von Daniil auswirken kann. [10]

[10] Wirkt es in der Situation nicht auch stabilisierend, dass er sich nicht auch noch abnabeln muss?

Daniiels motorische Unruhe und Verschlossenheit sollte stärker Berücksichtigung finden. Dies könnte aktuell sein kompensatorischer Weg sein, um mit den vielfältigen Überforderung umzugehen. [11]

[11] Es wäre optimal, nochmal zusammenzufassen, worin die Überforderungen bestehen und welche Bedeutung Kompensation hat.

Daniil hat viele Herausforderungen zu bewältigen, die seine Integration erschweren und seine psychische Gesundheit gefährden. Fragen nach der Zukunft, die Jugendliche sich in dieser Altersspanne stellen (Berufswahl, Zukunftsaussichten), sind durch die besonders herausfordernde Lebenslage kaum zu beantworten. Die Situation ist neu und ungeklärt. Bleibt er in Deutschland, oder ist es eine Option, zurück in sein Heimatland zu gehen, und wenn ja, wann? Alle Entscheidung beeinflussen in besonderem Maße seine Lebenswelt, seine schulische Laufbahn und seine spätere Berufswahl.
Ich möchte an dieser Stelle genauer auf die Lebenswelt von Daniil eingehen, da sie eine wesentliche Rolle dabei spielt, um Daniil zu verstehen und weitere pädagogische Handlungsmöglichkeiten zu planen. Nach Hans Thiersch kann die Lebenswelt in unterschiedlichen Zusammenhängen verstanden werden. Die sozialen Zusammenhänge haben einen unmittelbaren Einfluss auf den Menschen. In Daniils Fall umfasst dies zum einen seine Familie, die Schule sowie die Peers. Zurzeit ist seine Konstante seine Mutter und seine Schwestern, die mit ihm in Deutschland leben. In der Schule findet er sich nach und nach zurecht und lernt zunehmend die deutsche Sprache. Durch die neuen Medien wird ihm dies erleichtert. Die sozialen Beziehungen, die er aufbaut, insbesondere zu Gleichaltrigen, spielen eine wichtige Rolle in seiner Persönlichkeitsentwicklung und seinem Wohlbefinden. Durch seine besondere Situation wird ihm dies zum Teil erschwert. Er findet zwar Kontakt zu Kevin und Karl-Friedrich, sie teilen jedoch nicht die gleichen Interessen. Er lehnt ‚Ballerspiele' eher ab, welche die anderen beiden Jungen besonders interessieren. Das Fehlen gemeinsamer Interessen und Aktivitäten könnte zu einem Gefühl des Nicht-Dazugehörens führen. In der Phase der Adoleszenz sind soziale Kontakte eine wichtige Instanz für das Wohlbefinden von Jugendlichen. Insgesamt scheint Daniil bezüglich der sozialen Integration noch Unterstützungsbedarf zu haben. [12]

[12] Optimal wäre, Sie deuten an dieser Stelle an, wie diese Unterstützung aussehen könnte und was Sie unter sozialer Integration verstehen, um in der nächsten Aufgabe vertiefend hierauf einzugehen.

Jedoch ist positiv hervorzuheben, dass seine Mitschüler grundsätzliches Interesse an Daniil haben. Dies stellt eine wichtige Ressource dar und hierauf kann aufgebaut werden. In Bezug auf seine kulturellen Zusammenhänge wird deutlich, dass Daniil sich in eine neue Kultur einfinden muss, insbesondere in eine neue Sprache. Als Geflüchteter ist Daniil mit verschiedenen kulturellen Einflüssen und Unterschieden konfrontiert, die bestimmt verunsichernd wirken. Weiterhin beeinflussen seine Herkunftsgeschichte, seine Biografie, bisherige Sozialisation und Erziehung, seine Wert- und Normvorstellungen seine Identitätsentwicklung und sein Selbstverständnis und Selbstbild. Hier kann es zu Identitätskonflikten und zu verunsichernden Situationen kommen. Als sozialpädagogische Fachkraft

sollte ich mich daher mit der Ukraine auseinandersetzen, um Gesprächsanlässe zu gestalten, um Anknüpfungspunkte, aber auch mögliche Spannungsfelder und Verunsicherungen zu erkennen, um Unterstützungsbedarf leisten zu können. Zudem kann ich die Mitschüler/-innen für andere Kulturen, Länder und Traditionen sensibilisieren und Erfahrungsräume bieten. Wichtig ist die subjektive Sicht auf die ukrainische Kultur, aus der Perspektive von Daniil. Es geht darum, ihn erzählen zu lassen und aktiv zuzuhören.
Im äußeren Kreis der Lebensweltorientierung stehen die historischen Zusammenhänge, in denen Daniil lebt. Dazu gehören Aspekte wie politische und gesellschaftliche Rahmenbedingungen, die Verfügbarkeit von und der Zugang zu Bildungsmöglichkeiten, Unterstützungsangeboten und Hilfesystemen, die gesellschaftliche Stimmung zu Flucht und Flüchtlingen.
Daniils Lebenssituation stellt ihn vor vielfältige Herausforderungen. Diese umfassen Sprachbarrieren, Schwierigkeiten bei der sozialen Integration, potenzielle Ausgrenzung aufgrund unterschiedlicher Interessen und psychosoziale Belastungen aufgrund seiner Fluchterfahrung. In seiner Lebenswelt ist er herausgefordert, mit dieser Situation umzugehen, vor dem Hintergrund seiner subjektiv wahrgenommenen Erlebnis- und Erfahrungsräume. Diese kann ich von außen nicht wahrnehmen und muss sie als sozialpädagogische Fachkraft dialogisch erkunden. Die Lebenslage von Daniil kann ich als pädagogische Fachkraft erfassen, denn es ist die Gesamtheit aller äußeren Bedingungen im Zusammenspiel, die das Leben eines Menschen beeinflussen. Hierzu zählt auch der Bereich Risikolebenslage, wie Armut und Flucht.
Wie im theoretischen Teil bereits kurz erläutert, handelt sich um relative Armut, wenn die zur Verfügung stehenden Geldmittel unter dem landestypischen Durchschnitt liegen. Der sozioökonomische Status hat immense Auswirkungen auf den Sozialisationsprozess und die Persönlichkeitsentwicklung. [13]

[13] Was gehört noch zum sozioökonomischen Status, außer das zur Verfügung stehende Geld, und welchen Einfluss hat dieser?

Für Kinder und Jugendliche hat Armut eine besondere Bedeutung, weil sie noch nicht in der Lage sind, sich selbst aus ihrer Situation zu befreien. Kinder und Jugendliche sind im Hinblick auf den sozioökonomischen Status in erster Linie durch den der Eltern geprägt.
Dies hat auch Auswirkungen auf die Bildungschancen. Die finanziellen Einschränkungen haben Einfluss auf kulturelle, soziale, sportliche Aktivitäten und Hobbys und somit auch auf Bildungserfahrungen. [14]

[14] Sie sollten zu dem Zusammenhang von privaten Aktivitäten und Bildungserfahrungen etwas ausführlicher und differenzierter schreiben.

Armut kann Unsicherheiten entstehen lassen, auch in Bezug auf die berufliche Zukunft. Aufgrund bewusster und unbewusster Voreingenommenheit kann es zur Ausgrenzung kommen.

Daniil wird es erschwert, Wünsche und Bedürfnisse, die finanzielle Mittel voraussetzen, zu befriedigen. [15]

[15] *Können Sie diesen Punkt anhand einer Beispiels veranschaulichen und verdeutlichen?*

Aus der Lernsituation geht hervor, dass er mit seiner Familie in einer 3-Zimmer-Wohnung wohnt. Als Flüchtlinge aus der Ukraine erhalten sie Unterstützung vom Staat. Jedoch wird nicht erkennbar, wie viel und welche Unterstützung sie erhalten. Im Sinne der Lebensweltorientierung gilt es, die Lebenswelt stärker in den Fokus der Aufmerksamkeit zu rücken.

6.6.4 Klausur-Variante 2 (Analyse)

Die Klausuraufgabe lautete:
„Aufgabe 3: Analysieren Sie die Lernsituation vor dem Hintergrund Ihres fachtheoretischen/fachthematischen Wissens."

Analyse

Nachfolgend analysiere ich die Lernsituation „Das Leben is bunt und wild" vor dem Hintergrund der Lebenswelt und Lebenslage sowie der Systemtheorie. Die Themen lassen sich gut miteinander verknüpfen, um die Situation und das jeweilige Verhalten empathisch verstehen zu können, weswegen ich diese Themen ausgewählt habe. Im Weiteren werde ich mich insbesondere auf Kevins Situation beziehen.
Aus der Perspektive der Lebensweltorientierung nach Hans Thiersch werden einige Aspekte zu Kevin benannt. Grundsätzlich konzentriert sich die Lebensweltorientierung auf die Lebensbedingungen jedes Einzelnen und auf die Perspektive der Betroffenen. Dementsprechend erfährt man zunächst wenig über die Lebenswelt von Kevin (14;5 Jahre). Näheres müsste man durch Beobachtungen und insbesondere persönliche Gespräche mit ihm herausfinden.
Über seine Lebenswelt erfahren wir aus der Lernsituation, dass zu seiner Familie seine Mutter, sein Vater und eine jüngere Schwester (7;3 Jahre) gehören. Seine Familie scheint zurzeit jedoch nicht sehr stabil zu sein, daher kann hier der sichere Kontakt und die sichere Beziehung aktuell fehlen. Hierauf werde ich im Zusammenhang mit der Systemtheorie später nochmal genauer eingehen.
Ebenfalls zu den sozialen Zusammenhängen zählen die Peers. Er ist erst vor 4 Wochen umgezogen und findet bisher kaum Kontakt zu den anderen Jugendlichen. Seine Lebenslage und damit Lebenswelt hat sich durch den Umzug stark verändert, was wiederum Einfluss auf seine Sozialisation und Persönlichkeitsentwicklung hat. Kevin wird von seinen Mitschülern als

hektisch und störend wahrgenommen und es fällt ihm schwer, angemessenen Kontakt zu ihnen aufzubauen. Bisher hat er außerhalb der Schule nur mit Karl-Friedrich und Daniil Zeit verbracht. Allerdings zeigt sich, dass er gut mit jüngeren Kindern auskommt und im Kontakt mit ihnen über ausreichend Sozialkompetenz verfügt. Aus diesen Beobachtungen lässt sich schließen, dass Kevin ein kontaktfreudiger Junge ist, jedoch im Kontakt mit Gleichaltrigen überfordert ist. Er verfügt nicht über die erforderliche Handlungskompetenz, um soziale Kontakte mit Gleichaltrigen anzubahnen. Es ist wahrscheinlich, dass diese Situation auf ihn belastend wirkt und ein Hindernis für seine soziale Integration darstellt. [1]

[1] Was verstehen Sie unter sozialer Integration und welche pädagogische und psychologische Bedeutung hat diese?

Er und seine Familie sind vom Süden Deutschlands in den Norden gezogen. Auch wenn der Umzug innerhalb Deutschlands stattfand, so liegen doch vielfältige soziokulturelle Unterschiede zwischen München und dem sogenannten Speckgürtel einer Großstadt. Es bestehen unterschiedliche soziale und kulturelle Einstellungen, Verhaltensweisen und Wertvorstellungen, regionalspezifische Traditionen und Bräuche. Zwar wird auf diesen Punkt in der Lernsituation nicht eingegangen, aber ich könnte mir vorstellen, dass er einen bayrischen Dialekt spricht, was die anderen Kinder irritieren könnte, was sie deswegen lustig finden oder worüber sie sich lustig machen könnten. [2]

[2] Welchen Einfluss haben Traditionen und Bräuche auf die Sozialisation?

Seine Lebenswelt ist durch altersunangemessene, digitale Medien geprägt. Es sind allesamt brutale und süchtigmachende Serien und Spiele, die einer Altersbegrenzung unterliegen, die Kevin mit seinen 14 Jahren noch nicht erreicht hat. Wie Kevin mit diesen Spielen umgeht und welche Auswirkungen sie direkt auf ihn und sein Verhalten haben, gilt es als sozialpädagogische Fachkraft herauszufinden. Er zeigt motorische Unruhe und ist unkonzentriert, dies kann ich jedoch nicht in einen kausalen Zusammenhang mit den digitalen Medien setzen. Hierfür können viele Faktoren verantwortlich sein, die ich in der Systemtheorie nochmal aufgreifen werde. [3]

[3] Könnten Sie an dieser Stelle Ihr fachtheoretisches Wissen zur Wirkung digitaler und/oder altersunangemessener Medien etwas umfassender darstellen?

Nach Thiersch zählen zur Lebenswelt auch die historischen Zusammenhänge. In der Analyse der Lernsituation sollten die Auswirkungen der Bildungspolitik, der Gesetze, des Arbeitsmarktes, der Wirtschafts- und Sozialpolitik sowie der gesellschaftlichen Bedingungen auf Kevin näher betrachtet werden, um ein umfassendes Bild seiner Situation zu erhalten. Die Bildungspolitik spielt insoweit eine zentrale Rolle in Kevins Lebenswelt, als dass der Wohnort- und damit Schulwechsel mit einer Unter- oder Überforderung einhergehen könnte. Bildungspolitik unterliegt den einzelnen Bundesländern. Ich habe sehr oft davon gehört, dass das bayrische Schulsystem strenger sein soll, als das schleswig-holsteinische. Ich würde mit Kevin hierüber ins Gespräch kommen wollen. Kinder kompensieren Über- oder Unterforderung vielfach durch motorische Unruhe, dies könnte seine „Hektik“ erklären.[4]

Zu den historischen Zusammenhängen zählen auch Altersempfehlungen für Medien. Ich denke nicht, dass es diese in jedem Land gibt und dass diese überall gleich sind. Ich müsste mich als sozialpädagogische Fachkraft mit den konkreten Medien beschäftigen, mit den konkreten Gefahren der konkreten Medien. Ich weiß, dass einige Online-Spiele und Spiele-Apps darauf ausgerichtet sind, die Spielenden süchtig zu machen.
Ich möchte nun mithilfe der Systemtheorie genauer auf die Situation schauen. Meiner Meinung nach können beide Fachtheorien sinnvoll miteinander verbunden werden, um Kevins Lebenswelt empathisch zu verstehen,um sein Verhalten fachlich einordnen zu können. Während die Lebensweltorientierung individuelle Perspektiven und Erfahrungen von Kevin in den Fokus rückt, hilft die Systemtheorie dabei, die Familien- und Schulsituation zu analysieren, die das Verhalten von Kevin beeinflussen.
Die systemische Sichtweise geht von einer Wechselwirkung aller inneren und äußeren Systeme im Leben eines Menschen aus. So spielen Exosysteme und die subjektive Wahrnehmung und Individualität des Jugendlichen eine gleichwertige Rolle. Es werden nicht nur die Verhaltensauffälligkeiten des Jugendlichen ins Auge gefasst, sondern alle äußeren Einflussfaktoren einbezogen.
Dies bedeutet im Fall von Kevin, dass es hier von großer Bedeutung ist, seine gesamte momentane und vorliegende Lebenssituation (Lebenslage/Lebenswelt) zu betrachten. In Kevins Fall haben die Exosysteme (Familie, Schule, Sozialraum) einen starken Einfluss auf ihn. Da wären zuerst einmal die Transitionen, der Schul- und Wohnortwechsel. Mit dem Umzug gehen für Kevin weitreichende Veränderungen einher.
Der Schichtdienst des Vaters hat zur Folge, dass sein Vater kaum Kontakt zu seinem Sohn hat. Dass der Umzug auch seiner Mutter schwerfiel, dürfte sich auf Kevin übertragen. Die Gefühle und Verunsicherung der Mutter übertragen sich dank der Spiegelneuronen höchstwahrscheinlich auf die Gefühlslage der Kinder. Es könnte soweit gehen, dass sich die Kinder aus schlechtem Gewissen gegenüber der Mutter gar nicht trauen, sich in der neuen Stadt wohlzufühlen, so lange es der Mutter dort nicht gut geht.
Nach der Systemtheorie gilt das Prinzip der Zirkularität. Dieses besagt, dass es keine eindeutigen Kausalitäten gibt, sondern vielmehr, dass sich sämtliche Einflussfaktoren wechselseitig bedingen und beeinflussen. Alle Systeme und Bezugspersonen

[4] Auf das Thema Kompensation könnten Sie, wie auch auf verschiedene Arten der Unter- und Überforderung, noch ausführlicher eingehen.

spielen dabei eine Rolle (Wechselwirkung). Es gilt, als sozialpädagogische Fachkraft die einzelnen Bedingungsfaktoren zu identifizieren und konstruktiv zu beeinflussen, wodurch sich auch das Verhalten des Kindes verändern wird. Wichtig ist es demnach, nicht die Verhaltensauffälligkeit in den Mittelpunkt zu stellen, sondern die Situation ganzheitlich und multiperspektivisch zu betrachten.

In Kevins Situation heißt dies, dass man seine Unkonzentriertheit und Unfähigkeit, angemessenen Kontakt zu Gleichaltrigen aufzubauen, als eine Störung im System verstehen kann. Nicht Kevin ist hieran „schuld“, sondern das System bringt entsprechendes Verhalten hervor. So spielen individuelle Persönlichkeitsmerkmale, die Resilienz sowie das subjektive Konstrukt der Wirklichkeit (Konstruktivismus) eine Rolle. Diese werden unter anderem durch das positive oder negative, dynamische oder statische Selbstbild beeinflusst.

Kevin zeigt uns mit seinem Verhalten, dass er verunsichert ist, Schwierigkeiten hat, die Herausforderungen in seiner Lebenswelt konstruktiv zu lösen.

Es fehlt ihm die Handlungskompetenz, seine Bedürfnisse nach Sicherheit und Zugehörigkeit zu stillen.[5] Seine Unruhe und Unkonzentriertheit sind Reaktionen auf die äußeren Veränderungen. Sein Verhalten erklärt sich aus dem System. Dass er den Kontakt zu jüngeren Kindern konstruktiv aufbauen kann, zeigt, dass die systemischen Rahmenbedingungen das Verhalten stark beeinflussen. Kevins Verhalten erklärt sich immer auch durch den Kontext. Lebenslagen und Personen, Situationen und Verhaltensweisen beeinflussen Kevins Wohlbefinden und Verhalten. Kevin ist somit immer auch Symptomträger und Störungsmelder. Jede Störung im System führt zu einer Ausgleichsreaktion. Das Verhalten von Kevin in der Schule kann ein Zeichen dafür sein. Sein Verhalten wird von seinem Umfeld als Störungen des gesamten Bezugssystems betrachtet, welches aber sein Verhalten gleichsam begünstigt. Sein Verhalten führt zur Verunsicherung und in der Folge zu Ablehnung durch die anderen Jugendlichen.

Das sozialpädagogische Vorgehen basiert immer auf den sozialpädagogischen Prinzipien nach Carl Rogers. Es sollte darum gehen, Personen und Verhaltensweisen empathisch zu verstehen. Aus diesem Grund wäre es wichtig, die Lebenswelt zu analysieren und ressourcenorientiert nach Kompetenzen und Interessen, nach Ressourcen und Möglichkeiten zu suchen. Es geht nicht darum, zu werten oder abzuwerten, sondern zu verstehen, warum etwas passiert.[6] Nach der Systemtheorie geht es darum, zu verstehen, wie das konkrete soziale System funktioniert, so zum Beispiel die Klasse, in der Kevin ist. Aus der ressourcenorientierten Perspektive lässt sich bereits jetzt feststellen, dass Kevin hilfsbereit ist und empathisch agieren kann.

[5] Verweisen Sie hier auf Maslow.

[6] Diese Aspekte sollten Sie in der Aufgabe über die Handlungsempfehlungen wieder aufgreifen (= roter Faden).

Er hat Interesse daran, jüngere Kinder zu unterstützen und zu begleiten.

Nach der Systemtheorie geht es darum, Annahmen und Hypothesen aufzustellen, die es den sozialpädagogischen Fachkräften ermöglichen, Situationen und Verhalten zu verstehen und Veränderungen herbeizuführen. Beim konkreten Vorgehen hilft der sogenannte <u>Hypothesenkreislauf</u>:

1. Gegenwart und Zukunft:
Kevin ist laut, hektisch, wirkt nervös und unkonzentriert.
Sozial integriert wäre er ausgeglichener.
2. Positive Absichten und Ressourcen:
Er möchte dazugehören: „nehmt mich wahr, ich fühle mich allein"
Empathie: Er möchte Teil der Klassengemeinschaft sein.
Konzentration bei Videospielen
3. Kontextbezogen
Das Verhalten zeigt sich insbesondere im Unterricht und in der Kontaktaufnahme.
Das Verhalten zeigt sich nicht beim Medienkonsum oder gegenüber seiner Schwester und jüngeren Kindern.
4. Veränderlich
Die Kontaktaufnahme zu den anderen Jugendlichen in seiner Klasse
Unterstützung durch feste Bezugspersonen und Sicherheit
5. Interpersonell
Zurzeit scheint er keine feste Bezugsperson zu haben. Jedoch zeigt sich seine Schwester als Konstante sowie die jüngeren Kinder in der Schule.
Seine Eltern verunsichern ihn.
6. Funktion
Kevin zeigt sein Bedürfnis nach Stabilität und Sicherheit. Er verlangt Fürsorge und zeigt mit seinem unruhigen Verhalten und den Rückzug in Videospiele seine Überforderung.

<u>Daraus ergibt sich für mich folgende Hypothese:</u>
Kevin ist verunsichert und überfordert. Er braucht eine Bezugsperson und Unterstützung bei sozialen Interaktionen.[7]

[7] Greifen Sie diese Hypothese in der Aufgabe 4 wieder auf, um auf entsprechende Handlungsempfehlungen zu verweisen.

Nach der Lebensweltorientierung ist ein Grundsatz, dass jedes menschliche Handeln auch als Bewältigungshandeln verstanden werden kann, um Selbstwirksamkeit und damit Kontrolle zu erfahren. Daher gilt es, bezüglich der pädagogischen Handlungsmöglichkeiten dies zu berücksichtigen.

Die Analyse ist sehr ausführlich und in weiten Teilen nachvollziehbar dargestellt. Die Verknüpfung der beiden Fachthemen ist gelungen. Achten Sie noch mehr darauf, die theoretischen Erklärungen innerhalb der Analyse kürzer zu fassen. Diese sind vor allem in der vorherigen Aufgabe gefragt.

6.6.5 Handlungsempfehlungen 1

Die Klausuraufgabe lautete:
„Aufgabe 4: Legen Sie fachtheoretisch begründete und fachpraktisch nachvollziehbare Handlungsempfehlungen dar, wie mit der jeweiligen Situation aus sozialpädagogischer Perspektive umzugehen wäre.“

Handlungsempfehlungen

Aufgrund meiner vorangegangenen Analyse gilt es, nun unterschiedliche Handlungsmöglichkeiten und Handlungskonsequenzen zu durchdenken, um dann konkrete Handlungsschritte zu planen, um pädagogische Ziele zu erreichen. Zum einen würde ich mich auf die Lebenswelt und Lebenslage, das Mikrosystem einzelner Schüler/-innen stärker konzentrieren, um deren Perspektive nachvollziehen zu können. [1]

[1] Sie deuten in Ihrem Text viele Theorien an, ohne diese dezidiert zu nennen. Es wäre optimal, die Wissenschaftler/-innen bzw. Begründer/-innen der einzelnen Theorien zu benennen.

Dieses Vorgehen wäre wichtig, um überhaupt adressatengerecht Unterstützungsbedarfe klären und anbieten zu können. Der Beobachtungsschwerpunkt liegt auf den Kompetenzen und Ressourcen, dem Entwicklungsstand und dem Entwicklungspotenzial, den Bedürfnissen und Interessen. Nach Carl Rogers sollte man bei der Beobachtung, bei den Gesprächen, bei der Planung kongruent wertschätzend und empathisch vorgehen.
Ich werde mich insbesondere auf die Situation von Charlotte konzentrieren, da ich hier aufgrund der Ausgrenzung den größten Handlungsbedarf sehe. In Charlottes Situation sehe ich es als relevant an, die Klasse für das Thema Sexualität und gleichgeschlechtliche Partnerschaft zu sensibilisieren. Mein Ziel ist es, bei den Schüler/-innen ein Bewusstsein für das Thema Gender, für die Vielfältigkeit sozialer Geschlechter zu schaffen, indem ich unterschiedliche Aktivitäten bzw. Angebote organisiere, die das Verständnis für Geschlechtervielfalt fördern und Stereotype hinterfragen. Die Schüler/-innen sollen in diesem Zusammenhang auch unterschiedliche familiäre Konzepte kennenlernen. [2]

[2] Es wäre optimal, konkrete Methoden oder ein entsprechendes Angebot vorzustellen. Sie wollen Haltung vermitteln, aber auch Wissen, Sie wollen einen Perspektivwechsel anstoßen und sensibilisieren. Das sind alles wunderbare Ziele, aber die entscheidende Frage ist, wie können Sie das realisieren? Sie haben hierzu bestimmt großartige Ideen!

Es geht darum, Fachwissen zu vermitteln, damit die Schüler/-innen weniger irritiert und verunsichert sind, weniger abwehrend und ausgrenzend reagieren. Das könnte die Grundlage für einen empathischen, sozialkompetenten Umgang sein.
Charlotte wird zurzeit ausgegrenzt von ihren Mitschüler/-innen. Durch die Aufklärung möchte ich erreichen, dass Charlotte wieder ein akzeptiertes Mitglied der Gruppe wird. [3]

[3] An welchen Kriterien erkenne ich, ob jemand von einer Gruppe akzeptiert wird? Woran erkenne ich, ob jemand in einer Gruppe integriert ist? Woran erkenne ich eine inklusive Gruppe?

Hierfür muss ich als Fachkraft umfassend und wertfrei recherchieren, um mir ausreichend Fachwissen anzueignen. Meine eigene Haltung spielt hier eine wichtige Rolle, die ich stetig reflektieren muss. Fragen wie „Was ist mir wichtig und warum ist

es mir wichtig?" sollte ich im Vorwege klären, um ggf. auch meine Haltung zum Thema zu hinterfragen.
Die Themen Gender und gleichgeschlechtliche Ehe werden in der deutschen Gesellschaft heftig diskutiert. In den sozialen Medien prallen scheinbar zwei Welten aufeinander – die Gegner und Befürworter. Oft wird die Diskussion sehr aggressiv und emotional geführt, nicht wirklich fachlich. Es gibt diverse begründete Meinungen und emotionale Abwehrreaktionen, mit denen ich mich genauer auseinandersetzen sollte. Es kann sein, dass diese auch von den Schüler/-innen vertreten werden, und mit diesen muss ich dann umgehen.
Ganz wichtig ist der Opferschutz. Es darf nicht sein, dass Schüler/-innen ausgegrenzt und diskriminiert werden. Die Würde jeder Schülerin, jedes Schülers ist unantastbar. Als sozialpädagogische Fachkraft muss ich dafür sorgen, dass das eingehalten wird. Ich muss also zuerst Regeln besprechen. Dann muss ich mit einzelnen „Tätern" ins Gespräch gehen. Am besten sind als erstes Einzelgespräche. Ich will die „Täter" aber nicht bestrafen oder ermahnen, sondern erstmal auch mit ihnen kongruent empathisch und wertschätzend sprechen. Ich will die subjektiven Gründe für das Verhalten verstehen und Reflexion anstoßen. Ich will den Perspektivwechsel anstoßen, sodass sie empathisch Charlottes Situation in der Klasse nachfühlen. Ich will, dass sie die Konsequenzen ihres Handelns verstehen. Es sollte weder „Täter", noch „Opfer" geben.
Zuvor würde ich mit Charlotte ins Gespräch gehen, um herauszufinden, wie sie die Situation wahrnimmt. Ich möchte ihre Perspektive und Lebenswelt nachvollziehen und Anknüpfungspunkte für mögliche Angebote finden. Sie wird in der Lernsituation als aufgeschlossen und kontaktfreudig beschrieben, daher gehe ich davon aus, dass sie zu einem solchen Gespräch bereit wäre.
Es geht also erst um Opferschutz, dann um Aufklärung der Schüler/-innen.
Wenn ich das Thema Geschlechtervielfalt thematisiere, besteht die Gefahr, dass Charlotte sich zu sehr in den Mittelpunkt gedrängt fühlt. Daher sollte ich darauf achten, das Thema allgemein zu thematisieren und nicht spezifisch auf Charlottes Situation einzugehen.
Das Thema Geschlechtervielfalt soll umfassend innerhalb des Unterrichts der Klasse 8a angesprochen werden. Hierfür gehe ich mit den unterrichtenden Lehrkräften ins Gespräch, um mindestens einen gesamten Unterrichtstag zur Verfügung zu haben und um mir Unterstützung zu holen.[4]

[4] Welche Art der Unterstützung benötigen Sie und warum?

Um mit der Thematik einzusteigen, würde ich Rollenspiele durchführen, um einen Perspektivwechsel anzustoßen. Die Rollen werden in Kleingruppen einstudiert. Die Rollen werden

vorab von mir genau beschrieben, schriftlich vorgelegt und von mir im Gespräch erläutert. In den Rollenspielen geht es um das Thema Geschlechterklischees und Diversität. Den Schüler/-innen soll gezeigt werden, wie diese Klischees und Vorurteile entstehen und welche Bedeutung sie für Betroffene haben. Ich erstelle dementsprechend unterschiedliche Rollenspiele zu diversen Themen. So wird sich beispielsweise eine Situation um typisches Mädchen- und Jungenspielzeug drehen. Dies soll aufzeigen, dass in der Gesellschaft bestimmte Spiele und Farben den jeweiligen Geschlechtern zugeordnet werden. Weitere Beispiele wären Sportarten, Berufe etc., die Geschlechter zugeordnet werden. Das werde ich dann mit den Schüler-/innen kritisch aufgreifen: Warum können solche Zuordnungen aus pädagogischer und psychologischer Perspektive problematisch sein?
Eine weitere Situation dreht sich um ein Coming-out eines Jugendlichen. Dies soll zeigen, mit welchen Konflikten Betroffene aufgrund der sexuellen Orientierung konfrontiert sind.[5]

[5] Sie sollten in vielfacher Hinsicht noch etwas konkreter beschreiben, was Sie tun wollen, damit es nachvollziehbar wird. Außerdem sollten Sie Ihre skizzierte Angebotsplanung strukturieren. Was soll mit welcher Methode erreicht werden? Welche Ziele verfolgt die Methode Rollenspiel?
Wie ist die jeweilige Rolle angelegt, um was zu vermitteln? Die Gefahr besteht darin, dass Sie Klischees und Stereotype reproduzieren, was erklärtermaßen nicht Ihr Ziel ist.

Nach jedem Rollenspiel sollen die Schüler/-innen in einer gemeinsamen Reflexionsrunde mit angeleiteten Fragen über ihre Erfahrungen, Erkenntnisse und Perspektiven sprechen, und auch die der anderen wahrnehmen und idealerweise nachvollziehen.[6]

[6] Welche Fragen würden Sie stellen?

Die Rollenspiele sollen Anlass zur Diskussion bieten. Eine offene Diskussionsrunde soll am Ende entstehen, in der die Schüler/-innen ihre Erfahrungen, Befürchtungen und Gedanken äußern können.[7]

[7] Fragen Sie konkret nach Erfahrungen, Befürchtungen und Gedanken? Stellen Sie die Fragen nacheinander oder soll sich jede Person individuell entscheiden? Worin liegen die Chancen und Risiken, Stolpersteine und Wort-Case-Szenarien bei diesem Vorgehen und wie würden Sie mit diesen dann umgehen?

In diesem Zusammenhang werde ich über folgende Fragen aufklären:

- Welche Rolle spielen Medien, Filme und soziale Netzwerke bei der Entwicklung unserer sexuellen Identität?
- Was beeinflusst das Denken und Fühlen zu den vielfältigen sexuellen Orientierungen (z.B. heterosexuell, homosexuell, bisexuell, pansexuell)?
- Wie entstehen Rollenbilder und Stereotype?
- Wie können wir als Schulgemeinschaft ein unterstützendes und respektvolles Umfeld für alle Menschen schaffen?

In diesem Zusammenhang muss ich darauf achten, dass Begrifflichkeiten klar sind und ich eventuell noch fachliche Informationen einfließen lasse, die für mich vielleicht selbstverständlich sind. Das Faktenwissen visualisiere ich und halte immer wieder zwischendurch kurze Vorträge. Nach den kurzen Vorträgen folgt immer eine kleine Übung, damit es nicht langweilig wird und die Jugendlichen nicht nur kognitiv angesprochen werden. Außerdem sollen die Schüler/-innen ihre Lebenswelt und Perspektiven reflektieren, dazu benötigt man viel Zeit. Das Rollenspiel ermöglicht es den Schülerinnen und Schülern, sich aktiv mit Geschlechterklischees auseinanderzusetzen und alternative Perspektiven kennenzulernen, da sie in unterschiedliche Rolle schlüpfen, die von mir vorher beschrieben werden. Ich möchte über das Thema Geschlechtervielfalt und Vorurteile aufklären, Perspektivwechsel anstoßen und damit die Empathie fördern. Daher werde ich gemeinsam mit Kollegen kleine Workshops anbieten zu unterschiedlichen Themen im Bereich Gender und Sexualität. [8]

[8] Beziehen Sie sich konkret auf die dargestellten Rahmenbedingungen aus der Lernsituation. Sollen die Workshops am gleichen Tag stattfinden? Für alle? Wie gestaltet sich der Ablauf?

In diesen Workshops sollen die Schüler/-innen über weitere Themen aufgeklärt werden. Sie sollen sich Fachwissen aneignen und sensibilisiert werden, sie sollen aber auch Ängste und Verunsicherungen abbauen. Die Themen für die Workshops könnten beispielsweise sein „Geschlechterrollen und Stereotype" oder „Coming-out", „Geschlechter und Einfluss der Medien", „Geschlechterrollen in unterschiedlichen Kulturen". Ich kann mir noch Experten/Expertinnen dazuholen, die bestimmte Workshops anbieten und darauf spezialisiert sind, mit Jugendlichen zu diesen Themen zu arbeiten. [9]

[9] Ist das fachpraktisch realisierbar? Wie viele Workshops sind sinnvoll? Soll das alles an einem Tag stattfinden?

Die Jugendlichen dürfen sich selbstständig in ihren Wunsch-Workshop einwählen. Jedoch sollten die Gruppen nicht zu groß werden, sodass noch ausreichend Austauschmöglichkeiten gibt. Am Ende des Tages werden die Kleingruppen vom Anfang gebeten, alternative Handlungsmöglichkeiten zu den Situationen aus den Rollenspielen, basierend auf ihrem neu erworbenen Wissen zu entwickeln und vorzuspielen. So endet der Tag, indem die Jugendlichen sich mit individuellen Lösungsmöglichkeiten auseinandersetzen und ihr neues Wissen anwenden können. Ich gehe davon aus, dass es wichtig ist, dass die Schüler/-innen verschiedene Perspektiven kennen, empathisch nachvollziehen können, Wissen haben und über Unsicherheiten sprechen dürfen und mit diesen ernst genommen werden
Während des gesamten Tages ist es wichtig, darauf zu achten, dass eine sichere und vertrauensvolle Atmosphäre geschaffen wird, in der die Jugendlichen der Klasse 8a sich äußern können, ohne Angst vor Stigmatisierung oder Diskriminierung zu haben. Dafür sind Gesprächsregeln gemeinsam mit den Jugendlichen zu erarbeiten, die festlegen, dass beispielsweise alle Stimmen gehört werden, unterschiedliche Meinungen und Perspektiven respektiert werden sowie sachlich und fachlich miteinander diskutiert wird.
Ich würde auch den Raum als „Dritten Erzieher" so gestalten, dass man sich darin wohl fühlen kann. [10]

[10] Was können Sie konkret tun, um dies zu erreichen?

Ich muss als sozialpädagogische Fachkraft eingreifen, wenn respektlose oder abwertende Äußerungen gemacht werden. Ich werde die Diskussionsrunde leiten und moderieren, sodass die Kontrolle durchgängig in meiner Hand ist. So kann ich darauf achten, dass Gespräch strukturiert verlaufen, die Diskussion weitestgehend sachlich bleibt und es nicht zu Beleidigungen kommt. [11]

[11] Was tun Sie, wenn es zu Beleidigungen kommt? Das Thema könnte Verunsicherungen auslösen, sie könnten es „peinlich“ finden, die Jugendlichen könnten „albern“ und provozierend reagieren, was tun sie dann? Sie gehen von einer sehr disziplinierten, aufgeklärten Gruppe aus, oder?

Dadurch erreiche ich, dass sich die Jugendlichen mit den Themen Gender, Sexualität und sexuelle Identität auseinandersetzen, neue Perspektiven kennenlernen und sich in einem lockereren Rahmen als im normalen Unterricht neues Wissen aneignen. Ich erhoffe mir dadurch, dass sie mehr Verständnis für unterschiedliche Lebenswelten und Lebenslage entwickeln und diese Erkenntnisse auf ihre eigenes Verhalten beziehen können. Charlotte wird dadurch die Chance geboten sich auch über die eigenen Gefühle klarer zu werden und in der Gruppe wieder akzeptiert zu werden. Ihre Mitschüler/-innen verstehen nach dieser fachlichen Auseinandersetzung die Situation von Charlotte besser und im besten Fall akzeptieren sie diese.
Sollte dies so nicht funktionieren, ist die Einhaltung klarer Regeln besonders wichtig, sodass niemand ausgeschlossen oder diskriminiert wird. [12]

[12] Am wichtigsten erscheint mir, dass Sie konkreter und detaillierter darlegen, was Sie vorhaben. Sie sollten auch die Ziele eindeutiger definieren, die Sie erreichen wollen und sich hierbei auch auf konkrete Personen aus der Lernsituation beziehen. Berücksichtigen Sie auch Stolpersteine und Worst-Case-Szenarien. Antizipieren Sie, was problematisch und herausfordernd sein könnte und wie sie dann reagieren könnten.

6.6.6 Handlungsempfehlungen 2

Die Klausuraufgabe lautete:
„Aufgabe 4: Legen Sie fachtheoretisch begründete und fachpraktisch nachvollziehbare Handlungsempfehlungen dar, wie mit der jeweiligen Situation aus sozialpädagogischer Perspektive umzugehen wäre.“

Handlungsempfehlungen

Vor dem Hintergrund der fachthematischen Analyse würde ich die dargelegte Hypothese als Grundlage nehmen, um weitere pädagogische Maßnahmen zu planen.
Hypothese: „Kevin ist verunsichert und überfordert. Er braucht eine Bezugsperson und Unterstützung bei sozialen Interaktionen.“ [1]

[1] Gut, dass Sie die Hypothese als Ausgangslage verwenden.

Zuerst einmal wäre es sinnvoll, dafür zu sorgen, dass Kevin eine Bezugsperson hat, mit der er regelmäßig im Kontakt ist. Diese Rolle könnte Emily übernehmen. Sie scheint einen guten und wertschätzenden und ressourcenorientierten Blick auf die Kinder zu haben und ist regelmäßig vor Ort. Ihre Aufgabe wäre es, ihn zu beobachten, mit ihm zu sprechen, um ihn empathisch zu verstehen. Im nächsten Schritt könnte sie ihn in seinen Interaktionen begleiten, soweit möglich unterstützen sowie Hand-

lungsmöglichkeiten anbieten. Es gilt, ihn zur Reflexion über sein bisheriges Verhalten anzuhalten. Wenn es Emily gelingt, ihm Sicherheit, Empathie und Wertschätzung zu vermitteln, würde dies ermöglichen, dass Kevin Vertrauen aufbauen kann, Verlässlichkeit erfährt und zur Ruhe kommen kann. Emily müsste tatsächlich ruhig bleiben, um Kevin, die Situation und damit das Gesamtsystem zu beruhigen. Hier zeigt sich, wie wichtig Selbstkompetenz ist.
Des Weiteren wäre es sinnvoll, mit Kevin in Kleingruppen zu arbeiten. Dies würde auch für mehr Ruhe sorgen und individuellere Lernwege ermöglichen. In Kleingruppen könnte sich Kevin sicherer fühlen und es wäre leichter, mit Mitschüler/-innen in den Kontakt zu treten.
Es wäre pädagogisch sinnvoll, kooperative, erlebnis- und gruppenpädagogische Angebote zu gestalten, bei denen Kevin seine Stärken und auch alle anderen Kinder ihre Stärken einbringen können. Bei diesen Aktivitäten treten die Jugendlichen nicht in den Wettbewerb, nicht in den Wettkampf. Sie müssen sich konstruktiv aufeinander beziehen und zusammenarbeiten. [2]

[2] Könnten Sie ein konkretes Beispiel zur Veranschaulichung beschreiben?

Damit Kevin sich sicher fühlt, könnte ich zunächst themenbezogen arbeiten und seine Interessen aufgreifen. So interessiert er sich für Videospiele, was bei den anderen Jugendlichen zum Teil auf Zustimmung stoßen dürfte. Karl-Friedrich und Daniil kennen diese ebenfalls. Die digitalen Medien dienen als Gesprächsanlass über die Lebenswelt der Jugendlichen. Hierüber können die Jungs in den Kontakt kommen. Die Interessen der Jugendlichen werden erkannt, aufgegriffen und dadurch wertgeschätzt. Falls die Lehrkräfte dagegen sind, entsprechende Angebote in den Vormittag zu integrieren, könnte ich entsprechende Angebote am Nachmittag anbieten. Dabei finden sich auch klassenübergreifend Jugendliche, die sich beteiligen wollen, sodass es für Kevin und die anderen Jungs noch weitere Kontaktaufnahmemöglichkeiten gibt.
Kevins Hilfsbereitschaft gegenüber jüngeren Schüler/-innen könnte in einem Mentoren- oder Patenprogramm genutzt werden. So könnte er eine Mentorenrolle für jüngere Kinder übernehmen.
Er kann die Kinder im Schulalltag unterstützen, sie beim Lernen, Spielen oder ihnen bei sozialen Aktivitäten zur Seite stehen. Zum Beispiel könnte er ihnen bei ihren Hausaufgaben oder beim Erlernen von Computerspielen helfen. [3]

[3] Könnten Sie konkreter darauf eingehen, wie ein Mentorenprogramm gestaltet werden könnte oder auf welche Konzepte Sie sich berufen? Versuchen Sie bei den Handlungsempfehlungen soweit als möglich konkrete Handlungsschritte zu beschreiben und entlang der Analyse zu begründen. Welche pädagogischen Ziele sollen durch welche konkreten Maßnahmen erreicht werden?

Dies gibt Kevin die Möglichkeit, Verantwortung zu übernehmen und gleichzeitig seine sozialen Kompetenzen weiterzuentwickeln.
Außerdem würde ich ein Elterngespräch planen. Hierbei geht es auch darum, mögliche Unterstützungsbedarfe der Familie zu

ermitteln und in der Rolle der Netzwerkerin mögliche Unterstützungsangebote für die Familie zu vermitteln.
Im Sinne der Lebensweltorientierung und der Systemtheorie muss ich bei der Planung meiner Handlungsmöglichkeiten die Familie soweit als möglich einbeziehen, da diese ein wesentlicher Motor in Kevins System ist. Daher ist es die Aufgabe der sozialpädagogischen Fachkräfte, die Dimension der sozialen Bezüge zu erfassen und basierend auf meiner Analyse Unterstützungsmöglichkeiten anzubieten oder zu vermitteln. Für Jugendliche stellen sich immer wieder komplexe Entwicklungsaufgaben und Alltagsherausforderungen. Bei Kevin ist es vor allem die Aufgabe, den Alltag zu strukturieren und sinnvoll zu nutzen, um eigene Ziele zu erreichen.
Jedes sozialpädagogische Arbeitsfeld geht mit einem speziellen Auftrag und spezifischen Arbeitsmethoden einher. Als SPFH – sozialpädagogische Familienhilfe – würde ich mit der Familie nach Möglichkeiten und Gelegenheiten für das Zusammensein suchen. Die neue Lebenssituation, die Transition ist für alle herausfordernd und darüber müsste sich in der Familie ausgetauscht werden, um sich wechselseitig zu verstehen und zu unterstützen. Das kommt nach der Beschreibung zu kurz. Jedes Familienmitglied folgt seinem/ihren Weg, mit der neuen Situation umzugehen. Als sozialpädagogische Fachkraft gebe ich zwar keine Lösungen vor, inspiriere aber Möglichkeiten, wenn den Familienmitgliedern nichts einfällt. Grundprinzip der lebensweltorientierten Arbeit ist die Hilfe zur Selbsthilfe, um Selbstwirksamkeitserfahrungen zu ermöglichen und die Resilienz zu stärken. Das bedeutet, dass die sozialpädagogischen Fachkräfte als Unterstützer und Begleiter agieren.
Für Kevin könnte es beispielsweise hilfreich sein, in einen örtlichen Sportverein zu gehen, um einen Ausgleich zu schaffen und neue soziale Kontakte außerhalb der Institution Schule zu finden.[4]
Zu Hause sollten gemeinsam Regeln für den Konsum digitaler Medien aufgestellt werden, wie auch Familienzeiten festgelegt werden, in der sich alle Familienmitglieder Zeit füreinander nehmen.

[4] Was erfahren Sie über Kevin diesbezüglich? Welche Sportart schwebt Ihnen vor und warum?

Neben der Schule und der Familie wäre es wichtig, mit der Lehrkraft Herrn Weber zu sprechen. Seine Haltung und Einstellung gegenüber den Jugendlichen fördern Stigmatisierungen und Ausgrenzungen. Seine Aussagen sind verletzend und vorurteilsbehaftet. Reflexion und Aufklärung wären absolut notwendig, indem beispielsweise ein Perspektivwechsel angebahnt wird. Herr Weber sollte dazu angeregt werden, die Lebenswelten und Lebenslagen der Kinder nachzuvollziehen und die individuellen Bedarfe zu erkennen, um darauf angemessen reagieren zu können. Dies könnte bestmöglich durch kollegiale

Beratung oder Supervision unterstützt werden, an der das multiprofessionelle Team teilnimmt. So können „Problemsituationen“ multiperspektivisch aus unterschiedlichen Perspektiven betrachtet und analysiert werden. [5]

[5] Welche Herausforderungen könnten sich hierbei ergeben? Stolpersteine?

Kevin ist noch mitten im Transitionsprozess. Er benötigt Unterstützung bei der Integration in die Klasse. Die Klasse verhindert oder ermöglicht Integration. Regeln sind von zentraler Bedeutung. Niemand sollte ausgeschlossen, ausgegrenzt oder gemobbt werden. [6]

[6] Welche Regeln könnten hier relevant sein? Wie sollten diese erarbeitet werden?

Durch erlebnis- und gruppenpädagogische Angebote werden die Gemeinsamkeiten hervorgehoben, wird die wechselseitige Abgrenzung für die Zeit des Angebots verhindert. Die Jugendlichen müssen sich aufeinander beziehen und stellen fest, dass eine Abgrenzung in der bisherigen Form gar nicht erforderlich ist, um sich sicher und zugehörig zu erleben. Sie erfahren, dass von den anderen keine Gefahr ausgeht, dass sie zwar anders sind, aber trotzdem dazugehören.
Wenn sich die Jugendlichen positiv aufeinander beziehen sollen, ist es wichtig, dass auch die Lehrkräfte und sozialpädagogischen Fachkräfte die pädagogischen Grundhaltungen nach Carl Rogers umsetzen und sich positiv auf Jugendliche, Eltern und Kollegen/Kolleginnen beziehen.
Kevin aufgeschlossen und ressourcenorientiert gegenüber zu treten, ist der Schlüssel für das empathische Verstehen seiner Lebenswelt und seines Verhaltens.

Insgesamt haben Sie interessante Ansätze entwickelt, um Kevin in seiner Lebenswelt zu unterstützen. Konzentrieren Sie sich noch mehr darauf, in Ihren Ausführungen konkreter zu werden. Es kann Sinn machen, sich auf weniger Handlungsmöglichkeiten zu konzentrieren, und diese dafür differenzierter zu erläutern.

6.7 Lernsituation „Bambule an Silvester“

6.7.1 Klausur-Variante (Analyse)

Die Klausuraufgabe lautete:
„Aufgabe 3: Analysieren Sie die Lernsituation vor dem Hintergrund Ihres fachtheoretischen/fachthematischen Wissens.“

Analyse

Der Mensch ist ein soziales Wesen. Zu einer Gruppe zu gehören, vermittelt Menschen Sicherheit und Zugehörigkeit. Man identifiziert sich mit „seiner“ Gruppe. Die Kohäsion, der Zusammenhalt der Gruppe, das „Wir-Gefühl“ entsteht dadurch, dass man stolz darauf ist, Mitglied der Gruppe zu sein. Man ist stolz auf seine Fußballmannschaft bspw. stolz darauf, Fan von Bayern München zu sein. Abwertenden Kommentare zum eigenen Verein, bspw. durch Fans anderer Mannschaften, führen dazu, dass man sich selbst angegriffen fühlt.

Bei den Übergriffen gegen Rettungskräfte an Silvester könnte es sein, dass die jungen Männer stolz darauf waren, Mitglied der Gruppe der „Krawallmacher“ zu sein. Vielleicht waren sie bereits vorher mit Stigmatisierung und Vorurteilen konfrontiert, dass aus Menschen aus Neukölln sowieso nichts Vernünftiges werden könne (vgl. Sozialraumorientierung). Entsprechend folgten die Randalierer der Zuschreibungen und dem Prinzip der sich selbst erfüllenden Prophezeiung (vgl.: Robert K. Merton). Sie identifizieren sich mit ihrem Stadtteil, der negativen Zuschreibung und wollten die Polizei aus ihrem Stadtteil „vertreiben“ oder zumindest provozieren. Oder sie waren stolz darauf, zur Gruppe der „Mutigen“ zu gehören, die sich etwas trauen, was andere sich nicht trauen. Dadurch, dass sie zu Tätern wurden, hören sie für den Moment auf, sich als Opfer zu empfinden. Opfer machen andere zu Opfern, werten andere ab, um sich hierdurch selbst aufzuwerten. Insoweit sind die Gewalttaten ein Zeichen der Schwäche.

Kohäsion, das Gruppen-„Wir“-Gefühl entsteht aber auch durch Sympathiebeziehungen innerhalb der Gruppe, wie bspw. in einer Peergroup, in der alle miteinander befreundet sind. Ob die einzelnen Täter in der Silvesternacht im Kontakt standen, lässt sich allerdings nicht sagen.

Somit komme ich zum dritten Punkt: Kohäsion kann auch durch die Attraktivität der verbindenden Aufgabe entstehen. Die Aufgabe hält die Gruppe zusammen. Das trifft definitiv auf die Gruppe der Täter zu. Aus ihrer Perspektive war es „cool“, Angriffe auf die Feuerwehr und Polizei zu verüben. Die Gewalttaten waren das verbindende Element der Täter. Es wirkte auf sie vielleicht entlastend, auf diese Weise Frust abzubauen. Das war scheinbar für alle das verbindende Element, alle waren aus irgendwelchen Gründen frustriert.

Die Taten der Silvesternacht basierten – nach Paul Ekman – auf den Grundemotionen Verachtung und Wut, wobei auch Freude, Angst, Überraschung, Trauer und Ekel eine Rolle gespielt haben könnten. Wut entsteht aus dem Wechselverhältnis von genetischer Veranlagung und biologischen Einflussfaktoren (bspw. Testosteron, Adrenalin, Dopamin), sozialen Einflüssen und Erfahrungen, wie auch der individuellen psychischen Verfassung und der Fähigkeit zur Selbststeuerung von Gefühlen, Verhalten und Denkschemata.

Zu den sozialen Einflussfaktoren gehört zum Beispiel die Corona-Pandemie, deren soziale und psychische Folgen noch nachwirken.

Für Jugendliche gab und gibt es viele Gründe, frustriert zu sein, das hat auch die Studie „Jugend in Deutschland – 2022", an der Klaus Hurrelmann mitgewirkt hat, ergeben. Neben den sozialen Folgen der Corona-Pandemie belasten auch die Bedrohungen durch den Klimawandel und der Krieg in Europa die Jugendlichen, die sich derzeit im „Dauerkrisen-Modus" befinden, wie es in der Studie heißt. Negative Nachrichten, die verunsichernd wirken, wirken sich möglicherweise negativ auf die Psyche, auf das Denken, Fühlen und Handeln von Kinder und Jugendlichen aus. Zukunftsängste sind weit verbreitet, wobei sich diese auf die persönliche Ebene (Mikro-Ebene/ Lebenslage/ Lebenswelt) beziehen können, wie auch auf die globale, politische Entwicklung (Makro-Ebene). Jeden Tag sind wir mit negativen Nachrichten konfrontiert. Das gehört zum Wesen der Presse in der Demokratie, die damit beauftragt ist, Missstände aufzudecken.

Es verwundert aber auch nicht, dass Jugendliche lieber in die sozialen Medien abtauchen, wo nicht Krieg, Klima und Corona im Vordergrund stehen.

Während der Pandemie, im Lockdown, ab März 2020 wirkten vielfältige Stressoren auf die Lebenswelt der Kinder und Jugendlichen ein: Einschränkung sozialer Kontakte, erhöhter Medienkonsum, Bewegungsmangel, fehlende Tagesstruktur, Konflikte innerhalb der Familie. Die Pandemie verband sich für viele Menschen mit einem Gefühl von Kontrollverlust und existenziellen Sorgen.

Familien mit niedrigem sozioökonomischen Status waren in besonderer Weise betroffen, da sie zumeist in beengten Wohnverhältnissen leben, weswegen im Lockdown der Stress umso größer war. Der öffentliche Raum bildet für viele Kinder und Jugendliche aus sozialen Brennpunkten den zentralen Ort für soziale Begegnungen und für die Freizeitgestaltung. Der öffentliche Raum, Spielplätze und (in)offizielle Treffpunkte der Jugendlichen bilden Rückzugsmöglichkeiten, um sich der Kontrolle durch Erwachsene zu entziehen.

Jugendliche identifizieren sich mit ihrem Sozialraum, entwickeln eine kommunale bzw. lokale Identität. Menschen mit niedrigem sozioökonomischen Status bleiben vielfach andere Sozialräume und Freizeitmöglichkeiten unzugänglich. Die Parallelwelt innerhalb des Sozialraums vermittelt Sicherheit und Zugehörigkeit, wie auch milieu- und generationsspezifische Normen und Werte. Das Leben außerhalb des Stadtteils vermittelt Unsicherheit und Ausgrenzung (vgl.: Klassismus).
Außerfamiliäre Kontakte waren während der Pandemie stark eingeschränkt, wie auch familiäre Kontakte außerhalb der eigenen Wohnung. Das war besonders für Kinder und Jugendliche belastend, da soziale Kontakte außerhalb der Familie, die Peergroup besonders wichtig für die Entwicklung sind. [1]

[1] Auf welche Theorie beziehen Sie sich bei dieser Hypothese? Entwicklungspsychologie? Sozialisationstheorie?

Abraham Maslow ging davon aus, dass unzureichend befriedigte Bedürfnisse Handeln motivieren. Die unbefriedigten Sicherheitsbedürfnisse oder unbefriedigten sozialen Bedürfnisse bringen Jugendliche möglicherweise dazu, Gewalt auszuüben, um zumindest in der Situation Sicherheit und Kontrolle zurückzugewinnen. Sie fühlen sich ansonsten machtlos, aber in dieser Situation machtvoll. Das passiert nicht unbedingt bewusst, spielt aber trotzdem aus psychologischer Sicht unbewusst eine Rolle.
Mitmenschlichkeit motiviert das Handeln insbesondere dann, wenn die Mangelbedürfnisse konstant ausreichend befriedigt sind.
Viele Kinder und Jugendlichen fühlten sich mit ihrer besonders belastenden Situation nicht gesehen, ihre Lebenslage wird nicht wertschätzend, empathisch nachvollzogen (vgl.: Carl Rogers). Der politische Einfluss von Minderjährigen ist geringer (vgl.: Selbstwirksamkeit), ihre Stimme wird nur unzureichend gehört (vgl.: Partizipation), ihre Bedürfnisse und Bedarfe werden nur unzureichend berücksichtigt. Ihre psychische Belastung durch vielfältige seelische und soziale Stressoren war altersspezifisch und wirkte bei vielen nachhaltig. Hilflosigkeit und Kontrollverlust haben Gefühle wie Wut und Verachtung verstärkt. [2]

[2] Gibt es hierzu wissenschaftliche Erkenntnisse, die Ihre Aussagen untermauern?

Die angespannte weltpolitische Situation (Makro-Ebene) beeinflusst insoweit das Zusammenleben auf der Meso- und der Mikro-Ebene, in den Sozialräumen, in den sozialpädagogischen Einrichtungen und in den Familien. Durch die Weltkrisen verschieben sich Werte und Normen.
Nach dem Instanzenmodell nach Sigmund Freud haben die jungen Männer hier ihren destruktiven Trieb, das ES, voll ausgelebt, ohne dass die Instanz ICH kontrollierend eingewirkt hat. Scheinbar hatten sie keine Normen und Werte im ÜBER-ICH internalisiert, die sie an den Taten gehindert hätten. Vielleicht bekamen sie nach den Taten ein schlechtes Gewissen, was

darauf hindeuten würde, dass die Normen und Werte zwar verinnerlicht worden sind, aber in der Situation nicht handlungsleitend waren. Das könnte auch damit zu tun haben, dass möglicherweise Alkohol ihre Emotionsregulation, Impulskontrolle und ihr Über-Ich ausgeschaltet hat.
Vielleicht führten innerseelische Konflikte zwischen den Instanzen dazu, dass unbewusst auf Abwehrmechanismen zurückgegriffen wurde. Die Identifikation mit der Gruppe der Täter sorgte dafür, dass sich die einzelnen Gewalttäter stärker fühlten. Es könnte sein, dass die Täter ihr Verhalten rationalisiert haben, versucht haben, plausible Gründe für ihr Verhalten zu finden, die ihr Verhalten scheinbar rechtfertigen. Im Sinne der Regression könnte man annehmen, dass die Täter in ein kindliches bzw. adoleszentes, deviantes Verhalten, „Räuber-und-Gendarm-Spiel" verfallen sind, aus Übermut mit Böllern geschmissen haben. In jedem Fall handelt es sich um eine Verschiebung, da eigene Frustrationen an den Rettungskräften und Feuerwehr als Ersatzobjekte ausgelassen wurden, die mit den Ursachen der Frustration eigentlich nichts zu tun haben. Die Empathie der Täter war „ausgeschaltet". Die Uniform der Hilfskräfte trägt generell dazu bei, dass die einzelne Person nicht erkannt, somit Empathie minimiert wurde. [3]

[3] Können Sie diesbezüglich auf eine Theorie verweisen?

Das Handeln nach den Trieben und Impulsen des ES sorgt dafür, dass die Täter unbedacht gehandelt haben, somit ohne über mögliche Konsequenzen nachzudenken. Der „Frustrationsabbau" wirkt aber nur im ersten Schritt entlastend, Strafen und Konsequenzen wirken danach wieder frustrierend. [4]

[4] Hier könnte das Thema Aggression noch angebracht werden. Insbesondere die angstmotivierte Aggression könnten Sie hier zur fachlichen Begründung anbringen und gezielter erläutern.

Als letztes möchte ich noch auf die „toxische Männlichkeit" eingehen. Die Bezeichnung toxische Männlichkeit ist in aller Munde und meint ein gesellschaftlich vermitteltes Männerbild, dass die Dominanz von Männern befürwortet und eine Ungleichwertigkeit im Verhältnis zwischen den Geschlechtern propagiert. Als toxisch gilt dieses Männlichkeitsbild, da es aus sozialer und psychologischer Perspektive „giftig" wirkt. Insbesondere in autoritären und patriarchalischen Familien wird dieses Männerbild vorgelebt und erlebt (vgl.: Lernen am Modell). Nur die Reproduktion dieses Männerbildes vermittelt Anerkennung als Mann. Aggressives Verhalten gilt hiernach als typisches und „normales", männliches Verhalten. [5]

[5] Ihre Analyse lässt noch nicht erkennen, was man hätte tun können ...

Fassen Sie Ihre Erkenntnisse zum Ende der Analyse nochmal zusammen. Sie haben diverse Begründungszusammenhänge dargestellt, daher wäre es hilfreich, ein kurzes Fazit mit den wesentlichen Erkenntnissen zu formulieren.

6.7.2 Handlungsempfehlungen

Die Klausuraufgabe lautete:
„Aufgabe 4: Legen Sie fachtheoretisch begründete und fachpraktisch nachvollziehbare Handlungsempfehlungen dar, wie mit der jeweiligen Situation aus sozialpädagogischer Perspektive umzugehen wäre.“

Handlungsempfehlungen

Vor dem Hintergrund des Grundgesetzes ist es wichtig, dafür zu sorgen, dass die Würde des Menschen unantastbar ist, die Würde ALLER Menschen (vgl.: GG Art. 1). Jeder Mensch hat das Recht auf die freie Entfaltung seiner Persönlichkeit, soweit er nicht die Rechte anderer verletzt (vgl.: GG Art. 2). Außerdem hat jeder das Recht auf körperliche Unversehrtheit (vgl.: GG Art. 2). Alle Menschen sind vor dem Gesetz gleich, unabhängig davon welches Geschlecht sie haben, welche Sprache sie sprechen, welcher Nationalität sie angehören, welche Religion oder politische Meinung sie haben (vgl.: GG Art. 3). Jeder Mensch hat das Recht, seine Meinung frei zu äußern (vgl.: GG Art. 5) und seine Religion frei auszuüben (vgl.: GG Art. 4). Auch wenn das nicht überall umgesetzt ist, so gilt es in der sozialpädagogischen Arbeit, diese Grundrechte zu realisieren. Kinder und Jugendliche müssen unabhängig ihres sozialen Status, unabhängig ihrer Lebenslage gleiche Chancen erhalten. Menschen sollten weder aufgrund ihrer Religion, Hautfarbe (Rassismus), noch ihres Geschlechts oder ihres sozialen Status Ausgrenzung erfahren (Klassismus). Wenn ein Jugendlicher rassistische Erfahrungen macht, nur als „Ausländer“ negativ abwertend anerkannt wird, keine Chance sieht, als „Deutscher“ anerkannt zu werden, entstehen möglicherweise Frustration, die Aggressionen und Gewalt befördern können. Es darf nach dem Grundgesetz und aus humanitären Gründen nicht sein, dass ganze Bevölkerungsgruppen („die Ausländer“, „die Muslime“, „die Jugendlichen“) pauschal verurteilt werden. Es sind Taten von Einzelnen, nicht von ganzen Bevölkerungsgruppen. Es funktioniert auch nicht, Hass mit Hass zu bekämpfen, oder Gewalt mit Gewalt. Um zukünftige Taten so weit als möglich zu verhindern, muss man sich um die Gründe Gedanken machen, insbesondere, um das Problem nicht zusätzlich durch eine Gewaltspirale weiter eskalieren zu lassen. Aus psychologischer Perspektive lässt sich feststellen, dass Täter vielfach auch Opfer sind oder waren. Traumatische Erfahrungen, Gewalterfahrungen wie beispielsweise durch (Bürger-)Kriege, Fluchterfahrungen, häusliche Gewalt etc. können unverarbeitet und ohne therapeutische Unterstützung Gewalt begünstigen, weswegen es umso wichtiger ist, Menschen niedrigschwellige Beratungs- und Hilfsangebote anzubieten. [1]

[1] *Was bedeutet in diesem Zusammenhang „niedrigschwellig“? Wodurch könnte dies realisiert werden?*

Wie gesagt, der Versuch, die Taten verstehen zu wollen, dient nicht dazu, diese zu entschuldigen, sondern um zukünftige Taten zu verhindern. Wer die Ursachen kennt, kann diese bekämpfen, nicht den Täter. Die Tat kann durch nichts rückgängig gemacht werden.
Es gibt in Deutschland viele Jugendliche, die in Sozialräumen aufwachsen, in denen Gewalt eine größere Rolle spielt als in anderen. Dass sie gewalttätige Handlungsmuster lernen, ist somit leider normal. Jugendliche werden in gewalttätige Verhältnisse hineingeboren und lernen, dass Gewalt scheinbar normal sei. In der sozialpädagogischen Praxis ist es wichtig, dieser erlebten „Normalität" eine Alternative entgegenzusetzen (vgl.: Lernen am Modell/Bandura).[2]

[2] Gehen Sie noch stärker auf das WIE ein.

Ganz konkret gilt es, Kindern zu vermitteln, dass es in Ordnung ist, Gefühle zu haben und diese zuzulassen. Es geht nicht darum, Gefühle abzuerziehen, was nicht möglich ist, sondern Handlungsmöglichkeiten zu vermitteln, wie sie mit diesen konstruktiv umgehen können. Dies ist als präventive Maßnahme äußerst wichtig, da Gewalt ein Symptom dafür sein kann, mit eigenen Gefühlen nicht konstruktiv umgehen zu können. Außerdem geht es darum, Emotionen situationsangemessen und adressatengerecht regulieren zu können (vgl.: Handlungskompetenz). In bestimmten Entwicklungsphasen ist es völlig normal, dass Kinder dies noch nicht können, aber umso älter Kinder werden, desto eher sollten sie in der Lage sein, eigene Gefühle und Impulse zu regulieren und sich auf die Gefühle anderer einzustellen. Dies können sie aber nur dann lernen, wenn es ihnen vermittelt wird. Man muss Kindern und Jugendlichen ggf. aufzeigen, wie sie Gefühle und Emotionen bei sich und anderen erkennen können (vgl.: Selbst-/Sozialkompetenz). Im nächsten Schritt gilt es, sie darin zu bestätigen, über Emotionen und Gefühle zu sprechen (vgl.: Selbstkompetenz). Hiernach geht es darum, Methoden zu vermitteln, wie man mit diesen konstruktiv umgehen kann (vgl. Selbst-/Sozial-/Methodenkompetenz). Beispielsweise gibt es das ‚Faustlos'-Gewaltpräventionsprogramm für Kitas.[3]

[3] Erklären Sie die Zielsetzung dieses Programms in wenigen Sätzen. So ist es nicht nachvollziehbar.

Als sozialpädagogische Fachkraft gilt es, entlang der sozialpädagogischen Grundhaltungen (bedingungslos) wertschätzend, empathisch und kongruent (vgl.: Carl Rogers) vorzugehen. Man sollte in der Lage sein, gut zuhören zu können, Personen und ihre Lebenswelt empathisch zu verstehen. Außerdem sollte man bereit sein, die Situation multiperspektivisch zu betrachten, vielfältige Perspektive empathisch zu verstehen, das jeweilige Verhalten vor dem fachtheoretischen und fachthematischen Hintergrund einzuordnen und lösungsorientiert und adressatengerecht vorzugehen.

Die Pädagogik kann viel zur Gewaltprävention und Deeskalation beitragen. Es gilt, das Selbstbewusstsein und Selbstbild von Kindern und Jugendlichen zu stärken, da Gewalt auch ein Zeichen für Perspektivlosigkeit und mangelnde Anerkennung sein kann. Sozialpädagogische Fachkräfte können beispielsweise die ‚Gewaltfreie Kommunikation‘ nach Marshall B. Rosenberg vermitteln. Als sozialpädagogische Fachkraft sollte man sich bemühen, Kinder und Jugendliche und ihr Verhalten vor dem Hintergrund ihrer Sozialisation und Erziehung, ihrer Lebenswelt und ihres Sozialraums empathisch zu verstehen. Es geht darum, verstehen zu wollen, nicht um Taten zu entschuldigen, sondern um sie zukünftig zu verhindern.
Es gilt, Kinder in der Schule, Jugendliche bei der Berufsfindung und Berufsbildung, bei der Zukunftsplanung zu unterstützen, insbesondere da die Integration in Deutschland in erster Linie über die Schule und Arbeit erfolgt oder misslingt. Jugendlichen sollten unabhängig ihrer Herkunft und Lebenswelt die gleiche Chancen und Unterstützung bekommen, auch um Nachteile soweit als möglich auszugleichen. In Deutschland hängt der schulische Erfolg – und damit der berufliche – leider wesentlich vom sozialen Status und der Bildungsbiografie der Eltern ab. [4]

[4] Auf welche wissenschaftliche Erkenntnissen stützt sich Ihre Aussage?

Aus pädagogischer Perspektive gilt es, dazu beizutragen, dass Menschen gesellschaftliche Normen und Werte verinnerlichen. Hierzu gehören moralische Normen, politische Werte und Gesetze. Die Verfassungswerte aus dem Grundgesetz. Insbesondere die Unantastbarkeit der Würde (GG Art.1) und die körperliche Unversehrtheit (GG Art. 2) wurden durch die Taten verletzt. Da die Berliner Justiz als stark überlastet gilt, kommt es zu der Situation, dass es erst spät zu Verurteilungen kommen kann. Aus pädagogischer Perspektive ist es aber wichtig, dass es zeitnah zu einer staatlichen Intervention kommt. [5]

[5] An dieser Stelle fehlt die fachtheoretische Begründung. Beziehen Sie sich auf die operante Konditionierung?

Angesichts der vielfältigen Krisen gilt es, gesamtgesellschaftlich Resilienz zu fördern, Menschen bestmöglich auf Krisen vorzubereiten, und dabei mitzuwirken, dass sie gestärkt aus Krisen hervorgehen können. [6]

[6] Welche Faktoren beeinflussen die Resilienz der Menschen? Wodurch wird die Resilienz von Menschen gestärkt?

Ganz wichtig wäre es, in Neukölln verstärkt Straßensozialarbeit zu fördern, die die Jugendlichen an ihren Orten im öffentlichen Raum aufsucht und sie und ihre Lebenslage und Lebenswelt empathisch verstehen kann. Im Gegensatz zur Schulsoziarbeit ist das Arbeitsfeld freier in der Gestaltung der pädagogischen Arbeit und nicht an eine Institution gebunden. Auch psychologische Therapie-, Hilfs- und Beratungsangebote wären wichtig, die aber vielfach nur unzureichend zur Verfügung stehen. Aber auch toxische Männlichkeit kann dazu führen, dass Hilfsangebote nicht genutzt werden, weil dies als Schwäche angesehen wird. Entsprechend gilt es bereits sehr früh, also im Kindergarten darauf zu achten, dass vielfältige Männerbilder und -rollen vermittelt werden. In den pädagogischen Einrichtungen sollte möglichst eine Vielfalt an Rollenvorbildern präsent sein. Die Lebenssituation, Belastungen und Bedürfnisse von Kindern und Jugendlichen sollten stärkere öffentliche Aufmerksamkeit und Anerkennung erfahren. Kinder und Jugendliche sollten sich stärker gesehen und verstanden fühlen. Auch politische Beteiligung wäre sinnvoll, auch um zu überlegen, was Kinder und Jugendliche in den sozialen Brennpunkten benötigen.[7]

[7] Wobei könnten Kinder und Jugendliche mehr beteiligt sein?

Fassen Sie auch hier nochmal zusammen, welches Fazit Sie bezüglich der Handlungsempfehlungen ziehen.

6.8 Lernsituation „Kuddelmuddel ist auch (k)eine Lösung“

6.8.1 Klausur-Variante 1 (Analyse)

HINWEIS ZU DEN „BEISPIELLÖSUNGEN“ (KLAUSUREN MIT LEHRERKOMMENTAREN)

Liebe Lernende, Sie wollen wissen, wie andere Studierende die Lernsituationen von → Kapitel 5 bearbeitet haben? Um von deren Kompetenzen und/oder Fehlern zu lernen? Und gerne wüssten Sie auch, wie deren Lehrkräfte diese Klausuren oder Prüfungen bewertet bzw. mit Feedback kommentiert haben? Voila!
Behalten Sie dabei im Kopf, dass es keine definitiv richtige „Lösung“ geben kann, da die fachtheoretischen Analysen und fachpraktischen Handlungsempfehlungen in der Praxis unendlich viele Varianten zulassen – abhängig vom Sozialraum, den Lebenswelten, dem pädagogischen Ansatz, den Themen und Theorien, die genutzt werden.

Die Klausuraufgabe lautete:
„Aufgabe 3: Analysieren Sie die Lernsituation vor dem Hintergrund Ihres fachtheoretischen/fachthematischen Wissens.“

Analyse

In der Lernsituation berichtet eine Erzieherin über den Jungen Nelson (10;1 Jahre), der erst seit der dritten Klasse zur jetzigen 4a gehört. Er fällt in der Schule durch sein destruktives und situationsunangemessenes Verhalten auf.
Nachfolgend analysiere ich seine Situation entlang der Bedürfnispyramide nach Abraham Maslow. Diese Pyramide ist aufgeteilt in Defizit- und Wachstumsbedürfnisse. Die Defizit- oder auch Mangelbedürfnisse umfassen die physiologischen Grundbedürfnisse, welche überlebenswichtig sind: Essen, Trinken, Schlaf, Luft zum Atmen, physische und psychische Gesundheit. Danach kommt die Ebene der Sicherheitsbedürfnisse, in erster Linie das Bedürfnis ohne Angst und existentielle Sorgen leben zu können. Als letztes Defizit- bzw. Mangelbedürfnis gibt es das soziale Bedürfnis, das Bedürfnis nach Zugehörigkeit, Freundschaft, Beziehung, Liebe.
Damit sich ein Mensch physisch und psychisch gesund entwickeln kann, müssen die Defizitbedürfnisse konstant ausreichend befriedigt sein. Nach Maslow motiviert eine nicht ausreichend befriedigte Bedürfnisebene das menschliche Handeln.
Das Verhalten von Nelson ließe sich somit auf unbefriedigte Bedürfnisse zurückführen. Es muss auch in der sozialen Umwelt beobachtet werden, in welchem sozialen Kontext welche Bedürfnisse mehr oder weniger befriedigt sind. Es kann sein, dass ein Kind insbesondere in der Schule verunsichert ist, nicht aber beim Sport oder zuhause.[1]

[1] Versuchen Sie, bei der vorliegenden Lernsituation zu bleiben. Welche soziale Umwelt spielt in der Lernsituation eine Rolle und wo zeigt Nelson unsicheres Verhalten, welches auf unbefriedigte Mangel-/Defizitbedürfnisse hindeuten könnte?

Deswegen muss man sich die unterschiedlichen sozialen Kontexte ansehen, auch weil Menschen in unterschiedlichen sozialen Kontexten unterschiedliche soziale Rollen einnehmen (vgl.: Erving Goffman). Einige dieser sozialen Rollen können eventuell besser ausgefüllt werden als andere: „Guter Sohn“ zu sein ist unproblematisch. „Guter Mathe-Schüler“ zu sein, ist wesentlich schwieriger als die soziale Rolle „guter Deutsch-Schüler“ oder „guter rechter Verteidiger“ beim Fußball. Erst wenn die Defizitbedürfnisse konstant ausreichend befriedigt sind, motivieren die Wachstumsbedürfnisse das menschliche Handeln: Die Individualbedürfnisse, zu denen Wertschätzung, Anerkennung, Macht, Erfolg zählen. Das Bedürfnis nach Selbstverwirklichung. Auf dieser Ebene ist der Mensch nicht mehr auf die Bestätigung durch andere angewiesen, nicht mehr auf Anerkennung oder Applaus. Auf dieser Ebene handelt der Mensch für sich selbst, zufrieden und im Einklang mit seinen Mitmenschen. [2]

[2] Welche Schlüsse ziehen Sie daraus für die Lernsituation?

Fiona berichtet, dass die Eltern „sehr wohlhabend“ sind, es kann somit vermutet werden, dass die physiologischen Grundbedürfnisse konstant ausreichend befriedigt sind. Ob er unter Schlafproblemen leidet, wird allerdings nicht erwähnt. [3]

[3] Welcher Zusammenhang besteht zwischen den physiologischen Grundbedürfnissen und dem sozialen Status der Eltern. Können alle physiologischen Bedürfnisse durch Geld direkt oder indirekt befriedigt werden?

Nelson hat Probleme beim Lesen und Schreiben. Sollte es sich um eine Legasthenie handeln, die neurologische, genetische Ursachen haben kann, so könnte diese bereits dafür sorgen, dass er zumindest in der Schule unsicherer ist als andere Kinder.
Er hat Angst, dass seine Schwäche erkannt wird und andere sich über ihn lustig machen, was anscheinend bereits passiert. Entscheidend ist, wie sein soziales Umfeld mit einer eventuellen Legasthenie umgeht. Die Eltern machen sich Sorgen, was auch Nelson verunsichern könnte.
Nelson scheint Situationen zu vermeiden oder zu umgehen, in denen er sich unsicher fühlt. Er lenkt ab, ignoriert dann bspw. die Lehrkräfte. Das macht er zwar nicht planvoll und strategisch, er hatte mit entsprechendem Verhalten aber wohl schon Erfolg. Hiernach ist es auch „ein Erfolg“, am Unterricht nicht mehr teilnehmen zu müssen. [4]

[4] Hier hätten Sie sehr gut einen fachtheoretischen Bezug zur operanten Konditionierung oder zur Kognitionsforschung herstellen können.

Da ADHS diagnostiziert wurde, kann man sich Nelsons Verhalten auch erklären. [5]

[5] An dieser Stelle sollten Sie auf die Symptome von ADHS eingehen und einen professionellen Umgang andeuten, den Sie in der nächsten Aufgabe/Handlungsempfehlung konkretisieren.

Verunsichern dürfte ihn auch, dass er relativ neu in der Klasse ist. Die Klassengruppe hat wahrscheinlich die Gruppenphasen bereits durchlaufen, durchläuft die Gruppenphasen nun aber möglicherweise von vorne. [6]

[6] An dieser Stelle wäre eine Konkretisierung, ein konkreterer Bezug zu den Phasen notwendig.

Verunsichernd dürfte für die Kinder und Nelson außerdem sein, dass er sich von den anderen Kindern körperlich unterscheidet. Er ist größer und übergewichtig, wodurch er äußerlich auffällt. Sein Äußeres irritiert die anderen Kinder, die mit Nelson weder konstruktiv noch wertschätzend umgehen. Nelson dürfte deswegen auch irritiert sein. Er erfährt Ausgrenzung und niemand unterbindet diese. Die fehlende Zugehörigkeit wirkt zusätzlich verunsichernd, insbesondere da er allein ohne Unterstützung machtlos dem Verhalten der anderen ausgeliefert ist. Er wird exkludiert, niemand bemüht sich um Integration, geschweige denn Inklusion. Die Lehrkräfte gehen destruktiv mit ihm um und kommen ihrer pädagogischen Verantwortung nur unzureichend nach. [7]

[7] Sie könnten hier schon andeuten, welche pädagogischen Maßnahmen hilfreich sein könnten, um Nelson die Integration zu ermöglichen. So bauen Sie einen roten Faden auf.

Nelson hat niemanden an seiner Seite, der/die ihn empathisch verstehen möchte, ihm kongruent wertschätzend begegnet, seine Lebenswelt und Lebenslage nachvollziehen möchte, ressourcenorientiert darauf guckt, was seine Bedürfnisse und Bedarfe, Stärken und Interessen sind. Ihm fehlen – wie den Eltern, Lehrkräften und sozialpädagogischen Fachkräften – die Handlungsmöglichkeiten und die Handlungskompetenz, mit dieser Situation konstruktiv umzugehen.
Da bereits seine Sicherheitsbedürfnisse unbefriedigt sind, können auch nicht die sozialen Bedürfnisse motivierend wirken.
Er wird für „falsches“ Verhalten bestraft, es wird ihm jedoch nicht vermittelt, wie er sich verhalten soll, damit er nicht verunsichert, nicht ausgegrenzt wird. Viel wichtiger ist aber, dass hinter seinem situationsunangemessenen Verhalten ein sehr guter Grund [8] steckt, nämlich sein Interesse für das Thema Sexualkunde.

[8] Welche Fachtheorie deuten Sie an, wenn Sie vom „guten Grund“ schreiben?

Es obliegt eigentlich den Pädagogen/Pädagoginnen, besonnen, planvoll und zielorientiert zu handeln. In der Situation verfügt aber niemand über die notwendige Handlungskompetenz, um mit Nelson und den anderen Kindern konstruktiv umzugehen. Niemand will oder kann Nelson empathisch verstehen, niemand kann seine Situation emotional nachempfinden noch analytisch einordnen.
Nelson wird als Problem gesehen und auf vielfältige Weise ausgegrenzt und abgewertet. Da hierauf pädagogisch nicht reagiert wird, wird entsprechendes Verhalten positiv verstärkt. [9]

[9] Welche Fachtheorie deuten Sie an, wenn Sie von „empathisch verstehen“ und „positiv verstärkt“ schreiben?

Niemand verhält sich gemeinschaftsfähig (vgl.: SGB VIII). [10]

[10] Sie könnten Bezug nehmen auf das „Lernen am Modell", die Vorbildfunktion pädagogischer Fachkräfte oder auch auf die Theory of Mind.

Nelson versucht, seine Verunsicherung – ausgelöst durch die anderen – abzuwehren. Dies erklärt die Verwendung unangemessener Schimpfwörter und Beleidigungen. Würde er sich sicher fühlen, hätte er ein positives Selbstbild, würde er auf vielfältige Weise Zugehörigkeit erfahren, dann würde seine Reaktion wahrscheinlich weniger aggressiv ausfallen. [11]

[11] Sie deuten emotionale bzw. angstmotivierte Aggression an?

Nelson fehlt eine verlässliche Bezugsperson, jemand der Nelson ressourcenorientiert beobachtet, ihm Sicherheit und Zugehörigkeit vermittelt, seinen Entwicklungsstand kennt, wie auch sein Entwicklungspotenzial (vgl.: Wygotski). Als Bezugsperson gilt es, eine kompetentere Person zu sein und die nächsten Entwicklungsschritte, die „Zone der proximalen Entwicklung" zu definieren und mit Nelson abzustimmen. Diese Entwicklungsschritte können sich auf das Sozialverhalten, die Verwendung von Schimpfwörtern beziehen.
Niemand scheint über die notwendige professionelle Handlungskompetenz zu verfügen, um mit der Situation konstruktiv und lösungsorientiert umzugehen. Es werden keine konstruktiven Bildungs-, Reflexions- oder Lernprozesse eingeleitet. [12]

[12] Wie diese gestaltet werden können, sollten Sie in der nächsten Aufgabe 4 darlegen.

Es weiß scheinbar niemand, wie man professionell auf die Beleidigungen reagieren sollte. Es erscheint mir aber auch sinnvoll, sich mit ADHS zu beschäftigen. [13]

[13] Inwieweit würden Sie dies tun? Was wäre relevant zu wissen?

Dass das Thema Sexualkunde einige Kinder verunsichert und beschämt ist aus (entwicklungs-) psychologischer Perspektive völlig normal. Dass die Kinder mit Kichern reagieren, ist ein Zeichen für diese Verunsicherung aufgrund von Überforderung. [14]

[14] Könnten Sie zu diesem Thema etwas mehr fachthematisches Wissen darlegen, um differenzierter und auf der Basis von vertiefendem Wissen zu analysieren?

Nelson ist fachlich interessiert und schon vorgebildet. Ihn irritiert das Thema nicht, es interessiert ihn.

6.8.2 Klausur-Variante 2 (Analyse)

Die Klausuraufgabe lautete:
„Aufgabe 3: Analysieren Sie die Lernsituation vor dem Hintergrund Ihres fachtheoretischen/fachthematischen Wissens.“

Analyse

Ich erachte das Thema Verhaltensauffälligkeiten mit dem Schwerpunkt aggressives Verhalten und die Entwicklungsaufgaben nach Havighurst für besonders wichtig, um die Situation fachlich einzuordnen und verstehen zu können.

Im Folgenden werde ich daher die Lernsituation und insbesondere das Verhalten von Nelson analysieren, um anschließend konkrete pädagogische Handlungsmöglichkeiten zu beschreiben.

Verhaltensweisen werden je nach Perspektive und sozialem Kontext unterschiedlich bewertet. Ein Verhalten gilt dann als auffällig, wenn es von der jeweiligen Norm abweicht und nicht situationsangemessen ist. Verhaltensauffälligkeiten sind Verhaltensweisen wie selbst- oder fremdaggressives Verhalten, Hyperaktivität, Reizbarkeit oder auch sozialer Rückzug.

Bei Nelson geht es vor allem um sein fremdaggressives Verhalten. Nelson lässt sich schnell ablenken und provozieren, hat kaum soziale Kontakte in seinem Alter und reagiert manchmal mit Wutausbrüchen und Zorn. Die Mädchen gehen ihm aus Angst aus dem Weg. Die Ursachen für aggressives Verhalten bei Kindern können sehr unterschiedlich sein, wie auch die gezeigten Formen.

Nelsons Verhalten entspricht den Symptomen für ADHS, die bei ihm diagnostiziert wurde: unorganisiert, hoher Bewegungsdrang, Impulsivität, Stimmungswechsel und Wutausbrüche, unüberlegtes Handeln, sprunghaft und ablenkbar, niedrige Frustrationstoleranz. [1]

[1] Können Sie einen fachlichen Zusammenhang zwischen der ADHS-Diagnose und aggressivem Verhalten herstellen? Würde dies eine Rolle für die pädagogischen Handlungsempfehlungen spielen?

Bei Nelson erkenne ich vor allem die angstmotivierte Aggression, wie sie nach Petermann/Petermann bei den meisten Grundschulkindern zu finden ist.

Nelson ist einen Kopf größer als viele der gleichaltrigen Kinder und zudem übergewichtig. In diesem Zusammenhang kommt es immer wieder zu Provokationen, wenn sie ihn „Mister Sumo“ nennen. Nelson scheint weitestgehend irritiert und verunsichert zu sein in sozialen Kontakten und kann auch das Kichern und Lachen seiner Mitschüler/-innen nicht einordnen. Die angstmotivierte Aggression basiert zumeist auf Verhaltensunsicherheiten und dient als Abwehr und zum Schutz der eigenen Person. Der Wunsch nach Akzeptanz spielt hier eine wesentliche Rolle. Das Lachen, Kichern und der Spitzname lösen bei Nelson Verunsicherung, somit Angst aus und damit auch Aggression.

Dies zeigt sich deutlich in der Situation, als die anderen Kinder ihn als „Sex-Sumo“ bezeichnen. Er schreit ihnen zunächst Beleidigungen hinterher. Nelson hat Angst, weiter beleidigt und abgelehnt zu werden und reagiert mit heftigem Schubsen bei Aaron und seiner Schwester Arielle, sodass beide hinfallen. Seine Machtlosigkeit, seine Unfähigkeit den Kindern hinterherzulaufen, sorgen für ein Höchstmaß an Frustration, was seine Aggression auch nach der Frustrations-Aggressions-Theorie plausibel macht.[2]

[2] Die Frustrations-Aggressions-Theorie gilt als überholt. Gäbe es andere Theoriebezüge?

Auch seinen Freund Leo schubst er in ähnlichen Situationen weg. Dadurch erschafft er sich emotionale Erleichterung, indem er sich in für ihn als gefährlich eingestuften Situationen auf diese Weise behaupten kann.
Frau Michaeli schimpft mit Nelson und droht ihm, dass sein Verhalten ein Nachspiel haben wird. Für Nelson ist dies eine weitere Bedrohung. In der Folge beschimpft er auch sie, wie auch die anderen Kinder. Auch dieses Verhalten verschafft ihm zunächst eine emotionale Erleichterung.
Dennoch missglückt die soziale Interaktion insgesamt und er gerät in eine Situation, in der er wiederholt ausgelacht und ausgegrenzt wird. Die Kriterien für Mobbing sind in der beschriebenen Situation erfüllt. Die Kinder „quälen“ Nelson systematisch und vorsätzlich, ohne dass jemand interveniert. Es handelt sich um psychische Gewalt, vorsätzliche Angriffe gegen Nelson, die sich negativ auf sein Selbstwertgefühl auswirken (können). Die Situation besteht schon seit längerer Zeit, ohne dass jemand lösungsorientiert einschreitet. Scheinbar sind alle mit der Situation überfordert und somit gestresst. Es entsteht ein „Teufelskreis“, alle verhalten sich destruktiv.
Nelson fühlt sich unsicher und entwickelt Angst, weil er mit seiner Strategie der Kontaktaufnahme scheitert. Nelson reagiert, indem er aggressiv wird, wodurch er für sich scheinbar die Situation kontrolliert und beherrscht. Dieser subjektiv positive Verstärker (vgl.: operante Konditionierung nach Skinner) führt dazu, dass er das Verhaltensmuster für zukünftige, ähnliche Vorfälle positiv bewertet und es wiederholt. Alternative Verhaltensweisen müssten positiv oder negativ verstärkt werden, was aber nicht passiert.[3]

[3] Es wäre optimal, wenn Sie bei den nachfolgenden Handlungsempfehlungen veranschaulichen könnten, was positive und negative Verstärker sind bzw. in der Situation sein könnten.

Das Tückische an dieser Form der Aggression ist, dass das soziale Umfeld mit Abwehr und Sanktionen reagiert, wodurch sich das Kind weiter bedroht fühlt und es zu weiteren aggressiven Verhaltensweisen kommt. Die Gefahr besteht, dass sich das aggressive Verhalten so weiter steigert und auch extremer wird, da eine emotionale Erleichterung nicht mehr so schnell eintritt. Nelson gerät dadurch in einen Teufelskreislauf von Angst, aggressivem Verhalten und darauffolgende Sanktionen, die wiederum Angst und Unsicherheit auslösen. Einen solchen Kreislauf zu durchbrechen, gestaltet sich pädagogisch als besonders herausfordernd, insbesondere umso länger dieses „System" bereits so funktioniert. [4]

[4] Sie deuten an dieser Stelle die Systemtheorie an. Könnten Sie hierauf etwas umfassender eingehen?

Ich habe nun die Form des aggressiven Verhaltens bestimmt, jedoch stellt sich noch die Frage nach den Ursachen für Nelsons Ängste und Unsicherheiten. Diese basieren nicht allein auf den Provokationen.
Hypothese: Zum einen könnte es in der Erziehung seines Vaters kaum geltende Regeln oder klare Strukturen und Grenzen zu geben, da dieser ein freundschaftliches Verhältnis zu seinem Sohn einnehmen möchte. [5] Nelsons Mutter ist selten zu Hause und arbeitet viel. Nelson äußert das Gefühl, ihr nicht wichtig genug zu sein. Dadurch wird sein Wunsch nach Geborgenheit und Zuwendung deutlich (vgl.: Bedürfnispyramide nach Maslow).

[5] Der Verweis auf Maslow fällt etwas ungenau aus. Welcher Erziehungsstil wird von dem Vater möglicherweise praktiziert und inwieweit begründet dieser Nelsons Verhalten?

Begrenzung, Strukturen und Regeln sind altersspezifisch wichtig für Kinder, da sie so unter anderem erfahren, ihre eigenen Emotionen und Verhaltensweisen zu regulieren (vgl.: Selbstregulation, Impulskontrolle). [6]

[6] Sie deuten an dieser Stelle das Thema Entwicklungspsychologie an. Könnten Sie etwas dazu schreiben, wann und in welcher Form Begrenzung wichtig ist? Plädieren Sie für eine autoritäre Erziehung oder kann Begrenzung auch durch einen demokratischen Erziehungsstil vermittelt werden?

Kinder lernen, sich an bestimmte Regeln zu halten und ihre Handlungen an festgelegte Grenzen anzupassen. Zudem geben diese den Kindern Sicherheit und Stabilität und sie lernen, welche Verhaltensweisen in der Gesellschaft akzeptiert sind. Regeln und Grenzen sind situationsabhängig. Es ist für Kinder wichtig, sich jeweils situationsangemessen verhalten zu können. Es geht aber nicht darum, Kinder zu konditionieren, sondern Kindern Regeln als etwas Sinnvolles zu vermitteln – Einsicht in die Notwendigkeit von Regeln, damit sich alle entfalten können. Man sollte Regeln aber immer auch kritisch hinterfragen, partizipativ neu entwickeln und demokratisch abstimmen. Nelson ist mit Regeln konfrontiert, die er aufgrund von ADHS nur sehr eingeschränkt einhalten kann. Von Kindern etwas zu fordern, das sie nicht einhalten können, ist pädagogisch nicht sinnvoll, da es zum wiederholten Erlebnis des Scheiterns kommt. Dies hat negative Auswirkungen auf sein Selbstwertgefühl. Er bekommt von allen das negative Gefühl vermittelt, anders zu sein und deswegen nicht dazuzugehören.
Wenn jemand etwas nicht kann, versuchen sozialpädagogische Fachkräfte zielgeleitet, lösungsorientiert und planvoll vorzugehen, um Menschen zu befähigen.

Der Schulwechsel sowie der Onlineunterricht zu Corona-Zeiten stellte eine non-normative Entwicklungsaufgabe dar. Nelson hat zuvor eine Waldorfschule besucht und ist erst in der dritten Klasse auf die Grundschule in Harmstadt gekommen. Die Kinder der Klasse 4a kennen sich bereits seit einigen Jahren, es wurden bereits Freundschaften geschlossen und weitestgehend Gruppenrollen geklärt, sodass sich die Klasse bereits in der Vertrautheitsphase befindet und es für Außenstehende schwierig wird, Mitglied zu werden.[7]

[7] Könnte sich durch Nelson die Gruppendynamik verändern bzw. könnten die Gruppenphasen neu durchlaufen werden? Welche Relevanz haben Themen wie Willkommenskultur, Integration und Inklusion?

Als eine normative Entwicklungsaufgabe für Nelson – und alle Kinder in seinem Alter – gilt es, Peer-Beziehungen aufzubauen und zu festigen. Dies wird ihm jedoch durch den Schulwechsel und die damit zusammenhängenden Gegebenheiten sowie den zusätzlichen Corona-Lockdown ohne direkte soziale Kontakte sehr erschwert. Um normative und non-normative Entwicklungsaufgaben positiv bewältigen zu können, braucht es ein stabiles soziales Umfeld mit Unterstützungspotenzial, welches bei Nelson möglicherweise im Hinblick auf seine Bedürfnisse und Bedarfe unzureichend gegeben zu sein scheint.
Dies kann dazu führen, dass Nelson den Schulwechsel nicht positiv bewältigen kann. Sein Selbstwertgefühl sowie Selbstbewusstsein leiden darunter und er entwickelt Ängste und Unsicherheiten, die sich aktuell in aggressivem Verhalten zeigen. Seine negativen Erfahrungen beeinflussen negativ die Bewältigung nächster Entwicklungsaufgaben.
Zudem spielen Medien eine wichtige Rolle bei der Entstehung von Aggressionen. Nelson spielt in seiner „Zockerhöhle" gewaltvolle Spiele, die ihm zu Nachahmen animieren könnten. Er könnte sich mit seinen Superheldenfiguren identifizieren und sie als Vorbildfunktion anerkennen (vgl.: Lernen am Modell, Albert Bandura). Hier würde in diesem Zusammenhang jedoch nicht konkreter darauf eingehen wollen, da es ein weiteres großes Fachthema ist. Dennoch erachte ich es als relevant und sollte in jeder Analyse mitgedacht werden.[8]

[8] Es ist nicht ratsam, solche Theoriebezüge nur oberflächlich anzudeuten. Nicht jede Person, die Spiele mit Gewaltinhalten spielt, wird gewalttätig. Es ist absolut notwendig, differenziert und entlang von fachtheoretischen Erklärungen vorzugehen. Dieses nur sehr oberflächlich anzudeuten, birgt die Gefahr in sich, dass es nicht nur verkürzt, sondern dadurch auch falsch ist.

Zusammenfassend kann festgehalten werden, dass Nelson stigmatisiert wird, ihm eine Rolle als Außenseiter oder Sündenbock zugeschrieben worden ist, die er allein nicht verlassen kann.[9]

[9] Hier deuten Sie fachthematisches Wissen zu Gruppenrollen an, bleiben aber zu oberflächlich im Kontext der Analyse. Was charakterisiert die Rollen? Was hilft mir dieses Wissen?

Der Schulwechsel und der Corona-Lockdown haben ihn indirekt in seiner sozialen Entwicklung behindert. Er steht vor Herausforderungen, die er allein nicht bewältigen kann, was zu einer Überforderung und Verunsicherung führt, die wiederum aggressives und gewaltvolles Verhalten begünstigt.

6.8.3 Klausur-Variante 3 (Analyse)

Analyse

Im Folgende analysiere ich die Lernsituation „Kuddelmuddel ist auch (k)eine Lösung“ entlang der Themen Ressourcen(-orientierung) und sexuelle Entwicklung.
Ressourcen sind Faktoren, die einen Menschen in bestimmten Situationen stärken, und die bei der Entwicklung unterstützend wirken können. Sie liegen entweder in der Person selbst oder in seinem Umfeld.
In der vorliegenden Lernsituation wird Nelson (10;1 Jahre) und sein Verhalten beschrieben. Dabei liegt der Fokus vor allem auf den negativen Aspekten (Ablenkungen, Aggressionen). In der Ressourcenorientierung wird die Perspektive geändert und die pädagogischen Fachkräfte werden zur ‚Schatzsuchenden‘. Der Fokus wird auf die Faktoren, Kompetenzen, Fähigkeiten gelenkt, die der Person helfen, bestimmte Situation erfolgreich zu bewältigen, und/oder die sie gut beherrscht.
Nelson hat personale Ressourcen, wie zum Beispiel seine Leidenschaft für Monster und Superhelden und sein Wissen über diese Themen. Er sortiert gerne seine Sammelkarten oder malt die Figuren in sein Heft. Daraus kann geschlossen werden, dass er kreativ ist und ein besonderes Interesse hat, sich eventuell auch weiterzuentwickeln. [1]

[1] Wie kann dies in Kompetenzen formuliert werden?

Zudem wird beschrieben, dass er über den angedachten Sexualkundeunterricht begeistert ist. Hier scheint ebenfalls eine personale Ressource vorhanden zu sein. Es wird jedoch nicht deutlich, was sein genaues Interesse daran und welches Wissen bereits vorhanden ist. Für die pädagogischen Fachkräfte besteht die Aufgabe darin, dies zu erörtern, um Nelsons personale Ressourcen sichtbar und nutzbar zu machen.
In der Lernsituation wird erkennbar, dass das soziale Umfeld negativ auf seine Begeisterung reagiert und die Lehrerin ihn sogar ausschließen möchte von diesem Unterricht. Hieran grenzt auch das Fachthema Sexualpädagogik (= Bsp. sexuelle Entwicklung) sowie der gesellschaftliche Umgang mit dem Thema Sexualität (= Sozialisation). Im Sinne der Ressourcenorientierung sollte eher die Ressource dahinter erkannt werden, nämlich sein großes Interesse an dem Thema und damit zusammenhängendes mögliches Fachwissen oder/und Kompetenzen. Dadurch ist Nelson sehr motiviert und wird vielleicht zu dieser Zeit den Unterricht weniger stören und andere ablenken, sondern kann und möchte sich konzentrieren.
Eine weitere personale Ressource ist seine Hilfsbereitschaft. Er unterstützt gerne die Kinder in der ersten und zweiten Klasse in diversen Situationen. [2]

[2] Was bedeutet das konkret? Welche Kompetenzen können hier genannt werden?

Neben den personalen Ressourcen können auch Umweltressourcen unterschieden werden. Diese werden in materielle oder immaterielle Ressourcen gegliedert. Zu den materiellen Umweltressourcen zählen beispielsweise seine Wohnsituation, die durch seine finanziell gut aufgestellten Eltern bedingt ist. Die Familie ist gut versorgt. Daraus könnte man schließen, dass Nelson genügend Möglichkeiten hat, seinen Interessen und Bedürfnissen nachzugehen, und vermutlich ausreichend Rückzugsmöglichkeiten besitzt, die für Kinder in seinem Alter relevant sind. [3]

[3] Auf welches theoretische Wissen versuchen Sie hier einzugehen? Warum benötigen Kinder in Nelsons Alter Rückzugsmöglichkeiten?

Auch sein Mitschüler Leo ist eine seiner Ressourcen. Sie verstehen sich gut und er scheint laut Lernsituation der einzige private Kontakt in seinem Alter außerhalb der Schule für Nelson zu sein. Leo und Nelson verbindet das gleiche Interesse an den Monstern und Superhelden. Zusätzlich gibt es noch Kinder aus der ersten und zweiten Klasse, mit denen Nelson einen guten Kontakt hat: Aaron und Arielle könnte ggf. ebenfalls als immaterielle Umweltressource für Nelson gelten. Er berichtet ihnen direkt von seiner Vorfreude über den Sexualkundeunterricht. [4] Doch kann es aufgrund des Altersunterschieds zu Missverständnissen und Herausforderungen kommen, wie in der Lernsituation beschrieben. Schließlich verstehen Arielle und Aaron Nelsons Enthusiasmus nicht. Dies könnte an der sexuellen Entwicklung liegen. [5]

[4] Sie beschreiben sehr ausführlich, welche Umweltressourcen bei Nelson zu entdecken sind. Es wird jedoch nicht deutlich, welche pädagogischen Schlussfolgerungen Sie daraus ziehen. Was bedeutet dies nun zusammenfassend?

[5] Welche Rolle spielen seine Eltern? Könnte sein Vater ebenfalls eine immaterielle Umweltressource sein?

Aufgrund dessen schließe ich nun mein zweites Fachthema: sexuelle Entwicklung an.
Die Sexualität von Kindern unterscheidet sich von der Erwachsenensexualität. Für die Kinder geht es nicht in erster Linie um sexuelle Handlungen, sondern vielmehr um die Entdeckung des eigenen Körpers, darum, Geschlechtsunterschiede nachzuvollziehen, sowie um das seelische und körperliche Wohlbefinden. Für Kinder bedeutet Sexualität unter anderem Geborgenheit. [6]

[6] Ab welchem Alter ändert sich dieses Interesse an Sexualität? Wie würden Sie das im Fall von Nelson bewerten?

Der Sexualkundeunterricht könnte Nelson die Möglichkeit geben, Fragen zu stellen und mehr über seinen eigenen Körper und die Entwicklung von Sexualität zu erfahren. Zudem kann es sein, dass Nelson bisher noch keine Möglichkeit hatte, sich mit seiner Sexualität auseinanderzusetzen, vermutlich hat er die entsprechenden Phasen nicht oder kaum intensiv durchlebt, sodass er auch kein Schamgefühl entwickelt hat. Sexualität wird oft als wichtiges Thema betrachtet und in der Schule unterrichtet, um den Schülern ein angemessenes Verständnis davon zu vermitteln. Nelson könnte die Vorfreude auf den Unterricht aufgrund der sozialen Akzeptanz und Bedeutung dieses Themas empfinden. Die soziale Akzeptanz könnte für ihn besonders wichtig sein, da er noch neu auf der Schule ist und kaum Freundschaften schließen konnte. Daher verunsichern ihn auch die Reaktionen der anderen Kinder und er reagiert mit Abwehr darauf. Sein aggressives Verhalten beruht daher vermutlich auf einer empfundenen Unsicherheit. Schließlich befindet sich Nelson in einem Wandlungsprozess, der von vielen Faktoren beeinflusst wird. Zum einen betrifft es seinen Körper: Dieser verändert sich und seine Interessen wandeln sich ebenfalls. Um diese Veränderungen zu verstehen, weist er eine große Neugier bezüglich sexueller Themen auf und beginnt, sich Fragen über Themen wie Fortpflanzung, Sexualität und Geschlechtsunterschiede zu stellen. Er scheint verstärkt nach Informationen zu suchen und will seine Kenntnisse über diese Themen erweitern. Dies sollte wie gesagt als personale Ressource wahrgenommen und genutzt werden. [7]

Umso schwerwiegender wäre es für Nelson, wenn er vom Sexualkundeunterricht ausgeschlossen würde, da ihm so wichtige Erfahrungen für ihn selbst und mit seinen Peers verwehrt werden. Besonders da sein körperlicher und emotionaler Wandlungsprozess durch die non-normative Entwicklungsaufgabe des Schulwechsels erschwert wurde. [8] Er hat nun zusätzlich die Aufgabe, eine neue soziale Gruppenzugehörigkeit zu finden.

[7] An dieser Stellen können Sie bereits Handlungsempfehlungen andeuten: roter Faden!

[8] Ihre Analyse bezüglich der sexuellen Entwicklung ist an vielen Stellen noch recht oberflächlich. Es fehlen konkrete Theorie-Praxis-Bezüge und fachliche Begrifflichkeiten. Die Schlussfolgerung, dass Nelson nicht vom Sexualkundeunterricht ausgeschlossen werden sollte, ist dennoch in weiten Teilen entlang der Erläuterungen nachvollziehbar.

6.8.4 Handlungsempfehlungen 1

Die Klausuraufgabe lautete:
„Aufgabe 4: Legen Sie fachtheoretisch begründete und fachpraktisch nachvollziehbare Handlungsempfehlungen dar, wie mit der jeweiligen Situation aus sozialpädagogischer Perspektive umzugehen wäre."

Handlungsempfehlungen

Nelson benötigt eine Bezugsperson. Als Bezugsperson gilt es, Nelson Sicherheit, Schutz vor den anderen und Zugehörigkeit zu vermitteln. Eine stabile, professionelle Beziehung, ein Verständnis für Nelsons Lebenswelt, Lebenslage und (Schul-)Situation könnte dazu beitragen, die Situation insgesamt besser zu verstehen. Am Anfang stehen somit – nach der Reflexion und dem Perspektivwechsel – der Beziehungsaufbau, professionelle Beobachtungen, Gespräche mit Nelson, den Eltern und den Lehrkräften. Es gilt, die Situation und Nelsons Verhalten empathisch zu verstehen: nachzuempfinden und auf der Grundlage einer fachtheoretischen und fachthematischen Analyse einzuordnen und zu verstehen. In diesem Prozess sollten sich die

Lehrkräfte und sozialpädagogischen Fachkräfte reflektieren, inwieweit sie über die erforderliche Handlungskompetenz für diese berufliche Herausforderung verfügen, die erforderlich ist, um konstruktiv und lösungsorientiert vorzugehen. [1]

[1] Nehmen Sie stärker Bezug zu den Inhalten Ihrer Analyse.

Zum empathischen Verstehen gehört es, Nelson in verschiedenen Situationen zu beobachten, mit ihm vielfältige Gespräche zu führen, wie auch mit seinen Eltern. Ich würde in jedem Fall zeitnah ein Elterngespräch anberaumen. Wichtig ist die konstruktive Zusammenarbeit mit den Eltern, aber nicht in erster Linie, damit Lehrkräfte besser arbeiten können, sondern damit es Nelson besser geht. Somit werde ich die Eltern auch nicht unter Druck setzen, keinen Stress erzeugen, weil dies seine Situation und somit auch sein Verhalten nur noch verschlimmern würde. [2]

[2] Aus welcher fachtheoretischen Perspektive gehen Sie davon aus, dass der Stress der Eltern Nelsons Verhalten „noch verschlimmern würde“? Was sollten Sie im Sinne einer positiven Bildungs-und Erziehungspartnerschaft bei der Planung eines Elterngesprächs beachten?

Das Elterngespräch würde ich nutzen, um Nelsons Lebenslage und Lebenswelt besser zu verstehen. Anscheinend hat bisher niemand nach seinen Stärken und Ressourcen, Interessen und Hobbys, Bedürfnissen und Bedarfen gefragt. Folgende Fragen wären wichtig zu klären, um die Situation besser nachvollziehen zu können: Wie hat sich Nelson zuvor in der Schule verhalten? Welche Fächer mochte er? Womit beschäftigt er sich gerne zuhause? Was hat er vor dem Schulwechsel gerne gemacht? Was erzählt er zuhause von der Schule? Hat er oder hatte er besondere Hobbys und Interessen? [3]

[3] Um die Planung eines Elterngespräches nicht zu überfrachten, wäre es sinnvoll, Fragen zu priorisieren. Welche Fragen wären aus welchem Grund besonders wichtig?

Die Eltern sollten am Anfang und am Ende des Gesprächs auch mal etwas Gutes über ihren Sohn erfahren, alles andere erhöht nur den Druck, den Stress der Familie, was weder zuhause noch in der Schule dafür sorgt, dass sich etwas zum Positiven ändert. Außerdem würde ich empfehlen, dass sie Nelson für gute Taten loben und ihn möglichst gar nicht bestrafen sollen. [4]

[4] An dieser Stelle ist es unbedingt erforderlich, einen Theoriebezug herzustellen, fachtheoretisch zu begründen, warum Sie dies wichtig finden!

In der Klasse und auf dem Schulhof müssten die Pädagogen/ Pädagoginnen und Lehrkräfte sicherstellen, dass Ausgrenzung und physische/ psychische Gewalt unterbunden wird (vgl.: Art. 1, Art. 2 Abs. 2 Grundgesetz). Es müssen klare Regeln abgestimmt und auf deren Einhaltung geachtet werden.

Dies bezieht sich auch auf die Schimpfwörter. Sie sind Ausdruck von Emotionen, in Nelsons Fall sind die Schimpfwörter Ausdruck starker Emotionen. Bezugnehmend auf Paul Ekmanns Theorie der Basisemotionen kann bei Nelson davon ausgegangen werden, dass er Wut, Angst, Trauer und Verachtung spürt.

Diese Emotionen sollte man als sozialpädagogische Fachkraft nicht bestrafen, sondern deren Ursache verstehen. Die Schimpfwörter sind möglicherweise Symptome für Verletzungen, somit Reaktionen auf andere Formen der physischen und/oder psy-

chischen Gewalt. Es geht aber nicht darum, Nelsons Verhalten damit zu entschuldigen, aber empathisch zu verstehen, somit nach dem „guten Grund“ für sein Verhalten zu suchen. Wir sollten nicht Symptome bekämpfen, sondern helfen, Ursachen sofern möglich zu beseitigen und alternative Handlungsmöglichkeiten aufzeigen und üben. Wenn sich Nelson mit seinen Emotionen verstanden fühlt, wäre das ein wichtiger Aspekt der Beziehungsarbeit.
Nach George L. Engel, der das biopsychosoziale Modell entwickelt hat, lassen sich neben den biologischen Ursachen und den sozialen auch psychologische Ursachen für Nelsons Verhalten finden: toxische Gedanken, toxisches Verhalten und toxische Emotionen. [5]

[5] Es ist zwingend erforderlich, dass Sie darlegen, was in der Psychologie unter „toxisch“ verstanden wird.

In der sozialpädagogischen Arbeit konzentrieren wir uns auf das Soziale und die Psyche. [6]

[6] Hierzu könnten noch etwas ausführlicher beschrieben werden, was unter „sozial“ und „psycho“ nach George L. Engel verstanden wird.

Da die anderen Kinder schon länger zusammen in einer Klasse sind, kennen sie sich wahrscheinlich schon ganz gut. Sie kennen aber vielleicht Nelson noch nicht so gut, da er sie mit seinem Verhalten noch immer irritiert oder auch verängstigt. Die Verunsicherung ist wechselseitig, da auch Nelson die anderen Kinder vielleicht noch nicht so gut kennt, dass muss man ändern. [7]

[7] Was könnte konkret getan werden? Gibt es hierfür Konzepte und Methoden, Spiele oder Projekte?

Wenn ich die Interessen und Hobbys der einzelnen Kinder kenne, dann kann ich auch versuchen, die Kinder mit gleichen Interessen über diesen Gesprächsanlass zusammenzubringen. [8]

[8] Können Sie konkretisieren, wie Sie dies tun würden?

Sowohl im Hinblick auf den Unterricht und die Situation auf dem Schulhof sollten Ziele vereinbart werden. Diese definieren als SMARTe Feinziele die nächsten Entwicklungsschritte und als Grobziel das jeweilige Entwicklungspotenzial. [9]

[9] Optimal wäre es, wenn Sie hier schon Ziele formulieren, die verfolgt werden könnten. Auch für das Elterngespräch wäre es hilfreich, entsprechende Ziele zu formulieren.

Zwischen mir als Bezugsperson und Nelson sollte Intersubjektivität im Hinblick auf den Entwicklungsstand, das Entwicklungspotenzial und die Entwicklungsschritte herrschen. Alles wird dokumentiert und dient als Gesprächsgrundlage und Gesprächsanlass.
Es gibt gute Gründe, die Klasse für den Sexualkundeunterricht nach Geschlecht aufzuteilen. In einer kleineren Gruppe wäre es ruhiger, weniger „peinlich“, außerdem könnten geschlechtsspezifische Aspekte intensiver besprochen werden. [10]

[10] Für eine fachlich begründete Analyse sollten Sie stärker darauf achten, ihre Argumente fachtheoretisch zu begründen und differenzierter vorzugehen. Welche Gründe sprechen für ein entsprechendes Vorgehen, welche dagegen? Welche Ziele könnten über welchen Weg eventuell besser erreicht werden? Welche Ziele wollen Sie aus welchen Gründen erreichen?

Auf keinen Fall dürfte Nelson vom Sexualkundeunterricht ausgeschlossen werden, da er mit seinem Wissen glänzen könnte. [11]

[11] Das ist zwar richtig, aber auch keine fachliche Einschätzung. Warum ist es – nach welcher Theorie? – wichtig, dass Nelson „glänzen“ kann, um was zu erreichen?

Optimal wäre, bei den Handlungsempfehlungen eine Art Hilfeplan zu erstellen, um entsprechende Handlungskompetenz auch für Ihre sozialpädagogische Tätigkeit zu erreichen.

6.8.5 Handlungsempfehlungen 2

Die Klausuraufgabe lautete:
„Aufgabe 4: Legen Sie fachtheoretisch begründete und fachpraktisch nachvollziehbare Handlungsempfehlungen dar, wie mit der jeweiligen Situation aus sozialpädagogischer Perspektive umzugehen wäre.“

Handlungsempfehlungen

Wie ich bereits in der Analyse erklärt habe, zeigt Nelson aggressives Verhalten aufgrund von Unsicherheiten in der sozialen Interaktion mit den anderen Kindern, aber auch den pädagogischen Fachkräften. Er ist neu in eine bereits bestehende Klasse gekommen und versucht, seine Rolle zu finden. Dies wird ihm durch das Verhalten einzelner Kinder und Pädagogen/Pädagoginnen, durch die Gruppendynamik und fehlende Unterstützung erschwert.
Daher erachte ich folgende Ziele als wichtig:
Innerhalb der nächsten 4 Wochen sollen mindestens zwei Angebote in Kleingruppen zu Themen, die Nelson Freude bereiten, erarbeitet werden, um seine Integration in die Klasse zu verbessern.
Innerhalb der nächsten 6 Wochen sollen weniger Provokationen in der Klasse stattfinden, um Nelsons Aggressionen zu mindern und ein respektvolles Miteinander zu fördern. [1]

[1] Die Ziele sind sehr ungenau definiert. Handelt es sich um Leitziele, Grobziele? Formulieren Sie die Ziele vor dem Hintergrund fachlicher Standards zur Zieldefinition neu.

Um diese beiden Ziele zu erreichen, spielt insbesondere die Ressourcenorientierung eine wesentliche Rolle. Bisher wurden vor allem Nelsons Defizite von den Lehrkräften in den Fokus genommen. Dadurch wurde Nelson stigmatisiert und es wurden ihm kaum Möglichkeiten geboten, eine anerkannte Rolle zu finden und sich konstruktiv weiterentwickeln zu können. Es kommt insbesondere auf die pädagogischen Grundhaltungen nach Carl Rogers an, die im Sinne der Ressourcenorientierung dafür sorgen, dass dem Entdecken, Aufzeigen, Fördern sowie Nutzen individueller Ressourcen große Bedeutung zukommt. Ressourcenorientierung erreiche ich durch Beobachtungen, wertschätzende Gespräche und Dokumentationen. Ich tue alles, um Nelson empathisch zu verstehen, seine Perspektive

nachzuempfinden und sein Verhalten fachlich einzuordnen.
Als sozialpädagogische Fachkraft an der Schule habe ich am Nachmittag die größten Handlungs- und Gestaltungsspielräume für die Planung und Durchführung gruppendynamisch förderlicher Angebote.
Da mit 16 Kindern aus Nelsons Klasse ein Großteil am Nachmittagsangebot teilnimmt, ist dies eine gute Voraussetzung für meine sozialpädagogische Arbeit. [2]

[2] Hat es aber nicht auch große Nachteile, dass nicht alle dabei sind? Versuchen Sie immer differenziert vorzugehen: Vorteile, Nachteile; einerseits, andererseits; so oder anders …

Ich möchte den Kindern altersangemessen das Handlungskonzept der Gewaltfreien Kommunikation vermitteln, um ihnen konstruktive Handlungsmöglichkeiten für den Umgang mit Konflikten an die Hand zu geben, von denen sie nachhaltig profitieren können. Im Kern geht es darum, dass die Kinder lernen, wie man seine eigenen Gefühle ausdrücken kann, ohne sein Gegenüber zu verletzen.
Im ersten Schritt werden subjektiv wahrgenommene Beobachtungen von mir beschrieben und die Kinder sollen sagen, wie sie sich dabei fühlen. Die Situationen stammen aus dem Schulalltag der Kinder, sodass Anknüpfungspunkte vorhanden sind. Die Wolfssprache und Giraffensprache werden mithilfe von Stofftieren und Bildern visualisiert. So ist es greifbarer für die Kinder. Während der Wolf mit Ausdrücken um sich beißt und andere Menschen beabsichtigt oder auch unbeabsichtigt angreift und verletzt, kann die Giraffe, das Landtier mit dem größten Herzen, Gefühle und Bedürfnisse sehr gut äußern. Die Kinder sollen nun Giraffen-Lösungsmöglichkeiten für die beschriebenen Schulsituationen erarbeiten. [3]

[3] Ich finde Ihre Ausführungen noch etwas ungenau. Es gibt Konzepte, die beschreiben, wie man Kindern dieser Altersgruppe die GfK vermitteln kann. Auf entsprechende Methoden beziehen Sie sich aber nur sehr vage und ungenau. Könnten Sie den Verlauf des Angebotes bzw. der Angebotsreihe strukturierter vor dem Hintergrund Ihrer Ziele darstellen? Bei den Handlungsempfehlungen sollten Sie durchaus sehr konkret werden, an einem Beispiel konkretisieren, was man pädagogisch im Umgang mit der Situation tun könnte.

Im Stuhlkreis, damit sich alle sehen und hören können, führe ich kurz in das Thema Gewaltfreie Kommunikation ein und erkläre das Konzept. Danach dürfen die Kinder in Kleingruppen selbst kreativ werden. [4]

[4] Wie groß sollten die Kleingruppen sein? Welche und wie viele Kinder nehmen teil? Wie werden die Kleingruppen eingeteilt?

Sie sollen „ihren" Wolf und „ihre" Giraffe gestalten. [5]

[5] Was meinen Sie mit „gestalten"? Malen, basteln, werken? Welches Material wird benötigt?

Da Nelson gerne Monster und Superhelden mag, kann er sich hier gut einbringen. [6]

[6] Mit welcher seiner Kompetenzen kann er sich konkret einbringen?

In der Kleingruppe fühlt sich Nelson wahrscheinlich sicherer, wobei die anderen Kinder möglicherweise von Nelson verunsichert werden oder gar nicht erst in einer Gruppe mit ihm sein wollen, was Nelson wiederum verunsichern könnte. Ziel ist es, dass Nelson den anderen Kindern zeigen kann, wie kreativ er ist. [7]

[7] Welches Leitziel steckt hinter diesem Feinziel?

Nelson wird als hilfsbereiter und kreativer Junge beschrieben, was er in diesem Angebot zeigen kann. Die Mitschüler/-innen erkennen ihn als unterstützendes Teammitglied an.[8]

[8] Was können Sie tun, um dies zu erreichen?

Durch die Kleingruppenarbeit kommt er noch mit anderen Kindern außer Leo in den Kontakt und kann weitere Kontakte in einer entspannten Situation knüpfen. Die Atmosphäre gestalte ich bewusst entspannter als die Klassensituation. Es geht nicht darum, wer „den schönsten Wolf" gestaltet. Bewertungen, Vergleiche und Wettbewerb sollen keine Rolle spielen, da diese nur Stress provozieren.[9]

[9] Welche Art von Stress wird durch Bewertungen, Vergleiche und Wettbewerb ausgelöst? Können Bewertungen, Vergleiche und Wettbewerb nicht auch positiv sein?

Ich muss als sozialpädagogische Fachkraft darauf achten, dass alle Kinder in der Kleingruppenarbeit ihre Ideen äußern können und diese angemessen berücksichtigt werden.[10]

[10] Wäre es somit nicht sinnvoll, eine Verlaufsplanung zu konzipieren und einzuhalten? Wie strukturieren Sie das Angebot, um so weit als möglich sicher zu gehen, dass Sie die Ziele erreichen? Was könnte „schief gehen" und was tun Sie dann?

Im Anschluss präsentieren die Kinder ihre Wölfe und Giraffen und berichten, wie sie diese zukünftig einsetzen wollen. Ich schlage vor, die Wölfe und Giraffen im Klassenraum sichtbar und zugänglich aufzuhängen. Die Kinder sollen, wenn sie bemerken, dass jemand „wölfisch" handelt, verletzend wird, auf das entsprechende Symbol verweisen.[11]

[11] Ich könnte mir vorstellen, dass dies für große Unruhe im Unterricht sorgen könnte, oder?

Durch das Vorstellen und Aufhängen der Wölfe und Giraffen „verankert" sich auch deren Bedeutung bei den Kindern. In erster Linie geht es ja darum, dass die Schüler/-innen für (sprachliche) Gewalt sensibilisiert werden sollen und die verletzende Wirkung von Worten erkennen.
In der Schulbegleitung sollte es darum gehen, mit der Klassenlehrkraft Klassenregeln aufzustellen, die Konflikte vorbeugen und Konsequenzen bei Regelbruch vorhersehbar machen.[12]

[12] Wer entscheidet, wie ist geregelt, was bei Regelbrüchen passiert? Berücksichtigen Sie den pädagogisch äußerst wichtigen Unterschied zwischen Konsequenzen und Strafen!

Zudem würde ich verstärkt dazu beitragen, dass der Zusammenhalt in der Klasse gestärkt wird und Nelson als vollwertiges Mitglied anerkannt wird. Hierfür sollte neben den Angeboten zur Gewaltfreien Kommunikation soziales Kompetenztraining regelmäßig stattfinden. In solchen Trainingseinheiten lernen die Schüler/-innen, ihr soziales Verhalten positiv zu kontrollieren. Auch hierbei lernen sie, ihre Gefühle zu erkennen und zu benennen, Konflikte gewaltfrei zu lösen und Aggressionen zu kontrollieren.[13]

[13] Es wäre optimal, wenn Sie etwas konkreter ausführen könnten, welche Ziele mit welchen Methoden durch das soziale Kompetenztraining erreicht werden können.

Einmal in der Woche würde ich gruppenpädagogische und erlebnispädagogische Angebote mit der Klasse 4a durchführen.[14]

[14] Was charakterisiert entsprechende Angebote? Welche konkreten Ziele sollen mit den Methoden der Gruppen- und Erlebnispädagogik erreicht werden?

Insgesamt sollte auf verschiedenen Ebenen gearbeitet werden. So sollte neben der Stärkung der Klassengemeinschaft und der

Gemeinschaftsfähigkeit der Kinder (vgl.: SGB VIII §1), Nelson individuell unterstützt werden. Ich möchte seine Bedürfnisse verstehen und gemeinsam mit ihm individuelle Bewältigungsstrategien erarbeiten. Entsprechend muss ich mich zuvorderst intensiv mit dem Thema (Umgang mit) ADHS auseinandersetzen. Im Sinne des empathischen Verstehens führe ich regelmäßig und anlassunabhängige Einzelgespräche mit ihm durch. Im Sinne von Carl Rogers trete ich hierbei empathisch, wertschätzend und kongruent auf. Zusätzlich würde ich die Elternarbeit verbessern. Was für die Gespräche mit Nelson gilt, greift auch bei Gesprächen mit den Eltern. Es gilt, nicht „Fehler“ zu suchen, sondern Lösungen, damit es Nelson bessergeht und er sich optimal entwickeln kann.

Insgesamt konnte ich nachvollziehen, warum sich Nelson häufig aggressiv verhält und versuche, seine Aggressionen durch die Stärkung seines Zugehörigkeitsgefühls und der Minderung an Provokationen in den Griff zu bekommen.
Wichtig ist es, dass den Selbstwert verletzende Strafmaßnahmen unterbleiben, da sie das Problem vergrößern. Strafen sind nicht die Lösung, sondern die Ursache von Problemen.
Es liegt an den sozialpädagogischen Fachkräften, nach dem Perspektivwechsel, nach dem empathischen Verstehen, dem emotionalen Nachfühlen und dem kognitiven Verstehen, die eigene Handlungskompetenz zu reflektieren, ob diese ausreicht, mit der Situation lösungsorientiert umzugehen. [15]

[15] Und dann?

6.8.6 Handlungsempfehlungen 3

Handlungsempfehlungen

Vor dem Hintergrund meiner Analyse zur Lernsituation möchte ich zwei Leitziele formulieren:
1. Mein erstes Leitziel ist: Nelson sollen seine personellen Ressourcen sowie seine Umweltressourcen wahrnehmen und erkennen. Er soll dabei unterstützt werden, diese zu nutzen, damit er sich im Bereich der Selbstkompetenz weiterentwickeln kann. [1]

[1] In welchem zeitlichen Rahmen sollte dies passieren? Werden Sie konkreter: Welche Ressourcen? Wie soll er unterstützt werden?

Dies möchte ich erreichen, indem ich mit Nelson seine personellen sowie Umweltressourcen aufspüre, aufzeige und fördere. Hierfür gilt es als Voraussetzung, ressourcenorientiert zu arbeiten. Dafür muss jeder Mensch, der mit Kindern arbeitet, eine ressourcenorientierte Position einnehmen. Also müsste ich mit den Lehrkräften ein Gespräch über ressourcenorientierte Haltung führen, damit Nelson nicht vom Sexualkundeunterricht ausgeschlossen wird. [2]

[2] Wie kann das Gespräch gestaltet werden? Welche Fragen wollen Sie klären? Welche Herausforderungen könnten entstehen?

Solche Sanktionen sind im pädagogischen Alltag nicht hilfreich und diesem Fall auch nicht fachlich begründbar. Eine Sanktion, die ihn von den anderen Kindern ausschließt, könnte sein aggressives Verhalten verstärken und eher eine negative Reaktion herbeiführen. Sanktionen können negative Auswirkungen auf das Lernen und die Entwicklung von Nelson haben. Nelson scheint bereits von den Lehrkräften stigmatisiert zu werden, da er ständig bestraft wird und sie ihn als Sündenbock abstempeln. Dies kann zu Angst, Stress und einem geringeren Interesse am Lernen führen. Ein einfühlsamer Ansatz und vor allem ein ressourcenorientierter Blick auf Nelson fördert die intrinsische Motivation, das Lernen zu genießen und sein volles Potenzial auszuschöpfen.
Da Nelson an dem Thema Sexualität ein großes Interesse zeigt, sollte dieses Interesse auch weiter genutzt werden, um so auch die Motivation für ein sozialangemessenes Verhalten zu steigern (personelle Ressource).
Da ich dazu aufgefordert wurde, ebenfalls den Sexualkundeunterricht am Nachmittag weiter aufzugreifen, kann ich Nelsons vorhandenes Wissen und seine Interessen miteinbringen. Hierfür würde ich ein Gespräch mit ihm führen, um nachzuvollziehen, welches Wissen er bereits besitzt und welches Interesse er besonders daran hat. Ich könnte gemeinsam mit Nelson passendes Material für den Unterricht auswählen, bspw. Bücher, Videos oder Spiele.[3]

[3] Worauf achten Sie beim Gespräch? In welchem Rahmen soll dies stattfinden?

Zusätzlich gibt es diverse Möglichkeiten, ihn einzubinden und ihm Verantwortung zur übertragen. So könnte er bestimmte Fragen oder Themen recherchieren und die Ergebnisse in der Nachmittagsbetreuung präsentieren. So kann er eigenständig tiefer in bestimmte Aspekte der Sexualität eintauchen und sein Wissen mit anderen teilen.[4]

[4] Was für Themen könnten das sein? Welche Unterstützung benötigt er dabei?

Gleichzeitig könnte man Klassenmitglieder mit hinzuziehen und auch eine Gruppenaufgabe daraus gestalten, sodass Nelson Anknüpfungspunkte an die Peers ermöglicht werden. Als pädagogische Fachkraft sollte ich darauf achten, welche Themen die Kinder auswählen, da nicht alle Themen geeignet sind, um sie eigenständig zu recherchieren und zu erarbeiten. Die Themen der Sexualität sind sehr vielseitig und auch von Person zu Person sehr sensibel. Die Auswahl sollte altersgerecht und zielorientiert stattfinden. Zudem könnte ich bestimmte Internetseiten und Bücher empfehlen, die eine zielgenaue Erarbeitung der Thematiken ermöglicht.[5]

[5] Beachten Sie, in Ihrer Planung konkrete Schritte zu beschreiben und zu begründen. Oftmals sind Ihre Beschreibungen zu oberflächlich und dadurch wenig konkret.

Um seine Interessen außerhalb des Themas Sexualpädagogik zu fokussieren, würde ich mit ihm in regelmäßigen Abständen eine Tauschbörse für Sammelkarten veranstalten. Leo würde

ich hierfür mit ins Boot holen, da er ebenfalls ein großes Interesse daran zeigt und zugleich die Beziehung zwischen Nelson und Leo gestärkt werden könnte.
Nelson und Leo könnten als Moderatoren für den fairen Tausch zuständig sein. Hierbei würde ich seine personelle Ressource der Kreativität nutzen wollen. Daher soll er mit Leo zusammen einen Flyer oder ein Plakat für die Tauschbörse gestalten. Zudem soll ein Regelplakat erstellt werden, welches den fairen Tausch regelt und bildlich darstellt. So verstehen auch die jüngeren Kinder, welche Tauschregeln zu beachten sind. [6]

[6] *Auch hier: Werden Sie konkreter! Beachten Sie beispielweise einzelne Schritte, didaktisch-methodische Hinweise etc.*

Diese pädagogischen Handlungsideen sollen Nelson aufzeigen, welche Fähigkeiten, Kompetenzen und Ressourcen er bereits besitzt und weiterentwickeln kann. Dies kann ihm helfen, seine Unsicherheiten zu verringern und mehr Selbstbewusstsein zu entwickeln. Es ist wichtig, einen Perspektivwechsel vorzunehmen, der den Blick weg von den Defiziten, hin zu den Ressourcen lenkt. So könnte sich auch seine Unruhe in der Klasse minimieren, da er für sich Handlungsstrategien entwickeln kann und von außen annehmen kann, die ihn dabei unterstützen, ein angemessenes Sozialverhalten zu entwickeln, und dies nicht stetig als Provokation und Abwertung seiner Person zu verstehen. Durch die Übernahme von verantwortungsvollen Aufgaben wird sein Selbstbewusstsein gestärkt, da er wahrgenommen und respektiert wird → Empowerment.

Mein zweites Ziel in diesem Zusammenhang betrifft die pädagogischen Fachkräfte.
Wie zu Beginn schon kurz thematisiert, muss die ressourcenorientierte Unterstützung vor allem von den sozialpädagogischen Fachkräften ausgehen und gelebt werden.
Daher lautet mein zweites Ziel:
2. Die pädagogischen Fachkräfte der Schule erweitern ihre Handlungskompetenz, indem sie sich mit den fachlichen Inhalten der Ressourcenorientierung auseinandersetzen und ein Konzept entwickeln, wie sie dies im Alltag realisieren können. [7]

[7] *Zeitrahmen? Lehrkräfte oder/und Sozialpädagogen?*

Zunächst würde ich ein Treffen mit allen beteiligten Lehrkräften und Sozialarbeitern organisieren, damit wir uns gemeinsam über die Situation des Jungen austauschen können. Zusammen sammeln wir Informationen über seine Stärken, Interessen und Ressourcen, um ein ganzheitliches Bild von ihm zu erhalten. [8]

[8] *Wie kann dies methodisch gestaltet werden? WARUM wollen Sie dies tun?*

Im nächsten Schritt geht es um eine Sensibilisierung für das Thema Ressourcenorientierung in der Schule. Viel zu schnell werden häufig die Defizite der Kinder in den Fokus gerückt, da Schule vor allem darauf fokussiert ist, diese zu minimieren. Stigmatisierungen sind dadurch schnell gegeben. Umso wichtiger ist es, den Kindern und in diesem Fall Nelson seine Ressourcen bewusst zu machen und insbesondere den Lehrkräften deutlich zu machen. Daher sollen sie sich in diesem Schritt näher mit dem Thema der Ressourcenorientierung auseinandersetzen und die Hintergründe, wie Salutogenese oder Empowerment, verstehen und nachvollziehen können. Es sollen die positiven Auswirkungen einer solchen Praxis auf die Schüler und die Lernumgebung erklärt werden. Dabei muss darauf geachtet werden, dass keiner der Lehrkräfte vorgeführt wird oder dass ich mich auf ein moralisches Podest stelle. [9]

[9] Das WARUM haben Sie geklärt, jedoch noch nicht das WIE.

Nachdem die fachlichen Inhalte geklärt sind, stellen wir gemeinsam eine stärkenbasierte Bewertung für Nelson auf. Hierzu nutzen wir die zu Beginn schon gesammelten Ressourcen, indem wir umfassende Beurteilung dieser durchführen, die seine Interessen, Talente und Erfolge berücksichtigt. [10]

[10] WIE konkret? WARUM?

Im Anschluss stellen wir einen Individuelle Förderplan zusammen, wie diese Ressourcen im Alltag besser genutzt und wahrgenommen werden können. Hierbei kann Nelson auch beteiligt werden, sodass er Mitsprachrecht erhält und sich einbringen kann. [11]

[11] Mit allen Lehrkräften/Sozialpädagogen?

Es sollen spezifische Ziele und Maßnahmen entwickelt werden, um seine Stärken zu stärken. Dies motiviert und hat einen positiven Effekt auf alle seine Lebensbereiche.

Es sollte ein regelmäßiger Austausch organisiert werden, um den Fortschritt zu überwachen, Erfahrungen zu teilen und gemeinsam Lösungen zu erarbeiten. Insbesondere in Bezug auf die eigene, fachliche Haltung, sollten die Lehrkräfte regelmäßig reflektieren und evaluieren. Nicht nur im Kontext mit Nelson, sondern auch auf die gesamte Arbeit in der Schule. So kann nicht nur Nelson davon profitieren, sondern die gesamte Schule mit all ihren Schüler/-innen und Lehrkräften.

Ihre Ideen sind nachvollziehbar und zum Teil begründet dargestellt. Das WAS wird in weiten Teilen deutlich. Doch wird das WIE kaum beantwortet. Das WARUM kommt dadurch zu kurz bzw. ist weniger verständlich. Achten Sie darauf, immer alle drei Fragen ausreichend zu beantworten.

6.9 Lernsituation „Unberechenbar“

Diese Lernsituation wurde in Lernfeld 3 zur Prüfungsvorbereitung in einer Abschlussklasse für Erzieher/-innen eingesetzt. Schwerpunktthemen: Aggression, Mobbing, Ressourcenorientierung, Systemischer Ansatz.

6.9.1 Fachthemen und Fachtheorien

→ Siehe Lernsituation „Unberechenbar“, Seite 48

Aus der Lernsituation lassen sich verschiedene Themen und Theorien ableiten, die helfen, die Situation fachlich einzuordnen und zu verstehen. Sie können diese als **Mindmap** (vgl. Kapitel 6.6.2) anordnen. Aus der Lernsituation lassen sich auch **pädagogische Fragen** ableiten, die Sie vielleicht zum Teil schon beantworten können. Probieren Sie es aus und tauschen Sie sich in einer Kleingruppe, dann im Plenum aus.

Was charakterisiert die sozialpädagogische Tätigkeit im Arbeitsfeld Schule?
Was charakterisiert die berufliche Perspektive sozialpädagogischer Fachkräfte und inwieweit unterscheidet sich diese von der professionellen Perspektive von Lehrkräften und Psychologen/Psychologinnen?
Welche besonderen Chancen und Herausforderungen für die pädagogische Arbeit bietet die Nachmittagsbetreuung an Schulen?
Welche Bedeutung kommt den Mitarbeitenden in der Nachmittagsbetreuung zu und welche Gründe sprechen für den Einsatz sozialpädagogischer Fachkräfte in diesem Arbeitsfeld?
Welche pädagogischen Gründe sprechen für und gegen den ehrenamtlichen Einsatz von a) Eltern und b) pädagogischen Laien in der Schule?
Was versteht man in der Pädagogik unter Professionalität?
Was ist aus entwicklungspsychologischer Perspektive das Besondere an der Altersgruppe der 9- bis 11-Jährigen?
Welchen Einfluss hat die Familienform auf die Sozialisation von Kindern und Jugendlichen?
Welchen Einfluss hat der Beruf der Eltern auf die Sozialisation von Kindern und Jugendlichen?
Welche familiären Herausforderungen gehen mit der Schichtarbeit eines Elternteils einher?
Welchen Einfluss haben a) Geschwister, b) Großeltern auf die Sozialisation von Kindern und Jugendlichen?
Welchen Einfluss hat a) der Sozialraum und b) die Wohnform auf die Sozialisation von Kindern und Jugendlichen?
Wie hat sich die Corona-Pandemie auf a) die Sozialisation und b) psychische Entwicklung von Kindern und Jugendlichen ausgewirkt?
Wie beeinflusst Angst die Psyche von Menschen?
Was können die sozialen, physischen und psychischen Ursachen einer Gewichtszunahme bei Kindern sein?
Wie erklärt sich aus psychologischer Perspektive der Reiz von Kampf-und Ballerspielen? Inwieweit beeinflussen Medien den Sozialisationsprozess?
Wie lässt sich aus psychologischer Perspektive erklären, dass Menschen aggressiv gegen a) sich, b) andere oder c) Gegenstände handeln?
Welche Rolle spielt Sport in der pädagogischen Arbeit?
Was sind die Chancen und besonderen Herausforderungen von Wettkämpfen?
Welche pädagogische Bedeutung können Sportvereine im Sozialisationsprozess spielen?
Was sind die psychologischen Gründe dafür, dass Menschen andere Menschen auslachen oder auf andere Art abwerten?
Welche Rolle spielt die Schule im Sozialisationsprozess von Kindern und Jugendlichen?
Welche Einflussmöglichkeiten haben Eltern auf die pädagogische Arbeit an Schulen?
Wie erklärt sich aus psychologischer Perspektive der Reiz von Spielen wie „Fortnite“?

Die Seiten für Lehrkräfte
Die nachfolgenden Seiten sind primär für Lehrkräfte konzipiert. Aus Gründen der Transparenz sind die Seiten hier enthalten, denn für interessierte Lernende mögen sie ebenfalls interessant sein (Perspektivwechsel, Hintergrundinformation).

7 Lehren entlang der vollständigen Handlung (für Lehrkräfte)

Das von der Kultusministerkonferenz am 18. Juni 2020 verabschiedete „Kompetenzorientierte Qualifikationsprofil für die Ausbildung sozialpädagogischer Assistenzkräfte an Berufsfachschulen" enthält folgenden Passus:
„In der Erarbeitung konkreter Lernsituationen sollen fachwissenschaftliche und berufsrelevante Kenntnisse und Fertigkeiten erlangt werden. Dies erfordert die Integration von Theorie und Praxis in die Ausbildung. Zentral ist der Ansatz, Lernen in Form der vollständigen sozialpädagogischen Handlung zu ermöglichen." (KMK I, 2020, S. 4)
Der am selben Tag verabschiedete KMK-Rahmenlehrplan für die Fachschule für Sozialpädagogik legt gleichermaßen fest, dass sich schulisches „Lernen in vollständigen Handlungsvollzügen" (KMK II, 2020, S. 9/13) vollziehen soll.
Schulische Lehr- Lernprozesse sind nach dem SGB VIII §1 mit dem gesetzlichen Auftrag verbunden, in der sozialpädagogischen Praxis „junge Menschen in ihrer individuellen und sozialen Entwicklung" zu fördern, dazu beizutragen, „Benachteiligungen zu vermeiden oder abzubauen" und „dazu bei[zu]tragen, positive Lebensbedingungen für junge Menschen und ihre Familien sowie eine kinder- und familienfreundliche Umwelt zu erhalten oder zu schaffen". Dieser bundesweit einheitliche Auftrag erfordert umfassende berufliche Handlungskompetenz, die über die Pädagogik hinausgeht.

Wie hält es die Praxis mit der Schule und wie hält es die Schule mit der Praxis?
Wie können aktuelle fachpraktische Herausforderungen
▪ der Lernenden, ▪ der Einrichtungen, ▪ der sozialpädagogischen Fachkräfte, ▪ der Arbeitsfelder, aber auch ▪ wissenschaftliche Erkenntnisse
so in den (Lernfeld-)Unterricht integriert werden, dass alle Seiten voneinander und miteinander lernen?

7.1 Lernen in Schule und Praxis

Dass der Zusammenarbeit der Lernorte eine große Bedeutung im Hinblick auf die Qualifizierung sozialpädagogischer Fachkräfte zukommt, scheint unumstritten. Die Diskussionen um Methoden und Konzepte, Ausbildungsmodelle und Kompetenzen lassen sich in den folgenden Fragen zusammenfassen:

Die qualifizierenden Bildungs- und Lernprozesse sind nicht Selbstzweck, sondern u. a. verbunden mit dem gesetzlichen Auftrag, die Lehr-Lernprozesse so auszurichten, dass sozialpädagogische Fachkräfte „junge Menschen in ihrer individuellen und sozialen Entwicklung" fördern und dazu beitragen können, „Benachteiligungen zu vermeiden oder abzubauen" (SGB VIII §1 Abs. 3). Dieser gesetzliche Auftrag setzt fachpraktische Kompetenzen, aber auch fachthematisches/fachtheoretisches Wissen voraus – in diesem Fall bspw. entwicklungspsychologisches Wissen, Wissen über Arten und Folgen von Benachteiligungen, Kenntnisse über Methoden und Konzepte zur Förderung der individuellen und sozialen Entwicklung.
Fachpraxis und Fachtheorie greifen ineinander, müssen aus unterschiedlichen Perspektiven dazu beitragen, dass sozialpädagogische Fachkräfte „positive Lebensbedingungen für junge Menschen und ihre Familien sowie eine kin-

der- und familienfreundliche Umwelt" (SGB VIII §1 Abs. 3) erhalten oder schaffen. Dieser sozialpolitische Auftrag lässt sich nur durch die Zusammenarbeit unterschiedlicher Träger und Akteure realisieren. Gemäß dem Rahmenlehrplan der Kultusministerkonferenz für die Fachschule für Sozialpädagogik[16] soll der Unterricht eine enge Theorie-Praxis-Verknüpfung sicherstellen, sodass Lernprozesse aus der Praxis im Lernort Schule sinnvoll miteinander verbunden werden sowie umgekehrt Inhalte aus dem Lernort Schule in der Praxis sichtbar werden.

Bildungs- und Lernprozesse zwischen Muße und Handlungsdruck

Der Unterricht wird handlungsorientiert entlang realistischer Praxisherausforderungen gestaltet, idealerweise an den konkreten Praxisherausforderungen der Schüler/-innen. Diese zu verschriftlichen, stellt eine besondere und wichtige Handlungskompetenz dar. Durch Lehr-Lernprozesse entlang dem Modell der vollständigen Handlung soll jene Handlungskompetenz erreicht werden, die erforderlich ist, um angesichts von mehr oder weniger arbeitsfeldtypischen Herausforderungen handlungsfähig zu sein oder zu werden. Hierzu gehört zuvorderst der konstruktive Umgang mit Stress und Herausforderungen, die als „Problem" erlebt werden.

Die Lehrkraft plant, initiiert und provoziert, begleitet und reflektiert Lehr-Lernarrangements im Hinblick auf das Ausbildungsziel und den individuellen Lernstand der Schüler/-innen. Die Lernenden sind herausgefordert, selbst, aktiv und eigenverantwortlich ihre schulischen und außerschulischen Bildungs- und Lernprozesse zu gestalten. Ihre individuellen fachpraktischen Herausforderungen, Erfahrungen und Handlungskompetenzen finden entsprechend Berücksichtigung.

Lehrkräfte gestalten aber nicht nur zweckrationale **Lernprozesse**, sondern auch **Bildungsprozesse**, verstanden als *das vom Handlungsdruck entlastete Nachdenken*. Dieses Nachdenken kann nur in bewertungsfreien Phasen stattfinden. Bildung benötigt hiernach Zeit. Zeit für das Nachdenken über, aber auch – im Sinne des empathischen Verstehens – für das Nachfühlen von Lebenswelten und Perspektiven. Bildung braucht somit Muße!

Lehr-Lernarrangements werden entsprechend nicht nur auf Effizienz und Effektivität ausgerichtet, nicht nur auf empirisch messbaren Output. Es werden gleichsam Methoden und Verfahren eingeführt, die vom Handlungsdruck entlastet, bewertungsfrei das konstruktive Nachdenken über sich selbst (Reflexion) ermöglichen.

In Gruppen lernen

Der sozialpädagogische Berufsbezug wird vor allem durch Interaktion und das soziale Miteinander geformt, also von dem „subjektiven Sich-Einlassen unter vorgegebenen Rahmenbedingungen auf jeweils unterschiedliche Gegenüber, die als Person mit ihren Eigenarten den jeweiligen Erziehungsprozess mit beeinflussen" (Krüger/Dittrich 1986, S. 328).

Das gemeinsame Nachdenken, der Austausch in wechselnden Gruppenkonstellationen ermöglicht, neue Perspektiven kennenzulernen, und provoziert Denkprozesse. Dieser Austausch fordert aber auch die Kompetenz heraus,

- Intersubjektivität herzustellen,
- sich verständlich zu machen und
- andere verstehen zu wollen.

Die Schüler/-innen erkennen und erfahren in einem entsprechend gestalteten Unterricht, dass in jeder Situation verschiedene Perspektiven und Handlungsoptionen bestehen. Schüler/-innen lernen durch Lehren, unterstützen sich als Lernhelfer wechselseitig, übernehmen Verantwortung für sich und die Lerngruppe. Da die Lernprozesse entlang der Phasen des Modells der vollständigen Handlung klar strukturiert sind, kann die Lehrkraft als Lernbegleiter/-in Verantwortung an die Lernenden abgeben. Kurz: Lernprozesse gestalten sich individuell oder gar nicht. **Die Lehrkraft übernimmt die Verantwortung für die lernförderlichen Rahmenbedingungen sowie die Initiierung und Begleitung der Lern- und Bildungsprozesse. Teamarbeit wird nicht als abstrakter Unterrichtsinhalt vermittelt, sondern als Unterrichtsprinzip erfahren und herausgefordert.**

[16] Kultusministerkonferenz (KMK): Rahmenlehrplan für die Fachschule für Sozialpädagogik, Berlin/Bonn 2020.

Lernen mit Lernsituationen

Die Schüler/-innen lernen entlang von Lernsituationen fachpraktische Herausforderungen

1. zu erkennen, zu beobachten und zu reflektieren,
2. sachlich und nachvollziehbar darzustellen, um vor diesem Hintergrund
3. **Perspektivwechsel** zu vollziehen,
4. fachtheoretische Analysen durchzuführen und
5. **Handlungsmöglichkeiten** unter Berücksichtigung möglicher Konsequenzen (bspw. „Stolpersteine") zu entwickeln.

Humanistische Haltung

Sozialpädagogisches Handeln verändert Situationen und Lebenswelten über die Tätigkeit in der Einrichtung hinaus: Es verändert Lebenslagen, Lebenswelten, Lebensläufe und Lebensentwürfe, es verändert Erfahrungen und Beziehungen, es öffnet oder verbaut Möglichkeiten, es inspiriert oder schränkt ein, es unterstützt und bestärkt oder verhindert und entmutigt. Hieraus leitet sich eine besondere Verantwortung von sozialpädagogischen Fachkräften ab. Die sozialpädagogische Tätigkeit versteht sich als Menschenrechtsprofession. Entsprechend gilt, **humanistische Werte**, wie auch die Grundrechte des Grundgesetzes, nicht nur als abfragbares Wissen zu thematisieren und abzufragen, sondern als handlungsleitende Haltung, die das praktische Tun auf besondere und bewusste Art und Weise prägt. Humanistische Werte sollten sich nicht nur im Konzept der Einrichtung finden, sondern erfahrbar sein und das Handeln begründen. Im Sinne der doppelten Vermittlungspraxis sollte dieser Anspruch gleichermaßen für den berufsqualifizierenden Unterricht gelten.

7.2 Leistungsnachweise und Leistungsbewertung

Schulische Lehr-Lernprozesse finden vor dem Hintergrund von Leistungsbemessung, Leistungsbewertung und Leistungsnachweisen statt.
Klausuren dienen dem Ziel, den Leistungsstand der Schüler/-innen zu ermitteln und Noten zu generieren. Noten stehen am vorläufigen Ende eines Lehr-Lernprozesses und provozieren in Abhängigkeit zur Selbsteinschätzung und den Zielen der Schüler/-innen Konflikte, die vom Inhalt und Thema ablenken und zukünftige Lernprozesse möglicherweise behindern oder gar unmöglich machen. Im Zusammenhang mit der Notengebung wird – insbesondere im Konfliktfall – das hierarchische Verhältnis zwischen Lehrkräften und Lernenden erfahrbar.
Zugleich erfahren Lernende im Kontext der Leistungsbewertung vielfach lernprozesshinderliche Gefühle von Stress oder gar Ohnmacht. Verunsicherungen entstehen aufgrund unterschiedlicher Bewertungskriterien und Lehrerpersönlichkeiten, aber auch durch die sich widersprechende Selbst- und Fremdwahrnehmung.
Die Leistungsbewertung versetzt die Lernenden unterschiedlich stark in Stress. In einem solchen Kontext sind die Emotionen und Gefühle der Lernenden zu beachten und im Lernprozess zu berücksichtigen, denn sie beeinflussen positiv oder negativ den Lernprozess der Lernenden.
Umso wichtiger ist es, Intersubjektivität sicherzustellen, Erwartungen, Ziele, Bedarfe und Befürchtungen mithilfe von Erwartungshorizonten und Zielvereinbarungen zu klären. Besonders geeignet erscheinen uns Mock-Exams[17], Kofferklausuren/Open-Book-Klausuren[18], die eine größtmögliche Transparenz herstellen und Stress aufgrund von Angst/Verunsicherung vermindern.

„Denken, Fühlen und Handeln bilden eine Einheit, die den Erziehungsprozess in dieser Qualität erst konstituiert und nicht ohne den Handlungsprozess der mitstrukturierenden Person gedacht werden kann." (Krüger/Dittrich 1986, S. 328)

Die Schüler/-innen sind Mit-Gestaltende, erleben sich als Ko-Konstrukteure ihres eigenen Lernprozesses. Emotionen und Gefühle begleiten, beeinflussen und irritieren die Lernenden. Emotionen werden hier verstanden als etwas, was

[17] Mock-Exam: Probeklausur, Probeprüfung, in denen die Note nicht zählt
[18] Kofferklausur/Open-Book-Klausur: Klausur, zu der schriftliche Materialien mitgebracht werden dürfen

ausgedrückt werden möchte und den Menschen zum Handeln bewegt (z. B. vor Freude hüpfen, aus Verzweiflung weinen). Gefühle bewegen uns ebenfalls körperlich, sie erfassen jedoch gleichzeitig die Seele[19].

Emotionen und Gefühle wie Angst und Wut verhindern Lehr-Lernprozesse individuell wie gemeinschaftlich. So sind nach Manfred Spitzer neue Informationen besser zu verarbeiten und anzuwenden, wenn sie in einer positiv gestalteten Lernumgebung erfahrbar werden[20]. Dementsprechend sind Unterrichtsstrukturen zu gestalten,

- die den Lernenden eine aktive Beteiligung ermöglichen und
- die Raum für Emotionsregulation sowie Fehler lassen.

Die aufgestellten Gestaltungsprinzipien wie Theorie-Praxis-Verknüpfung, kooperative und selbstgesteuerte Lernformen, Beachten von Emotionen/Gefühlen und Perspektiven sowie das Lernen in vollständigen Handlungsvollzügen (KMK 2020) **können auch im Kontext von Leistungsnachweisen berücksichtigt werden:**
Laut dem Autorenteam schließen sich das Schreiben von Klausuren und eigenverantwortliches, nachhaltiges, beziehungsorientiertes Arbeiten nicht aus. Indem die Lernenden verstärkt in den Prozess der Klausurerstellung involviert werden und diesen (mit-)gestalten, werden die geforderte Theorie-Praxis-Verknüpfung, die Handlungs- und Kompetenzorientierung sowie die Selbstständigkeit der Lernenden vor dem Hintergrund von Leistungsnachweisen nachvollziehbar miteinander verbunden.

7.3 Didaktische Annahmen

Nachfolgend werden die didaktischen Annahmen zur Begründung von Mock-Exams, Koffer-Klausuren und Open-Book-Klausuren vorgestellt, die sich an dem erweiterten **Modell der vollständigen Handlung** orientieren.

Zu Beginn einer Klausur steht eine berufliche Handlungssituation (herausfordernde Situation), zumeist in Form einer Lernsituation. Die Lernsituationen basieren auf den Inhalten des jeweiligen Lernfeldes. Sie „stellen Fachinhalte und Fachtheorien in einen Anwendungszusammenhang von Fallsituationen (...)“ (KMK II, 2020, S.10). Lernsituationen haben das Ziel, das transferfähige Wissen zu fördern, sodass die zukünftigen sozialpädagogischen Fachkräfte ihr fachliches Handeln in den verschiedenen Institutionen einbringen können.

Da, wie zuvor schon beschrieben, Schüler/-innen aktive Gestaltende ihres Lernprozesses sind, ist es notwendig, eine Lernsituation zu formulieren, die subjektiv bedeutsam ist und Identifikationsmöglichkeiten bietet[28]. Lernsituationen sollten somit nicht nur kognitiv herausfordern, sondern die Lernenden auch emotional ansprechen, evtl. provozieren, wie zum Beispiel durch die Darstellung verschiedener Perspektiven in einer familiären Dilemmasituation.
Dieses Vorgehen wird bereits in der didaktischen Planung des Unterrichts berücksichtigt.
Die formulierten Fragen und Aufgaben zu einer Lernsituation beschreiben einen Ablauf, wie er auch fachpraktisch sinnvoll ist (*Analyse → Planung → Ausführung*). Dieser Rahmen ändert sich grundsätzlich nicht. Die Fragen können dennoch je nach Lerninhalt und Lerngruppe bspw. stärker thematisch eingegrenzt werden. Da dieses Vorgehen sowohl fachpraktisch als auch fachtheoretisch nachvollziehbar und sinnvoll ist, kann es dazu dienen, eigene berufliche Herausforderungen als Lernsituation zu formulieren und entsprechend zu bearbeiten bzw. im Sinne einer kollegialen Beratung bearbeiten zu lassen. Lehrkräfte gewinnen durch dieses Vorgehen vielfältige Lernsituationen und bleiben fachpraktisch auf dem aktuellen Stand der Diskussion.
Da das Vorgehen entlang dem Modell der vollständigen Handlung gleichsam fachpraktisch bedeutsam ist, gilt es, dieses fortwährend zu üben und zu wiederholen, um Handlungssicherheit zu erreichen.
Die Lernenden lernen den Aufbau der Klausur/Prüfung bereits im Unterrichtsgeschehen kennen.
Die Lernenden kennen den Aufbau der Klausur/Prüfung, wie auch die fachpraktische Relevanz dieses Vorgehens.

[19] Vgl. Jeannot et al. 2021
[20] Vgl. Spitzer 2012

Diese Transparenz hat den Vorteil, dass die zuvor beschriebene ‚Schülerohnmacht' verringert wird und Prüfungsängste gemildert werden. Die zukünftigen sozialpädagogischen Fachkräfte kennen die Anforderungen und haben die Möglichkeit, sich auf diese vorzubereiten. Eine Lernsituation wird in einem ersten Schritt entlang unterschiedlicher Methoden analysiert (Bsp. Mindmap, Ursache-Wirkungsanalyse), im → Kapitel 4 (Methodische Hinweise für die Lehrkraft) finden sich hierzu weitere Informationen.

ERARBEITUNGS- UND ÜBUNGSPHASE

Weiterhin werden in Bezug auf die Klausur Erarbeitungs- und Übungsphasen eingeplant. Die Lernenden erhalten die Lernsituation und die dazugehörigen Klausuraufgaben und können sich bereits im Unterricht kooperativ bspw. entlang der Think-Pair-Share-Methode[21] mit dieser auseinandersetzen.
Klausuren haben häufig ein Überraschungsmoment, da sie von der Lehrkraft erstellt werden und die Schüler/-innen nur mehr oder minder erahnen können, welche Themen in der jeweiligen Klausur abgefragt werden. Für eine intensive Auseinandersetzung fehlen im Rahmen von Klausuren Zeit, Muße und möglicherweise das erforderliche Wissen. Das vorherige Austeilen von Klausuren in einer solchen Phase verhindert den „Überraschungsmoment" und ermöglicht ein höheres Anforderungsniveau. Die Schüler/-innen können sich intensiver mit den Lerninhalten auseinandersetzen und erhalten Erarbeitungszeit und die Möglichkeit, ungeklärte Unklarheiten gemeinsam mit Lehrkräften und Mitschülern aus dem Weg zu räumen. Konflikte aufgrund von „ich habe die Frage nicht verstanden" oder „ich habe das Falsche gelernt" bleiben Schülerinnen, Schülern und Lehrkräften erspart.
Dieses Vorgehen verbindet sich mit dem Ziel, zu ermöglichen, dass Schüler/-innen **Rahmenbedingungen** erhalten, um

- sich mit Lerninhalten intensiv, lösungs- und zielorientiert auseinanderzusetzen,
- Einzelaspekte durchdenken zu können (Bildung),
- auf die individuelle Unterstützung durch die Lehrkräfte zurückgreifen zu können,
- aus „Fehlern" zu lernen,

um somit zu ermöglichen, dass faktisch etwas gelernt werden kann. Sinnentleertes Bulimielernen gilt es zu verhindern, da es dem Aufbau von Handlungskompetenz entgegensteht, und seelischer und sozialer Stress wird minimiert. Es geht darum, Lerninhalte vor dem Hintergrund der Praxis durchdenken zu können, Zusammenhänge herzustellen und Wissen zu verknüpfen, um so die fachlichen Inhalte zu vertiefen und um gleichzeitig handlungskompetent und handlungssicher in der Praxis zu werden. Das Vorgehen fordert die Schüler/-innen stärker heraus, **Verantwortung für den eigenen Lernprozess zu übernehmen**, ermöglicht es ihnen aber auch, dies tun zu können. Die Schüler/-innen können die Erarbeitungszeit nutzen, um

- sich vertiefend mit der Lernsituation/praktischen Herausforderungen auseinanderzusetzen,
- sich mit anderen zu beraten und auszutauschen,
- die Lerninhalte aus verschiedenen Perspektiven zu durchdenken und
- eigenständig Fachtheorien/Fachthemen zu recherchieren

– kurz: diszipliniert, eigenverantwortlich, zielorientiert die Unterrichtszeit zu nutzen.

Dieses Vorgehen ergibt jedoch nur dann Sinn, wenn die Lernsituation wenig fokussiert ist und entlang verschiedener Themen und Theorien, auch lernfeldübergreifend, analysiert werden kann und insoweit herausfordernd und vielfältig ist, wie die sozialpädagogische Praxis.
Die betreuende Lehrkraft nimmt in dieser Phase vor allem die Rolle des Beraters, Moderators und ggf. Motivators ein.

[21] Think-Pair-Share-Methode: Reflexionsphase 1 (Seite 21)

Sie ist es, die den Schülern und Schülerinnen bei Problemen zur Seite steht und weiter motiviert, neu und anders zu denken. Dabei wird darauf geachtet, die Lernenden individuell zu begleiten und sie im Kontext von **vollständigen Handlungsvollzügen** eine individuelle *Analyse, Planung und Ausführung* der Lernsituation auf Grundlage ihres Fachwissens vornehmen zu lassen. Sie sollen die Chance erhalten, ihren eigenen Lernprozess zu steuern und im Weiteren zu reflektieren. Je eigenverantwortlicher Schüler/-innen bereits arbeiten können, desto mehr rückt die Lehrkraft in den Hintergrund. In der Unterstufe hat die Lehrkraft zumeist einen noch aktiveren Part, übernimmt mehr Verantwortung als kurz vor dem Erzieherabschlussprüfungen.

PRÜFUNGSPHASE

Die Prüfungsphase schließt sich der *Erarbeitungs- und Übungsphase* an. In dieser Phase schreiben die Schüler/-innen die zuvor bearbeitete Klausur in Einzelarbeit im Klassenraum.

Die Phase, in der die Klausur geschrieben wird, kann unterschiedlich methodisch-didaktisch gestaltet werden. So können beispielweise Kofferklausuren/Open-Book-Klausuren/Mock-Exams, wie sie vermehrt an Universitäten vorkommen, genutzt werden.

Bei dieser Methode dürfen die Schüler/-innen Materialien (wie eigens konzipierte Lernzettel, Bücher und Fachtexte) mit in die Klausur nehmen und auch sogenannte ‚Spickzettel' verwenden. Diese dürfen in der Erarbeitungs- und Übungsphase erstellt werden.

Besonders die individuell erstellten **Lernzettel**, die in der Seitenzahl von der Lehrkraft begrenzt werden können, sind sinnvoll, da sich die Lernenden mit den fachlichen Inhalten aktiv auseinandersetzen und sie in ihr eigenes Denkkonzept übertragen. Dies fördert zugleich das selbstständige Lernen und die Auseinandersetzung mit pädagogischen Fachthemen und -theorien.

In einer solchen Klausur geht es darum, dass das fachthematische/fachtheoretische Wissen übertragen wird und sinnvolle pädagogische Handlungsmöglichkeiten auf dieser Basis geplant werden. Im späteren Berufsleben der sozialpädagogischen Fachkräfte sind eben solche Kompetenzen von besonderer Bedeutung, bspw. bei der Erstellung von Hilfeplänen, bei der Maßnahmen- und Angebotsplanung.

Die Aufgabenstellung ist gemäß den Anforderungsbereichen 2 und 3 formuliert (Reorganisation und Transferleistung; Reflexion und Problemlösung).

Auch in dieser Phase ist das Lernniveau der Schüler/-innen in der jeweiligen Jahrgangsstufe zu berücksichtigen und das methodische Konzept entsprechend anzupassen.

REFLEXIONSPHASE

Die Lehrkraft korrigiert in der Reflexionsphase die Klausuren entsprechend dem Erwartungshorizont (→ siehe Umschlaginnenseite vorne).
In dieser Phase steht die Interaktion zwischen Lehrkraft und Schüler/-in im Vordergrund. Die Lehrkraft formuliert basierend auf der abgegebenen Klausur eine **Rückmeldung** und **reflektiert gemeinsam** mit dem/der Lernenden die erbrachte Leistung. Dabei geht es vor allem um die inhaltliche Erarbeitung und Auswertung, weniger um Noten.

Bei der Rückgabe der korrigierten Klausur sollte am besten im ersten Schritt darauf verzichtet werden, eine Note unter die Klausur zu schreiben, da dieser Fokus von der inhaltlichen Auseinandersetzung, dem Lesen der Anmerkungen, der Reflexion ablenkt. Das Lernen aus Fehlern sollte durch die Noten-Vergabe nicht verhindert, sondern unterstützt werden.

Die Lernenden entwickeln ihre Selbsteinschätzung bezüglich ihres Lern- und Leistungsvermögens weiter. Wie in der sozialpädagogischen Praxis kommt der Reflexion besondere Bedeutung zu.
In diesem Kontext sei nochmals darauf hingewiesen, dass **bewertungsfreie Räume** in der Ausbildung ein wichtiges Element von nachhaltig und effektiv gestalteten Bildungs- und Lernprozessen sind. Die Lernenden erhalten so die Möglichkeit, sich ausprobieren zu können und zu dürfen. Die Trennung von Lernen und Leistung wird explizit ausgewiesen und für Schüler/-innen transparent dargestellt, sodass Sicherheit und Verbindlichkeit als Merkmal einer positiven Lernkultur realisiert werden. In dieser *Reflexionsphase* sowie in der *Erarbeitungs- und Übungsphase* stehen Bildungs- und Lernprozesse an erster Stelle.
Eine fehlerfreundliche Unterrichtskultur ist in diesem Zusammenhang unabdingbar.
In der Ausbildung sozialpädagogischer Fachkräfte spielt das *Lernen in Beziehungen* eine wesentliche Rolle. Daher ist der Austausch zwischen Lehrenden und Lernenden äußerst bedeutsam. Laut Kultusministerkonferenz (KMK II, 2020, S. 12) geht es insbesondere um ein **ko-konstruktives Lernen**, welches die individuelle Konstruktion von Wirklichkeit in den didaktischen und methodischen Fokus rückt. Eine berufliche Handlungskompetenz kann weiterentwickelt werden, wenn den Lernenden die Gelegenheit geboten wird, sich auf diversen Ebenen mit differierenden Wirklichkeitskonstruktionen zu befassen [22].
Dieser Austausch ist für alle Parteien lehrreich, da deutlich wird, welche Einstellungen und Haltungen für das individuelle pädagogische Handeln handlungsleitend sind. Die Interaktion sollte durch **Wertschätzung, Partizipation und Neugier** geprägt sein [23] – dies sicherzustellen, obliegt der Lehrkraft.
Ein weiterer wesentlicher Bestimmungsmoment ist die **doppelte Vermittlungspraxis**. Unterrichtsprozesse im Sinne der doppelten Vermittlungspraxis sind so zu gestalten, „dass die Qualität von Lehr-/Lernformen und der Beziehungsgestaltung in die Berufspraxis transferiert werden“ (KMK II 2020, S. 13). Dies bedeutet, dass der Raum, in dem sich Schüler/-innen und Lehrer/-innen begegnen, ähnliche Facetten wie Beziehungsstrukturen aufweisen soll, wie sie später in der sozialpädagogischen Praxis zwischen sozialpädagogischer Fachkraft und Kindern/Jugendlichen zu finden sind (vgl. Krüger/Dittrich 1986). Demnach ist die Struktur des Unterrichts mit all seinen Dimensionen so zu gestalten, dass dieser als *Vorlage* für sozialpädagogisches Handeln in den unterschiedlichen Einrichtungen der Sozialpädagogik dienen kann (vgl. Krüger/Dittrich 1986). Dies bedeutet im Kontext der Reflexionsphase von Klausuren beispielsweise, dass Schüler/-innen jene Wertschätzung erfahren, die von ihnen in der sozialpädagogischen Praxis erwartet wird.
Dies kann durch konstruktive Kritik, eine positiv gestaltete Feedbackkultur und Transparenz erreicht werden.

[22] Vgl. KMK II, Kultusministerkonferenz 2020, S. 13
[23] Vgl. KMK II, Kultusministerkonferenz 2020, S. 13

ÜBERARBEITUNGSPHASE

In der darauffolgenden Überarbeitungsphase erhalten die Lernenden Zeit, sich mit ihren Klausurleistungen und ihren Klausurergebnissen vor dem Hintergrund individueller Ziele auseinanderzusetzen. Dieser **Prozess des Nachdenkens und der Selbstreflexion** stellt die Grundlage für die Weiterarbeit dar.
Die korrigierte und benotete Klausur sollte nicht als das Ende des individuellen Lern- und Bildungsprozesses verstanden werden, sondern sollte Ausgangspunkt für das vertiefende Neu-, Nach- und Weiterdenken sein:
Die Schüler/-innen erhalten die Möglichkeit, die Klausur zu überarbeiten. Sie bekommen die Chance, ihr Wissen zu vertiefen und die Steuerung ihres Lernprozesses zu übernehmen, da sie aufgefordert sind, die besprochenen Inhalte eigenaktiv in die Klausur zu integrieren bzw. neu zu formulieren. In diesem Zusammenhang können sie ihre Bildungs- und Lernprozesse visualisieren und ihre Urteils- und Problemlösefähigkeit unter Beweis stellen. So wird nicht nur der Entwicklungsstand durch die Klausur vermittelt, sondern auch das individuelle Entwicklungspotenzial der Schüler/-innen herausgefordert.
Diese *Überarbeitungsphase* kann nur beratend im Rahmen des Unterrichts stattfinden. Die Lernenden sind in dieser Phase selbst dafür verantwortlich, das Besprochene umzusetzen und Inhalte weiterzubearbeiten bzw. neu zu überarbeiten. Die Möglichkeit der Überarbeitung schafft einen positiven Anreiz im Hinblick auf die Leistungsbereitschaft und **erhöht die Wahrscheinlichkeit, dass über diesen zweiten Weg Aspekte nachvollzogen werden** und dadurch Lernen ermöglicht wird. Noten wirken insoweit motivierend, und provozieren nicht Resignation angesichts einer irreversiblen Notengebung.

BEWERTUNG

Die Lehrkraft hat die Aufgabe, eine Bewertung entlang des Erwartungshorizontes vorzunehmen. Die Lernsituation und Aufgabenstellungen ermöglichen individuelle Zugänge und Begründungszusammenhänge sowie eine individuelle Auseinandersetzung mit den Lerninhalten, wobei die Bewertung im Hinblick darauf erfolgt, inwieweit die Klausur

- fachtheoretisch/fachthematisch und
- fachpraktisch nachvollziehbar ist.

Dies spiegelt die sozialpädagogische Praxis wider, in der es keine Musterlösungen für herausfordernde Situationen, wohl aber professionelle, auf begründeten Hypothesen aufgebaute Beispiellösungen gibt.
Der **Erwartungshorizont** (→ siehe Umschlaginnenseite vorne) basiert auf sechs unterschiedlichen Kategorien, nach denen der Text der Lernenden bewertet wird, er beinhaltet fachtheoretische/fachthematische und fachpraktische Aspekte. Der Erwartungshorizont sollte gemeinsam mit der Klausur den Lernenden übergeben werden. Individuelle Gespräche können nach Bedarf folgen.

ZIELE FORMULIEREN

Lernen gelingt vor allem, wenn **Ziele** den Lehr-Lernprozess steuern. Die Ziele werden von den Lernenden individuell formuliert und orientieren sich an den SMART-Kriterien (→ Seite 17). Die Lehrkraft ist in dieser Phase in der beratenden Funktion. Es geht insbesondere darum,

- die Lernenden extrinsisch zu motivieren bzw. intrinsische Motivation aufrechtzuerhalten,
- durch die selbst formulierten Ziele lernförderliches Verhalten zu unterstützen sowie
- Lernerfolge sichtbar zu machen.

Selbstreflexion ist hierbei ebenso wichtig wie die Metakommunikation und Metakognition. Die Lernenden lernen,

- das eigene Handeln in den Fokus zu stellen sowie
- es kognitiv nachzuvollziehen und
- basierend darauf Ziele zu formulieren[24].

Zusammenfassung: Das oben beschriebene didaktisch-methodische Vorgehen ermöglicht den Aufbau einer leistungs- und fehlerfreundlichen Lernatmosphäre. Es fördert individuelle Lernprozesse der Lernenden entlang einer anerkennenden und wertschätzenden Grundhaltung. Das Lernen und Lehren entlang des (erweiterten) Modells der vollständigen Handlung lässt sich auf die Fachpraxis übertragen, wird insoweit der doppelten Vermittlungspraxis gerecht.

Die Leistungsbewertung ist Teil eines Prozesses, in dem

- die Schüler/-innen ein Höchstmaß an Beteiligung, Eigenverantwortlichkeit erleben,
- Intersubjektivität das Ziel ist,
- Stress minimiert wird und
- die intrinsische Motivation im Mittelpunkt steht.

Die Lernenden erfahren Selbstwirksamkeit, nehmen sich als Gestaltende ihrer eigenen Bildungs- und Lernprozesse wahr.

[24] Vgl. KMK II, Kultusministerkonferenz 2020